Günter Ogger
Die Abgestellten

Günter Ogger

Die Abgestellten

Ein Nachruf auf den festen Arbeitsplatz

C. Bertelsmann

FSC
Mix
Produktgruppe aus vorbildlich
bewirtschafteten Wäldern und
anderen kontrollierten Herkünften
Zert.-Nr. SGS-COC-1940
www.fsc.org
© 1996 Forest Stewardship Council

Verlagsgruppe Random House FSC-DEU-0100
Das für dieses Buch verwendete FSC-zertifizierte Papier *EOS*
liefert Salzer Papier, St. Pölten.

1. Auflage
© 2007 by C. Bertelsmann Verlag, München,
in der Verlagsgruppe Random House GmbH
Umschlaggestaltung:
R·M·E Roland Eschlbeck/Rosemarie Kreuzer
Satz: Uhl + Massopust, Aalen
Druck und Bindung: GGP Media GmbH, Pößneck
Printed in Germany
ISBN 978-3-570-00960-4

www.cbertelsmann.de

Inhalt

Einleitung | Meine kurze Karriere

Der Kanzler hieß Adenauer und der Golf war ein Käfer, als ich mich um einen Ausbildungsplatz bewarb. Ende der 1950er-Jahre hießen Azubis noch Lehrlinge, und mein erster Chef machte mir schnell klar, was sie darunter verstand: Herr im Haus der Buchhandlung J. Schmoldt in Schwäbisch Gmünd war nämlich Frau Jörg. Sie ließ mich Staub wischen, Pakete schleppen und ins Schaufenster kriechen. Ich war ihr dennoch dankbar für meinen ersten Job, der mir 60 Mark Monatslohn und 14 Tage Jahresurlaub einbrachte. Er war der Einstieg in meine Angestelltenkarriere.

Ich wollte Journalist werden, und in dem schwäbischen Provinzstädtchen, in dem ich aufwuchs, gab es zwei Zeitungen. Die *Gmünder Tagespost* hatte keinen Bedarf an einem Volontär, und bei der *Rems-Zeitung* sagten sie mir, mit meinen 17 Jahren und der Mittleren Reife sei ich zu jung und zu wenig gebildet. Das mit dem Alter erledigte sich im Lauf der Zeit von allein, und die Bildung verschaffte ich mir in der Buchhandlung, wo ich las, was an Gedrucktem ins Haus kam. Weil mich auch Bücher interessierten, für die es in Schwäbisch Gmünd keine Leser gab, erfand ich welche. Für meine fiktiven Kunden bestellte ich Werke von Hegel und Kant, Arno Schmidt und Enzensberger, Marx und Sartre, welche ich nach der Lektüre mit Bedauern an die Verlage zurücksandte.

Den Kontakt zur Redaktion hielt ich aufrecht, indem ich Berichte über Volkshochschulvorträge und Jazzkonzerte ablieferte, sodass sie mich schließlich, nachdem ich den Kaufmannsgehilfenbrief erworben hatte, im Frühjahr 1960 als Volontär anstellten. Von nun an hatte ich einen festen Platz in der Redaktion, verdiente 580 Mark im Monat, und schrieb fleißig Artikel über das weltbewegende Geschehen in unserer kleinen Stadt. Als ich nach einem Jahr zum Redakteur befördert wurde, hielt ich mich für den nach Augstein zweitbesten Journalisten des Landes und hatte keine Zweifel, eines Tages ganz oben anzukommen. Nach meinem damaligen Verständnis war das etwa das Feuilleton der *Frankfurter Allgemeinen*, die Chefredaktion der *Zeit*, zur Not auch eine Ressortleitung beim *Spiegel*.

Dreizehn Jahre und einige Verlage später war ich zwar Chefredakteur, verdiente satte 7000 Mark im Monat und hatte Anspruch auf einen Dienstwagen der oberen Mittelklasse, doch die Tücken des Angestelltendaseins blieben mir nicht verborgen. Die Willkür von Vorgesetzten habe ich ebenso zu spüren bekommen wie die Missgunst mancher Kollegen. Bei meinem vorletzten Job, in der Redaktion des Wirtschaftsmagazins *Capital*, wurde mir ein Boss vor die Nase gesetzt, der mir nicht passte, und mein Aufstieg in die Chefetage eines Offenburger Großverlags war eine Farce.

Das Blatt, das ich künftig leiten sollte, verschwand nach einem einsamen Entschluss des Seniorverlegers von der Bildfläche, noch ehe ich meine Talente unter Beweis stellen konnte. Seine alternativen Vorschläge – ich hätte entweder eine Programmzeitschrift machen oder gar für seine bunte Illustrierte arbeiten sollen – empfand ich als Zumutung. Also fasste ich mit 31 den folgenschweren Entschluss, auf Karriere und sicheres Einkommen zu verzichten und nie mehr im Leben eine abhängige Stelle anzutreten. Bis heute habe ich mich daran gehalten – und dies nie bereut.

München, im Juli 2007

I | Das Drama der Angestellten

Was mir vor 35 Jahren relativ leicht gelang, ist heute für viele Angestellte eine bittere Notwendigkeit. Nicht aus eigenem Antrieb, sondern weil ihnen keine andere Wahl bleibt, verabschieden sich immer mehr Deutsche aus dem, was die Arbeitsmarktstatistiker ein unbefristetes sozialversicherungspflichtiges Beschäftigungsverhältnis nennen. Millionen halten sich bereits mit Mini- oder Midi-Jobs über Wasser, malochen als Teilzeitkräfte oder vorübergehend. Beschäftigungslose Zeiten überbrücken sie mit einer Ich-AG, und nicht wenige von ihnen hoffen, als Mikro-Unternehmer in freier Wildbahn überleben zu können. Flexibilität heißt das Gebot der Stunde, und wer nicht schnell genug den nächsten Auftrag an Land zieht, bleibt auf der Strecke.

Die Kündigungswelle, die derzeit durchs Land rollt, ist deswegen so erschreckend, weil sie unsere Gesellschaft grundlegend verändern wird. Die Jobs, die jetzt wegrationalisiert werden, kommen in dieser Qualität nicht wieder. Ersetzt werden sie allenfalls durch flexible Beschäftigungsverhältnisse, die schlechter bezahlt, weniger geschützt und jederzeit kündbar sind. Als Krupp das Stahlwerk Rheinhausen dichtmachte, Opel Tausende von Autobauern nach Hause schickte und im Osten die Industriekombinate der DDR abgewickelt wurden, da war das für die Betroffenen zwar eine Katastrophe, aber Deutschland blieb, was es war – ein Wohlfahrtsstaat, der auch unter der Last von fünf Millionen Arbeitslosen nicht zusammenbrach. Was ihn zusammenhielt, war jene staatstragende Schicht der gut verdienenden Angestellten, die sich jetzt allmählich aufzulösen beginnt.

Der Niedergang der Arbeiterklasse erscheint harmlos im Vergleich zu dem Drama, das die rund 18 Millionen Angestellten der Nation erfasst hat. Eliminiert, ersetzt oder ausgelagert werden jetzt nicht mehr die Muskeln der deutschen Wirtschaft, sondern ihr Gehirn. Optimierte Betriebsabläufe und verschlankte Organisationsstrukturen machen einen Großteil des bisherigen Middlemanagements überflüssig. Moderne Informationstechnik ersetzt in immer schnellerem Tempo Entwickler und Konstrukteure, Buchhalter und Controller, Produktionsplaner und Vertriebsleute. Und was sich nicht automatisieren lässt, wird dort erledigt, wo die Kosten gering sind. Im früheren Ostblock wie in China, auf dem indischen Subkontinent wie in Südostasien warten Millionen gut ausgebildeter Ersatzleute auf ihre Chance, für einen Bruchteil der deutschen Gehälter Daten einzugeben und auszuwerten, Rechnungen zu kontieren oder Computerprogramme zu schreiben. Jeder zweite Büroarbeitsplatz ist, nach einer Studie der gewerkschaftsnahen Hans-Böckler-Stiftung, akut gefährdet.

Entlassungen mit Kursgewinnen belohnt

»Büroflächen zu vermieten« – die Plakate zieren Neubauten in bester Zentrumslage ebenso wie leer gefegte Industriedenkmäler am Rande der Stadt. Wohin sind wohl all die Menschen verschwunden, die hier einst den Schriftverkehr abwickelten, Tabellen tippten, Kalkulationen erstellten oder Angebote verfassten? Und wo sind die, die hier einziehen sollten? Sitzen sie vielleicht irgendwo in Ungarn, wo Audi Motoren bauen, Lufthansa Tickets abrechnen und SAP Software entwickeln lässt? In Rumänien, wo Hunderte von Ingenieuren für Conti an Steuerungssystemen für Fahrwerke tüfteln? Oder gar in Indien, wo die Deutsche Bank zuletzt drei Milliarden investierte und 4000 Mitarbeiter einstellte? Jedenfalls sind sie nicht mehr da, wo sie eigentlich hingehörten, und das ist das Thema dieses Buches.

Es ist noch nicht lang her, da wurde Deutschlands Mittelklasse in der ganzen Welt bewundert und beneidet. Nirgendwo sonst verdienten abhängig Beschäftigte so viel Geld für so wenig Arbeit. Selbst die saturierten Schweizer oder die ölreichen Norweger mussten fürs gleiche Gehalt länger malochen als die Bewohner des Angestelltenparadieses zwischen Füssen und Flensburg. Die Privilegien deutscher Arbeitnehmer, vom Kündigungsschutz über die Lohnfortzahlung im Krankheitsfall bis hin zum Weihnachtsgeld, waren ebenso sprichwörtlich wie ihr in Blech gestanzter Wohlstand. Mit ihren Urlaubsbudgets finanzierten sie halb Südeuropa, und ihr Hunger nach immer teureren Autos machten Daimler & Co zur mächtigsten Industrie des Kontinents. Sie selbst hielten ihre sozialen Besitzstände für selbstverständlich und Kanzler Helmut Kohl, als er über den »kollektiven Freizeitpark Deutschland« lästerte, für einen Spielverderber.

Inzwischen hat sich, jeder weiß es, das Blatt gewendet. Maßen die Bosse der Wirtschaft ihre Bedeutung einst an der Zahl der Leute, die sie beschäftigten, so gilt in ihren Kreisen heute jeder, der noch viele Leute auf der Payroll stehen hat, als bedauernswerter Tropf. Gnadenlos strafen die Finanzmärkte Konzerne mit überdimensionierten Belegschaften ab – wie Post und Telekom. Entlassungen hingegen werden mit Kursgewinnen belohnt – bei VW und DaimlerChrysler wie bei Allianz, Deutscher Bank und Siemens. Die Rendite aufs eingesetzte Kapital ist jetzt die Messzahl, auf die es ankommt. Das einst hochgelobte »Humankapital« steht nur noch als Kostenfaktor in der Bilanz, und die Möglichkeiten, ihn zu minimieren, sind heute größer denn je.

Binnen weniger Jahre hat sich das weltweite Angebot an ausgebildeten Arbeitskräften von 1,46 auf 2,98 Milliarden Menschen verdoppelt; China verfügt bereits über 1,6 Millionen Ingenieure, die zu lächerlichen Stundensätzen auch für europäische Auftraggeber arbeiten, und jedes Jahr verlässt eine weitere Million die Hochschulen; Indiens Ingenieure vermehren sich jährlich um 400 000. Angesichts der für sie paradiesischen Zustände stellen Deutschlands Arbeitgeber ihre Beschäftigten vor die Wahl: schlechtere Jobs oder keine Jobs. Der nach Haustarif bezahlte Luxusangestellte ist, ob man es zugeben mag oder nicht, ein Auslaufmodell, und die alte, sozialdemokratisch legitimierte Arbeitnehmerherrlichkeit wird nie wieder zurückkehren.

Zu besichtigen ist eine sterbende Kaste. Auch wenn sich unsere Politiker ob der aktuell wieder etwas freundlicheren Botschaften aus der Nürnberger Bundesanstalt auf die Schultern klopfen und regierungsfromme Medien voreilig von einem »Durchbruch am Arbeitsmarkt« schwadronieren – der jüngste Konjunkturaufschwung verdeckt in Wahrheit nur die Tatsache, dass die meisten der neu eingestellten Arbeitskräfte in atypischen Jobs landen. Sozialwissenschaftler verstehen darunter geringfügig oder befristet Beschäftigte ebenso wie Teilzeitkräfte oder Leiharbeiter.

Der Mittelstand bricht weg

Während das Heer der atypisch Beschäftigten von Tag zu Tag mit erstaunlichem Tempo wächst, schrumpft der große Rest immer weiter zusammen. Erfreuten sich 1968 noch über 75 Prozent aller Erwerbspersonen in Westdeutschland einer unbefristeten Vollzeitstelle, so waren es Ende 2006 nur noch gut die Hälfte; rund 4,6 Millionen steckten bereits in Teilzeitjobs. Alarmierend ist der hohe Anteil der »prekären« Arbeitsverhältnisse, die so wenig abwerfen, dass es kaum zum Leben reicht. Nach einer 2006 veröffentlichten Studie der IG Metall muss sich jeder vierte Arbeitnehmer unter 30 mit einem Hungerleiderjob zufriedengeben.

Alle Welt redet über den »demographischen Faktor«. Wegen der drohenden Überalterung der Gesellschaft sorgen sich Politiker um die gesetzlichen Renten- und Krankenkassen, fürchten Unternehmer und Manager die nachlassende Kaufkraft der Kundschaft, beklagen Sender, Verlage und Werbeagenturen das schwindende Medieninteresse. Kaum jemand hat den mindestens ebenso bedeutsamen »Flexibilitätsfaktor« auf dem Radarschirm: Wenn der Großteil der erwerbsfähigen Bevölkerung nur noch »flexibel« beschäftigt ist, schwinden Stabilität und Zukunftsvertrauen. Junge Leute werden sich kaum noch auf Ehen und Kinder einlassen, die mittleren Jahrgänge auf Häuser und Hypotheken verzichten. Man lebt von der Kreditkarte in den

Mund, scheut langfristige Verpflichtungen, wechselt den Partner fast ebenso leicht wie die Partei, den Wohnort oder die Automarke. Wer sich jung und stark fühlt, verlässt das Land, wer über gefragte Kenntnisse und Fähigkeiten verfügt, bietet sein Knowhow auf dem Weltmarkt an. Etwa 150 000 Deutsche wanderten im Jahr 2006 aus; die meisten zog es in die Schweiz.

Nicht einmal die Wiedervereinigung hat die Nation so sehr durcheinandergewirbelt wie die Flexibilisierung des Arbeitsmarktes. Altbewährte Strukturen werden über Nacht obsolet, ganze Wirtschaftszweige geraten in Gefahr. Das fängt mit den vielen unvermieteten Büros an und hört mit dem nachlassenden Interesse an Lebensversicherungen und Bausparverträgen nicht auf. Banken und Bausparkassen, Geburtskliniken und Gesangsvereine, Kindergärten und Kreditkartenorganisationen, Makler und Möbelhäuser müssen sich auf die neue Mobilität der Deutschen einstellen. Die Frage ist nur, ob die neu gewonnene Freiheit zu so viel mehr Dynamik führt, dass die Nation überleben kann.

Beklagten Politiker, Unternehmer und Medien in den letzten Jahren Verkrustung und Bräsigkeit der deutschen Gesellschaft, so fährt ihnen jetzt, da der Mittelstand wegzubrechen beginnt, der Schreck in die Knochen. »Schluss mit den Reformen«, forderte kategorisch der SPD-Vorsitzende Kurt Beck, und auch in der Union entdecken Spitzenpolitiker wie NRW-Landesvater Jürgen Rüttgers ihr soziales Gewissen. Ein Deutschland ohne seine teuren, aber verwöhnten, fleißigen, aber schwer kündbaren Angestellten vermag sich niemand vorzustellen. Ein Land, das nicht mehr von braven Häuslebauern, sondern von unberechenbaren Jobnomaden bewohnt wird, stellt nicht nur für seine Nachbarn, sondern auch für seine Gläubiger ein erhöhtes Risiko dar. Wer soll die überbordenden Staatsschulden zurückzahlen, wer die maroden Sozialkassen füllen, wenn die Konzerne in Steueroasen flüchten und ihre freigesetzten Angestellten sich mit Gelegenheitsjobs über Wasser halten?

Lassen sich demographische Faktoren wie Geburtenzahlen und Altersdurchschnitte anhand der Bevölkerungsstatistik ohne größeren Aufwand präzise bestimmen, so umgibt den »Flexibilitätsfaktor« ein dichter Nebel. Eigenartigerweise weisen weder die offizielle Arbeitsmarktstatistik noch die Erhebungen der verschiedenen Forschungsinstitute den Anteil der flexibel Beschäftigten zuverlässig aus. Gezählt werden neben der Gesamtzahl der Erwerbstätigen (2006: durchschnittlich 39,0 Millionen) nur die sozialversicherungspflichtigen Arbeitsplätze: 2006 waren das 26,36 Millionen.

Zugeknöpfte Personalchefs

Noch zugeknöpfter geben sich die Personalchefs in den Unternehmen, wenn man sie nach dem Anteil von Zeitarbeitern, Teilzeit- oder Kurzfristbeschäftigten an ihren Belegschaften fragt. Überall heißt es: Dazu möchten wir nicht Stellung nehmen. Bei Siemens zum Beispiel weiß angeblich nicht einmal der Betriebsrat genau Bescheid, obwohl seine Vertreter im mitbestimmten Aufsichtsgremium des Münchner Elektrokonzerns sitzen. Auch die Autoindustrie verschweigt geflissentlich, dass ihre Karossen schon zu einem erheblichen Teil von Leiharbeitern zusammengebaut werden. »Weder BMW, Ford, Mercedes, Opel und VW noch die großen Zulieferer wie Bosch oder Conti sprechen offen über das Thema Zeitarbeit«, wundert sich Professor Ferdinand Dudenhöffer vom Center Automotive Research an der Fachhochschule Gelsenkirchen.

Fast schon beleidigt reagierte man bei der schnell wachsenden PIN Group auf unsere Anfrage. Das Logistikunternehmen mit Sitz in Luxemburg, an dem die führenden deutschen Pressekonzerne beteiligt sind, will zwar für Brief- und Paketzustellung binnen eines Jahres bis zu 35 000 Leute einstellen, verschweigt aber, dass es sich überwiegend um gering bezahlte oder prekäre Jobs handelt.

Über die Motive der Geheimniskrämerei lässt sich nur spekulieren. Möglicherweise wollen die Personalchefs den Gewerkschaften keinen Anlass für eine neue Beschäftigungskampagne bieten, vielleicht befürchten sie auch einen offenen Konflikt zwischen den beiden Arbeitnehmerklassen.

Bezeichnend für die wahren Verhältnisse am Arbeitsmarkt ist der jüngste Boom der Zeitarbeitsbranche. Als die US-Firma Manpower Mitte der 1970er-Jahre ihre erste Deutschland-Filiale eröffnete, kam sie schnell in den Ruf, so etwas wie ein moderner Sklavenhalter zu sein. Mit aller Macht versuchten die Gewerkschaften zu verhindern, dass die Unternehmen Leiharbeiter in nennenswerter Zahl einstellten, und die jeweiligen Bundesregierungen leisteten Schützenhilfe, indem sie die aufstrebende Branche harten Restriktionen unterwarfen. So durften die Leiharbeitskräfte höchstens drei Monate ununterbrochen an derselben Stelle jobben, und die Verleiher mussten ihnen ähnlich großzügige Sozialleistungen gewähren wie sie die fest angestellten Stammbelegschaften genossen. Derart geknebelt, gelangte die Verleiherbranche in Deutschland nie zu jener Bedeutung, die sie in Ländern wie Frankreich, den Niederlanden oder der Schweiz längst erreicht hatte. Erst mit dem Scheitern der Hartz-Reform – und unter dem Druck der EU-Kommission – wuchs auch in Regierungskreisen die Einsicht, dass ein Leiharbeiter immer noch besser ist als ein Nichtarbeiter.

Kaum wurden die gesetzlichen Bremsen ein wenig gelockert, vollbrachten die »Sklavenhalter« ein wahres Beschäftigungswunder. Bis zu 700 000 Deutsche jobben mittlerweile bei den Zeitarbeitsfirmen, und es sind beileibe nicht nur Hilfskräfte, mit denen die Auftraggeber Urlaubszeiten oder Auftragsspitzen abzufedern versuchen. Verleiher wie Adecco, Randstad, DIS oder Brunel beschäftigen immer öfter hoch qualifizierte Ingenieure und Informatiker, die für DaimlerChrysler Autos, für Airbus Flugzeuge oder für Siemens Transformatoren konstruieren. Sogar Manager und Mediziner finden sich im Leihangebot und tragen dazu bei, dass Bewegung in den Arbeitsmarkt kommt. Doch jeder auf Zeit beschäftigte Kollege ist für Deutschlands Vollzeitangestellte eine leibhaftige Prognose: Die Zukunft riecht nach Risiko, und das ist nicht nur für Arbeitnehmer eine grausige Vorstellung.

Der Umgang mit der Ungewissheit spaltet die Nation wie

kaum ein anderer Tatbestand. Religionen, Parteien und ethnische Gruppen bewegen sich aufeinander zu, doch der Graben zwischen der risikoscheuen Mehrheit und einer risikobereiten Minderheit vertieft sich von Tag zu Tag. Viele Angestellte und ihre Gewerkschaftsfunktionäre zucken zusammen, sobald das Wort »Reform« fällt, gleichzeitig sehnen die Selbstständigen und die Jüngeren immer ungeduldiger den schon vom Altpräsidenten Roman Herzog erhofften »Ruck« herbei, der das Land endlich nach vorne bringen möge.

Die Inside-Outside-Ökonomie

Dieser Ruck blieb bislang aus, dennoch schmelzen die sozialen Besitzstände so unaufhaltsam dahin wie die Alpengletscher in der Mittagssonne. Fürs gleiche Geld muss jetzt in vielen Betrieben länger gearbeitet werden, Standortgarantien gibt es nur noch gegen Verzicht auf Sonn- und Feiertagszuschläge, am Kündigungsschutz sägt bereits die Regierung. Die einst so mächtigen Gewerkschaften führen lautstarke Rückzugsgefechte, aber zum Angriff auf die »Arbeitsplatzvernichter« fehlt ihnen die Kraft: Arbeitslose zahlen keine Beiträge, die Mitgliederzahlen bieten ein Bild des Erbarmens.

Was Ver.di und der IG Metall, den beiden mächtigsten Arbeitnehmerorganisationen, zu schaffen macht, ist die Aufspaltung ihrer Klientel in »die da drinnen« und »wir da draußen«. Wer noch auf einem weich gepolsterten Bürostuhl sitzt, will ihn nicht gefährden, und wer alle paar Wochen woanders jobbt, kämpft nicht für Arbeitnehmerrechte. Abgesehen davon fehlt es den Arbeitnehmervertretern an Ideen, wie sie der schleichenden Erosion der Belegschaften Einhalt gebieten könnten.

Als in der Münchner Hofmannstraße 2300 Siemens-Angestellte freigesetzt werden sollten, da war es nicht die sonst so wortmächtige IG Metall, die den Kahlschlag aufhielt, sondern privat organisierter Widerstand. Nach ihrem Rausschmiss gründete die Softwareentwicklerin Inken Wanzek ein Netzwerk der

Betroffenen, das den Konzernoberen schwer zu schaffen machte. Auf ihrer Internethomepage nci-net informierten die Widerständler laufend über die Maßnahmen der Gegenseite und verbreiteten Tipps für juristisch richtiges Verhalten. Mithilfe des Betriebsrats und guten Anwälten führten sie rund 200 Kündigungsschutzprozesse – und verloren keinen einzigen. Genervt von der unerwünschten Publicity, reduzierte der Konzern die Zahl der Kündigungen auf die Hälfte. Doch die Gewerkschaftsfunktionäre, um ihren Einfluss bangend, zollten den Netzwerkern keinen Beifall, sondern sagten ihnen den Kampf an.

Der Spaltprozess ist nicht mehr aufzuhalten. Schon sprechen die Wirtschaftswissenschaftler von einer »Inside-Outside-Ökonomie«: Wenige privilegierte »Insider« dirigieren in den Unternehmen wachsende Heere von »draußen« auf Zeit beschäftigten Billiglöhnern. Überall in den Konzernzentralen wird darüber nachgedacht, wie die Unternehmen noch »schlanker« gemacht, welche Bereiche noch »outgesourct« werden könnten. Bei Unternehmensberatern kursieren Konzepte für rein virtuelle Firmen, deren Sitz in irgendeiner Steueroase angesiedelt ist und die nur noch aus einer Handvoll Managern bestehen. Alles, was sie zur Herstellung der geplanten Produkte benötigen, kaufen sie preiswert auf dem Weltmarkt ein, mitsamt dem Wartungsservice und der Reklamationsabteilung. Auf eigene Angestellte kann eine solche Gesellschaft weitgehend verzichten.

Der Angestelltenrepublik gehen also die Angestellten aus. Höchste Zeit, sich mit jener Spezies näher zu beschäftigen, die den Wohlstand und die Kultur der Nation ebenso repräsentierte, wie sie ihren Bewusstseinszustand prägte.

Der Mitarbeiter ersetzt den Angestellten

Vieles, was gut und teuer ist in Deutschland, hat dieses Land den Angestellten zu verdanken. Einer Gruppe von Beschäftigten also, die stets Gefahr lief, zwischen den ehemals dominierenden Mächten zerrieben zu werden. Die Klassenkämpfer aus dem Gewerkschaftslager verachteten die Weiße-Kragen-Täter lange Zeit als Handlanger des Kapitals, und die bürgerlichen Oberschichten akzeptierten sie nie als ihresgleichen. Dennoch blieben die belächelten Büroarbeiter am Ende Sieger im Wettkampf der gesellschaftlichen Gruppen: Keine andere Bevölkerungsschicht wuchs im 20. Jahrhundert so schnell wie die der Angestellten, und keine gewann so viel Macht hinzu. Zählte der Soziologe Gustav Schmoller im Reich Kaiser Wilhelms I. anno 1895 gerade mal 600 000 Untertanen, die er »dem neuen Mittelstande« zurechnete, so werkelten hundert Jahre später in den Büros und Labors der wiedervereinigten Bundesrepublik Deutschland genau 18 688 567 Menschen in einem Angestelltenverhältnis. Dies jedenfalls vermutet das Statistische Bundesamt in Wiesbaden.

Vielleicht waren es mehr, vielleicht auch weniger, denn eine der Schwierigkeiten, über die rarer werdende Spezies zu berichten, besteht darin, dass niemand mehr so recht weiß, was eigentlich ein Angestellter ist. Im Jahr 2001 ging die Deutsche Angestellten-Gewerkschaft (DAG) in Ver.di auf, und am 1. Mai 2005 wurde die Bundesanstalt für Angestellte von der Deutschen Rentenversicherung übernommen. Seither gibt es kein zuverlässiges Unterscheidungsmerkmal zwischen Arbeitern und Angestellten mehr. Die Lohntüten sind abgeschafft, die Gehälter werden aufs Konto überwiesen, die Betriebe kennen offiziell nur noch »Mitarbeiter«.

Nicht die blauen, sondern die weißen Kragen entwickelten den erfolgreicheren Lebensentwurf. Angestellte hielten nichts vom Klassenkampf, dafür umso mehr vom sozialen Aufstieg. Der allerdings sollte möglichst ohne Risiko vonstatten gehen – Schritt für Schritt in eine planbare Zukunft. Der biedere Lebenszuschnitt mit Bausparvertrag und garantierter Rente hatte für Deutschlands Arbeitnehmer mehr Reiz als die Idee von der Herrschaft des Proletariats und der amerikanische Vom-Tellerwäscher-zum-Millionär-Traum zusammen.

Auf den goldenen Mittelweg der Angestellten stimmten sich, bis auf ein paar Randgruppen, nach und nach die Arbeitermassen ebenso ein wie die bürgerliche Oberschicht. Das Angestelltenmodell bescherte der Bundesrepublik ein halbes Jahrhundert lang wachsenden Wohlstand und innere Stabilität. Es half, die Nation in den westlichen Wirtschafts- und Militärbündnissen zu verankern und die finanziellen Lasten der Wiedervereinigung zu schultern. Nun aber steht ihm seine bislang härteste Bewährungsprobe bevor.

Die Wurzeln des Problems reichen zurück bis in die fröhlichen 1970er-Jahre. Als nach Studentenrevolte und Großer Koalition Willy Brandt Bundeskanzler wurde, kam die Zeit der sozialen Wohltaten. Mitbestimmung und Arbeitszeitverkürzung hatten plötzlich Vorrang vor wirtschaftlichem Erfolg. Den Durchbruch schaffte ein schwergewichtiger Gewerkschaftsboss: Indem er seine Busfahrer und Müllmänner, Kraftwerksingenieure und Bahnschaffner in einen wochenlangen Streik schickte, kochte ÖTV-Chef Heinz Kluncker die öffentlichen Arbeitgeber weich. Die Genossen von IG Metall und DAG mochten nicht zurückstehen, und so machten Löhne und Gehälter bald zweistellige Sprünge. Gleichzeitig schnurrten die Arbeitszeiten zusammen, und die Rentner erfreuten sich dynamisch wachsender Altersbezüge. Statt der gewohnten drei gönnte man sich nun sechs Wochen Urlaub, und die IG Metall rief die 35-Stunden-Woche aus. Das neue Betriebsverfassungsgesetz erschwerte Kündigungen und räumte den Betriebsräten mehr Rechte ein, als sie einst zu träumen wagten. In die Aufsichtsräte der Großunternehmen zogen Leute ein, die vom Wirtschaften wenig, von Agitation und Klassenkampf aber eine Menge verstanden. Das Wort vom Ende der Leistungsgesellschaft machte die Runde.

Einmal Bosch, immer Bosch

Während Deutschlands Angestellte sich vom Stress der Aufbaujahre erholten und die neu gewonnenen Errungenschaften bald als selbstverständliche Besitzstände betrachteten, begann – ohne dass sie es merkten – die ökonomische Basis ihres neuen Wohlstands abzubröckeln. Die Unternehmen reagierten nämlich auf die drastisch gestiegenen Arbeitskosten mit verstärkten Rationalisierungsbemühungen und dem Aufbau ausländischer Produktions- und Vertriebsstätten. Unaufhaltsam kletterten die Arbeitslosenzahlen, sodass SPD-Kanzler Helmut Schmidt eines Tages entnervt dagegenhielt: Vier Prozent Inflation seien ihm lieber als vier Prozent Arbeitslose.

Nachfolger Helmut Kohl indes hätte nichts dagegen gehabt, wenn es bei den vier Prozent geblieben wäre. Bald hingen nämlich bis zu elf Prozent der Beschäftigten am Tropf des Staates. Die stetig steigenden Soziallasten ließen sich nicht mehr über die Steuereinnahmen bezahlen und zwangen den Bund zur Finanzierung auf Pump. Spätestens gegen Ende der 1980er-Jahre war das »Modell Deutschland« gescheitert und der Kanzler am Ende seines Lateins. Dass es noch für ein weiteres Dutzend Jahre reichte, war der deutschen Wiedervereinigung zu verdanken, die zunächst eine Scheinblüte der Wirtschaft entfachte und danach den Regierenden das Alibi für weiteres Schuldenmachen lieferte. Nachdem Kohls Erbe Gerhard Schröder mit seiner Agenda 2010 zaghafte Versuche startete, die Sozialkosten zu deckeln und den Arbeitsmarkt zu liberalisieren, wurde auch er abgewählt. Der Block der Reformgegner erwies sich als stärker.

Deutschlands Angestellte sind nicht verantwortlich für die Probleme der Globalisierung, und dennoch sind sie das Problem. Ihr Beharrungsvermögen und ihre Abneigung gegenüber Risiken erschwert die notwendigen Reformen des Arbeitsmarkts. Ihre große Zahl und ihre hohen Einkommen zwingen die Unternehmen zu Rationalisierung und Landflucht. Ihre Privilegien und ihr Sozialkomfort provozieren den Angriff neuer Konkurrenten überall auf der Welt.

Deutschlands Angestellte haben die Wirtschaft ihres Landes groß gemacht: eines Landes, das nach dem verlorenen Weltkrieg weder über Kapital noch über nennenswerte Bodenschätze (von Braun- und Steinkohle abgesehen) verfügte. Ihr Fleiß und ihr Erfindergeist, ihr Engagement und ihre Intelligenz, ihr Lerneifer und ihre Loyalität brachten die Unternehmen nach vorne, manche gar an die Spitze des internationalen Wettbewerbs. Nicht immer Hand in Hand, aber geeint durch den Willen zum Erfolg, marschierten Chefs und Belegschaften durch die Wirtschaftswunderjahre. Anders als ihre Kollegen in Italien, Frankreich oder Großbritannien waren die deutschen Angestellten mehr an Überstunden als an Streiks interessiert und kannten den Begriff Wirtschaftskriminalität höchstens aus der Zeitung. Einmal Bosch, immer Bosch hieß die Devise nicht nur im Schwabenland.

Risse bekam der stillschweigende Sozialpakt zwischen Kapital und Arbeit, als eine elitäre Minderheit unter den Angestellten anfing, ihr eigenes Süppchen zu kochen. Die Rede ist von den Managern, die sich nach dem schrittweisen Rückzug der Unternehmerfamilien aufführten, als wären sie die Eigentümer der Deutschland AG. Im Unterschied zu den geschmähten Kapitalisten aber gehörte ihnen an den Firmen, die sie regieren durften, rein gar nichts. Das Wohl ihrer Belegschaften kümmerte sie – im Gegensatz zu den Patriarchen vom Schlag eines Krupp, Thyssen oder Bosch – nicht die Bohne, denn dafür war ihrer Ansicht nach allein der Staat zuständig. So richtete sich der Angestelltenadel in den Chefetagen bequem ein, seine Mitglieder beförderten sich gegenseitig in Vorstände und Aufsichtsräte und hielten sich unliebsame Konkurrenz vom Leibe.

Dann machten die Kapitalmärkte Druck, und die Nachfolger der »Nieten in Nadelstreifen« fingen an, ihre Konzerne mithilfe japanischer und US-amerikanischer Managementmethoden (»Kaizen« oder »Lean Management« hießen die Stichworte) auf Effizienz zu trimmen und die Überkreuzverflechtungen zwischen den Konzernen aufzudröseln. Für ihre Mühen ließen sie sich so reichlich entschädigen, dass alsbald eine Debatte über die Höhe der Managerbezüge losbrach. Verdiente ein Vorstand in den 1970er-Jahren etwa das Zwanzigfache eines Durchschnittsbeschäftigten, gönnte er sich 30 Jahre später das Zweihundertfache.

Angst und Verzweiflung

Im Unterhaus der Wirtschaft wähnten sich die nach Tarif bezahlten Angestellten von der allgemeinen Wohlstandsmehrung abgekoppelt. Der Eindruck täuschte nicht, doch vorübergehend wurde er gemildert durch das wundersame Erblühen der New Economy. Ein einig Volk von Aktionären verdrängte für eine Weile die Mühsal des täglichen Bürokrieges mit der Hoffnung auf immerwährenden Wohlstand, den ihnen die neuen Börsenstars aus der Telekom-, Internet- oder Biotechbranche zu bescheren versprachen.

Der Traum, wir wissen es, endete im Frühjahr des Jahres 2000 mit Kursstürzen, die ein erspartes Vermögen von etwa 800 Milliarden D-Mark vernichteten und sich noch bis zum März 2003 hinzogen. Die zuvor schon gering ausgeprägte Risikobereitschaft der deutschen Arbeitnehmer erhielt einen gewaltigen Dämpfer. Derweil kamen die Volkswirtschaften Chinas, Indiens, Brasiliens und Russlands in Schwung, und die deutschen Unternehmen begannen, die Vorzüge der globalisierten Waren- und Arbeitsmärkte zu entdecken. Jetzt setzte die Angestelltendämmerung erst richtig ein.

Die Härte, mit der die Manager beim Umbau und der Verlagerung der Unternehmen vorgingen, ließ die Stimmung der Beschäftigten kippen. Ihre Zuversicht, mit den Problemen der Globalisierung irgendwie fertig zu werden, schlug um in Angst und Verzweiflung, Trotz und Hass. Als die Kündigungswelle selbst durch scheinbar betonsichere Häuser brandete wie Allianz und DaimlerChrysler, Deutsche Telekom und HypoVereinsbank, lagen die Nerven blank. Sensible Naturen griffen vermehrt zur Flasche oder zum Tranquilizer, ließen sich therapieren oder wenigstens coachen. Nicht wenige flüchteten in Selbsthilfegruppen, vereinzelt kam es gar zu Selbstmorden.

Wie gespannt das Verhältnis zwischen »denen da oben« und »uns da unten« inzwischen ist, erfuhr eine staunende Öffentlichkeit durch den seltsamen Briefwechsel zwischen einem Berliner Telekom-Mitarbeiter und seinem obersten Chef. Am 9. März 2007 verschickte der Angestellte aus dem Bereich T-Com eine E-Mail an René Obermann und seine Vorstandskollegen Höttges und Welslau, die es in sich hatte: »Ich habe erlebt, wie aus uns Mitarbeitern Humankapital wurde und wie wir alle nur noch als Kostenfaktoren angesehen werden, von denen man sich, so schnell es nur geht, trennen muss und will... Sie und Ihre Vorgänger jedoch geben sich im Vorstand die Klinke in die Hand... Sie ziehen mit vollgestopften Taschen weiter, um im nächsten Unternehmen das Gleiche zu tun, und Sie hinterlassen skrupellos einen immer größer werdenden Scherbenhaufen. Wenn wir... uns dann von Ihnen sagen lassen sollen, dass wir zu schlecht, zu teuer, nicht motiviert, faul und unproduktiv seien, dann steigt ob dieser Unverschämtheit eine ungeahnte Wut in uns auf...« Dieser Brandbrief war umso bemerkenswerter, da er von einem noch nicht gekündigten Mitarbeiter kam.

Kurze Zeit später zirkulierte der Brief im Internet, und unversehens avancierte der Absender zum bewunderten Helden der Telekom-Angestellten. »Viele Hunderte Kollegen« hätten ihm ihre Sympathie bekundet, erzählte der T-Com-Techniker später einem Redakteur von *Spiegel online*.

Der gescholtene Konzernchef wehrte sich ebenfalls per E-Mail: »Kritik ist stets willkommen, und sei sie noch so kontrovers. Vor der Beleidigungsgrenze sollten wir aber haltmachen. Diese Grenze wurde in den jüngsten Briefen mehrfach überschritten...« Obermann wies die Vorwürfe zurück, beklagte Kostennachteile gegenüber Wettbewerbern und verteidigte sein Restrukturierungsprogramm. Den Zorn der aus ihrem Nest vertriebenen Telekom-Angestellten aber konnte er nicht besänftigen.

Verfall der guten Sitten

War es Zufall oder logische Konsequenz, dass sich, als der Graben zwischen Management und Belegschaften aufriss, die Korruptionsskandale, Betrugs- und Untreuefälle zu häufen begannen? Der Mannesmann-Prozess um die millionenschweren Abfindungen raffgieriger Manager, der VW-Skandal um gekaufte Betriebsräte, die Siemens-Affäre mit ihren unappetitlichen Details um Schwarze Kassen und bestochene Auftraggeber, Schmiergelder bei Ikea und Infineon, korrupte Einkäufer bei BMW und betrügerische Vertriebsleute bei DaimlerChrysler, der 400-Millionen-Betrug bei der Geldtransportfirma Heros – ziemlich eindeutige Belege für den Verfall der guten Sitten in der deutschen Wirtschaft. Loyalität war gestern, jetzt leben wir in der EGO-AG. Hier kämpft nicht das solidarische Volk gegen das Kapital, sondern jeder gegen jeden.

Wie kräftig es im Biotop der Angestellten mittlerweile brodelt, dokumentieren nicht nur die überhandnehmenden Diebstähle und Durchstechereien, sondern auch zahlreiche Studien. Regelmäßig untersucht das renommierte Gallup-Institut die Befindlichkeit in den Betrieben – und registriert von Jahr zu Jahr mehr Frust bei den Beschäftigten. 2006 meldeten die Gallup-Forscher neue Tiefststände des Betriebsklimas: Nur noch 13 Prozent der Befragten zeigten eine emotionale Bindung an ihr Unternehmen, eine Mehrheit von 68 Prozent hingegen begnügte sich mit Dienst nach Vorschrift, und immerhin 19 Prozent waren so frustriert, dass sie gegen die Interessen ihres Arbeitgebers handelten. Jeder fünfte Angestellte sabotiert also seine Firma.

Schuld an der Misere haben nach einer im November 2006 veröffentlichten Umfrage von TNS Emnid die Manager, denn 79 Prozent der Befragten gaben an, sie seien davon überzeugt, dass die Bosse nur ihre eigenen Interessen verfolgten, und 42 Prozent hielten sie ohnehin für korrupt. Wen wundert es, wenn das Volk die Konsequenzen zieht?

Entgegen ihrem Ruf, besonders gesetzestreue Bürger zu sein, schlagen die Deutschen mittlerweile heftiger über die Stränge als die europäischen Nachbarn – das fand eine im *British Journal of Criminology* veröffentlichte Studie der beiden Sozialforscher Susanne Karstedt und Stephen Farrall heraus. Zum Erstaunen der britischen Wissenschaftler, die eng mit der Universität Halle zusammenarbeiteten, gaben 70 Prozent der West- und 60 Prozent der Ostdeutschen zu, notfalls auch zu lügen, zu betrügen und zu täuschen, wenn dabei ein Vorteil für sie herausspringt. Kriminalisierung als Reflex auf Unzufriedenheit und Existenzängste?

Befragt man die Angestellten hingegen nach dem, was sie bei der Arbeit glücklich und zufrieden macht, so offenbart sich das ganze Dilemma ihrer gegenwärtigen Situation: 92 Prozent geben ein festes und verlässliches Einkommen an, 88 Prozent nennen die Sicherheit des Arbeitsplatzes, 85 Prozent eine sinnvolle Tätigkeit und 84 Prozent die Anerkennung durch ihre Vorgesetzten. Jedenfalls ergibt sich das aus dem 2006 veröffentlichten Panel »Was ist gute Arbeit?«, herausgegeben von der »Initiative Neue Qualität der Arbeit« im Auftrag von Bund, Ländern und den Sozialpartnern, und diese Studie belegt damit wohl auch, was die Angestellten am meisten vermissen, wenn sie abgestellt werden: Sie klammern sich an das Beschäftigungsmodell von gestern, wünschen die stabilen Verhältnisse aus der Vergangenheit zurück und sehnen sich nach der persönlichen Wertschätzung von Leuten, die nur ihre eigene Karriere im Kopf haben. Dabei erleben sie eine völlig andere Gegenwart: Kein Job ist mehr sicher, die Kündigung kann täglich jeden treffen. Statt überschaubarer Hierarchien und planbarer Laufbahnen erwartet sie auf dem Arbeitsmarkt das Chaos und der Kampf ums Überleben. »Wir kamen uns vor wie Stallhasen, die plötzlich im Dschungel ausgesetzt wurden«, erinnert sich Inken Wanzek an die Zeit, als Siemens ihre Abteilung in der Münchner Hofmannstraße dichtmachte.

Die Stimme der Enttäuschten

Im Dschungel der untergehenden Angestelltenrepublik kämpft jeder gegen jeden: Junge gegen Alte, Frauen gegen Männer, Rangniedere gegen Ranghöhere, Arbeitsplatzbesitzer gegen das Heer der Bewerber. Und alle eint die Angst vor dem sozialen Abstieg in einer unsicheren Zukunft. »Wir haben die Arschkarte gezogen«, vermutet die Berliner Chefredakteurin Mercedes Bunz. Wie viele aus der sogenannten »Generation Praktikum« hielt sich die Online-Journalistin nach dem Studium mit Gelegenheitsjobs über Wasser. In einer Titelgeschichte über die »urbanen Penner« aus ihrer Altersgruppe bekannte die Dreißigjährige in der Hauptstadtgazette *Zitty*: »Meine Armut kotzt mich an.« Nicht die soziale Not, die Siegfried Kracauer in seinem 1930 erschienenen Klassiker »Die Angestellten« beschrieb, spricht aus solchen Sätzen, eher dürfte es sich um eine Stimme der Enttäuschten aus der Spaßgesellschaft handeln.

Auch wenn ältere Jahrgänge die Klagen der Jungen nicht so ernst nehmen, weil sie von wirklicher Armut eine etwas andere Vorstellung haben, so ist es doch eine unbestreitbare Tatsache: Selten zuvor war der Einstieg ins Berufsleben so schwierig wie heute. Rund 30 000 Schulabgänger und ein Viertel der Hochschulabsolventen blieben im Jahr 2006 auf der Strecke. Viele, die als Praktikanten jobben, werden gar nicht oder so schlecht bezahlt, dass sie auf Zuschüsse der Eltern angewiesen sind. Jeder zweite Praktikant jobbt nach einer Studie des DGB umsonst.

Die Jungen sind die Verlierer der Globalisierung, bestätigt der Bamberger Soziologe Hans-Peter Blossfeld, der für das Projekt »Globalife« mit einem internationalen Team von Sozialwissenschaftlern die gebrochenen Biografien junger Erwachsener in 18 OECD-Staaten verfolgte.

Dabei sind die heute 30-Jährigen besser auf die Globalisierung vorbereitet als jede Generation vor ihnen. Viele sprechen mehrere Sprachen, verbrachten Schul- oder Studienjahre im Ausland und verfügen über Netzwerke von Bekannten aus aller Welt. Gerade ihre Vielseitigkeit aber wird ihnen mitunter zum Verhängnis. Im Wohlstand aufgewachsen und zur Selbstverwirklichung erzogen, tun sich die Kinder der Achtundsechziger schwer mit den Anforderungen der Wirtschaft. Disziplin empfinden sie als Stumpfsinn, Unterordnung als Zumutung, und nur wenige haben nach dem Studium ein klares Berufsziel vor Augen.

Die Alten sind aus anderem Holz, doch auch sie werden nicht

mehr gebraucht. Wenn die Kostensenker von McKinsey und anderen Beratungsgesellschaften die Belegschaften ihrer Klienten durchkämmen, dann geraten als Erste die über 50-Jährigen auf die Abschusslisten. Das noch immer gültige Anciennitätsprinzip, das die Bezüge mit zunehmendem Dienstalter steigen lässt, macht die Senioren zur lohnenden Beute. Lieber verzichten die Unternehmen auf das Wissen und die Erfahrung der Älteren, als dass sie ihnen weiter hohe Gehälter und Pensionen zahlen. Die schädlichen Auswirkungen des Jugendlichkeitswahns sind zwar inzwischen erkannt – die Autohersteller zum Beispiel beklagen eine nachlassende Fertigungsqualität – ihre Personalpolitik ändern aber wollen sie nicht. DaimlerChrysler gab älteren Angestellten bis zu 250 000 Euro mit auf den Weg, wenn sie nur freiwillig die Firma verließen.

Die Frühverrentung ganzer Jahrgänge – nur jeder dritte Angestellte arbeitet noch bis 65 – entlastete zwar die Personaletats der Unternehmen, riss jedoch so tiefe Löcher in die Sozialkassen, dass das Rentenalter auf 67 angehoben werden musste. Wo die Jobs für die Alten herkommen sollen, vermögen allerdings weder Kanzlerin Angela Merkel noch ihr Vize Franz Müntefering schlüssig zu erklären.

Aus Stallhasen werden keine Tiger

Alle haben sie Angst vor der Zukunft: die Jungen, weil sie keinen Job finden, die Alten, weil sie dessen Verlust befürchten. Seit das soziale Netz gerissen ist, graut den Deutschen vor dem Absturz. Hartz IV – das schöne Gesetz soll umbenannt werden, nachdem sein Erfinder im VW-Prozess vor Gericht stand – gewährt Arbeitslosen nach einem Jahr nur noch das Existenzminimum, und die Rentner müssen sich auf kärglichere Altersruhegelder einstellen. Die noch gut bezahlten Angestellten fürchten um ihren Lebensstandard.

Frontal kollidiert die jetzt so dringend geforderte Eigenverantwortung der Bürger mit dem »Prinzip Angestellter«: Aus Stallhasen werden eben keine Tiger, zumal Staat und Gesellschaft jeden Ausbruchsversuch aus dem Käfig der Paragrafen konsequent zu unterbinden suchen. Ein Gemeinwesen, das sich anmaßt, jede Aktivität seiner Bürger bis ins Kleinste durch Gesetze und Verordnungen zu regeln, kann nicht erwarten, dass diese den Schock der Globalisierung aus eigener Kraft abzufedern vermögen.

Ob sie wollen oder nicht – die Angestellten von morgen müssen ihr berufliches Leben ständig neu erfinden. Ein guter Schulabschluss ist kein Garant für einen Job, eine Summa-cum-laude-Promotion keine Eintrittskarte für den Club der Überflieger. Karrieren gleichen künftig eher mäandernden Flussläufen als geradlinigen Autobahnen. In den Erwerbsbiografien werden sich häufigere Jobwechsel, gelegentlich auch Wechsel der Branchen, ebenso finden wie Phasen der Arbeitslosigkeit oder selbstständige Tätigkeiten.

Ein gutes Gehalt sollte deshalb nicht zu exzessiven Ausgaben verleiten, denn schon morgen muss man vielleicht von den Reserven leben. Finanzielle Unabhängigkeit ist das oberste Ziel der Abhängigen, und je früher sie es erreichen, desto gelassener können sie der Zukunft entgegensehen. Die Sparquote kletterte von sieben auf elf Prozent, aber dreieinhalb Millionen Haushalte sind bereits hoffnungslos überschuldet.

In den Zeiten der Globalisierung ist auf keinen Arbeitgeber mehr Verlass. Kommt Papi des Abends müde, aber bedeutungsschwer als »Mr. Allianz« nach Hause, kann er am nächsten Tag wieder der einfache Hugo Müller sein – und die freundliche »Mrs. Deutsche Bank« muss morgen vielleicht als freiberufliche Anlageberaterin ihr Glück versuchen. Wer helle ist, weiß: Statt sein Schicksal in die Hände der Personalabteilung zu legen, wird man sich in jeder Lebensphase selbst vermarkten. Nicht die Firma zählt, sondern allein die Marke »Ich«. Man hält Kontakt zur Konkurrenz und zögert nicht, wenn sich eine Gelegenheit bietet. Die durchschnittliche Verweildauer der deutschen Angestellten beim selben Arbeitgeber verkürzte sich seit 1990 von 10,4 auf 5,4 Jahre.

Das Verhältnis zwischen den Chefs und ihren Belegschaften hat sich nachhaltig verändert, und schuld daran sind nicht die Angestellten. Manager, die den Börsenkurs pushen, indem sie das Unternehmen »neu aufstellen«, brauchen sich nicht zu wundern, wenn die heimatlos gewordenen Mitarbeiter in die innere Emigration gehen. Wenn Vorstände sich, um den Wert ihrer Aktienoptionen zu steigern, bedenkenlos von Unternehmensteilen mit Tausenden von Leuten trennen, haben sie jeden Kredit verspielt. Angestellte, die an irgendwelche Finanzinvestoren verscherbelt wurden, gehen mit der Absicht ins Büro, es denen mal richtig zu zeigen.

Möglicherweise aber kommt alles ganz anders. Vielleicht geraten die managergesteuerten Konzerne, die heute die Wirtschaftslandschaft dominieren, durch die nachlassende Leistungsbereitschaft ihrer Angestellten in solche Turbulenzen, dass sie von kleineren, gut gemanagten Familienunternehmen überholt werden. Inhabergeführte Betriebe, das belegen zahlreiche Studien, gehen mit ihren Leuten nämlich im Allgemeinen verantwortungsvoller um als Kapitalgesellschaften.

Von Machern und Gemachten

Hoch motivierte Belegschaften sind das Erfolgsgeheimnis vieler »hidden Champions« aus dem deutschen Mittelstand, hat der Bonner Unternehmensberater Hermann Simon herausgefunden. Auch die für ihre offene Gesprächskultur bekannte Softwarefabrik SAP verdankt den Aufstieg zu einem der wertvollsten Dax-Konzerne in erster Linie engagierten Mitarbeitern. Eine Renaissance des partnerschaftlich geführten Unternehmens sollte man also nicht ausschließen – denn es ist längst nicht entschieden, ob das aus den USA importierte Modell der »kapitalmarktgetriebenen« Company auf Dauer tatsächlich besser funktioniert. Vorstände, die ständig steigende Gewinne vorzeigen und dafür bei Forschung und Entwicklung sparen, werden eines Tages mit leeren Händen bei Kunden und Aktionären erscheinen.

Wie eine Gesellschaft aussehen wird, die überwiegend aus jenen »flexiblen Menschen« besteht, die der amerikanische Soziologe Richard Sennett eindrucksvoll beschrieb, lässt sich nur erahnen. Mit Sicherheit wird sie nicht mehr so homogen und stabil, so überschau- und berechenbar sein wie heute. Ober-, Mittel- und Unterschicht werden sich stärker voneinander abgrenzen. Den immer vermögenderen Funktionseliten wird eine Masse sozialer Absteiger gegenüberstehen, die breite Mittelschicht zerbröckeln. Gut verdienende Angestellte und Selbstständige orientieren sich in ihren Lebens- und Konsumgewohnheiten noch stärker an der Oberschicht – der Rest wird weniger verdienen als heute und ständig vom Abstieg ins Prekariat bedroht sein. Zu erwarten ist allerdings, dass die Grenzen zwischen den Gesellschaftsschichten durchlässiger werden. Eine auf Intelligenz und Kreativität angewiesene Wissensgesellschaft kann es sich nicht leisten, Talente brachliegen zu lassen. Sie wird also die Bildungsanstrengungen verstärken und fähigen Leuten aus den unteren sozialen Schichten den Aufstieg erleichtern – was die Politik in den vergangenen Dekaden nicht zu leisten vermochte. Sozialkonflikte werden dennoch an Schärfe gewinnen; sie könnten die erhöhte Dynamik wieder zunichte machen.

Die Kaste der Angestellten wird sich aufspalten in eine Minderheit von hoch qualifizierten »Machern« und einer Mehrheit von »Gemachten«. Die Macher sind entweder Manager oder Spezialisten mit gesuchten Kenntnissen. Die Gemachten sind disponibles Humankapital, das man nach Bedarf heuert oder feuert. Ein wachsender Anteil der Beschäftigten wird bei Zeitarbeitsfirmen jobben und so Einblick in eine Vielzahl von Branchen bekommen. Das Verhältnis zwischen den Beschäftigten und den auf staatliche Transferleistung Angewiesenen wird sich von heute 26 zu 29 Millionen weiter zuungunsten der Beschäftigten verschlechtern. Subventionierte Kombilöhne sollen die Illusion von einem gut beschäftigten Volk für eine Weile aufrechterhalten. Insgesamt aber wird die Staatsknete spärlicher fließen. Die Lebensverhältnisse von Arbeitslosen, Rentnern und Jugendlichen dürften sich verschlechtern, während der Druck, jede verfügbare Arbeit anzunehmen, zunimmt. Die von Politikern so gern wegdiskutierte »Unterschicht« – sie existiert längst und wird weiter wachsen.

Dazwischen aber wird sich eine Gruppe von Selbstständigen etablieren, die ebenfalls über spezielle Kenntnisse und Fähigkeiten verfügt. Diese Gruppe ist äußerst heterogen und umfasst Handwerker, Freiberufler und kleine Gewerbetreibende ebenso wie die »digitale Bohème« der Internet-Netzwerker. Vielleicht entsteht mit den neuen Selbstständigen eine neue Kultur des Zusammenlebens, wie sie heute schon in den Szenevierteln der Großstädte zu beobachten ist. In Berlin Mitte, im Kölner Stadtteil Ehrenfeld wie im Münchner Glockenbachviertel entwickelten sich Künstler- und Handwerkerkolonien, garniert mit Galerien, trendigen Kneipen und schicken Läden. Man besucht sich, hilft sich, tauscht Erfahrungen und ist mehr Kollege als Konkurrent.

Ein Leben jenseits der Anstellung

»Wir glauben, dass es Alternativen gibt zum erstarrenden System der fest angestellten Erwerbsarbeit, die uns neben der Massenarbeitslosigkeit auch eine Massenunzufriedenheit beschert hat«, postulieren die Berliner Autoren Holm Friebe und Sascha Lobo in ihrem Buch »Wir nennen es Arbeit«. Wie viele der jungen Internet-Freaks, die ihren Lebensunterhalt mit Weblogs und dem Einrichten von Websites verdienen, plädieren Friebe und Lobo für ein »intelligentes Leben jenseits der Festanstellung«. Ob es freilich ein komfortables Leben sein wird, können die Autoren nur hoffen.

Dem Anteil wirtschaftlich selbstständiger Individuen dürften in einer arbeitsteiligen Wissensgesellschaft allerdings Grenzen gesetzt sein, ganz abgesehen davon, dass längst nicht jeder das Zeug zum Selbstvermarkter hat. Doch auch die Masse der mehr oder weniger flexibel Beschäftigten wird sich in ihrer Einstellung zum Job künftig eher an Selbstständigen als an Beamten orientieren. Für das Land muss dies keine Wende zum Schlechteren bedeuten, auch wenn die Arbeitsbedingungen für den Einzelnen weniger komfortabel ausfallen werden, als sie es heute sind. Weil die Sozialsysteme immer weniger in der Lage sind, die vielen Rentner und Arbeitslosen finanziell über Wasser zu halten, fordern Fachleute wie der Bonner Politikberater Meinhard Miegel, der Hamburger Ökonom Thomas Straubhaar oder der Drogeriemarkt-Unternehmer Götz Werner eine grundlegende Reform. Ihnen schwebt eine Sozialversicherung vor, die jedem Staatsbürger eine monatliche Grundrente überweist – egal, ob er arbeitet oder nicht. Über die Finanzierung gibt es unterschiedliche Vorstellungen; einig sind sich die Experten jedoch über die Notwendigkeit, Löhne und Gehälter von den hohen Nebenkosten zu entlasten. Bei den politischen Parteien ist die Idee umstritten, doch weist sie den Weg in eine Gesellschaft, die nur noch einen Teil ihrer Bevölkerung beschäftigen kann.

Die Arbeitgeber fürchten, leistungsloser Lohn leiste der Faulenzerei Vorschub, und die Gewerkschaften sorgen sich um ihre Existenz. Beide Lager aber dürften ihre Bedenken schnell vergessen, wenn erst mal die Heere der Entlassenen an ihren Pforten rütteln.

Die Pflege der eigenen Befindlichkeit indes können einem weder der Staat noch eine Versicherung abnehmen. Wer sein Selbstwertgefühl aus seinem Platz in der Hierarchie eines großen Unternehmens ableitet oder von der Wertschätzung durch einen Firmenchef abhängig macht, fällt logischerweise in ein schwarzes Loch, wenn diese seiner Dienste überdrüssig sind. Angestellte hingegen, die ein harmonisches Familienleben führen, ihre Hobbys pflegen und vielfältigen Interessen nachgehen, erleben einen Rausschmiss vielleicht sogar eher als Befreiung denn als Katastrophe.

Die Suche nach dem Sinn der eigenen Existenz dürfte die Menschen künftig mehr beschäftigen als die Jagd nach materiellen Statussymbolen. Je steiler das Wohlstandsgefälle zwischen den gesellschaftlichen Gruppen abfällt, desto mehr wird man nach Alternativen zum Reichtum suchen. Eine Renaissance des

Familienlebens ist ebenso zu erwarten wie die verstärkte Hinwendung zu Religion, Philosophie und Esoterik. Der britische Wirtschaftswissenschaftler Richard Layard (»Die glückliche Gesellschaft«) wies nach, dass die Fixierung auf beruflichen Status der individuellen Zufriedenheit ebenso abträglich ist wie ständige Mehrung des Wohlstands: »Obwohl das Einkommen der meisten Menschen in den westlichen Industriegesellschaften seit Ende des Weltkriegs beträchtlich zugenommen hat, fühlen sie sich heute nicht glücklicher als Anfang der 50er-Jahre«, stellte Layard nach umfangreichen Untersuchungen fest. Entscheidend für den Zufriedenheitsgrad des Einzelnen ist dessen Position innerhalb der Gesellschaft: »Wenn Menschen im Vergleich zu anderen Menschen reicher werden, dann fühlen sie sich glücklicher. Aber wenn der Reichtum einer gesamten Gesellschaft zunimmt, dann empfinden sie sich nicht als glücklicher.«

Der Umkehrschluss ist erlaubt: Wenn es künftig allen schlechter geht, wird die Entlassungswelle, die derzeit übers Land brandet, zwar nicht weniger Schaden anrichten, im Einzelfall aber vielleicht als erträglicher empfunden werden.

Die Masse muss nicht arbeiten

Wenn nicht alles täuscht, stehen wir vor einem radikalen Wertewandel. Arbeit, von den meisten Menschen als Last und Pflicht empfunden, wird zum erstrebenswerten Luxusgut. Wer künftig noch ein festes Beschäftigungsverhältnis hat, darf sich zur gesellschaftlichen Elite zählen. Die Masse wird vom Staat alimentiert und kann, muss aber nicht arbeiten. Der Müßiggang, einst ein Privileg von Adel und Besitzbürgertum, trägt das Stigma des Versagens. Der uralte Menschheitstraum, von der Fron der täglichen Plackerei befreit zu werden, kehrt sich um in den sehnlichen Wunsch, endlich wieder Arbeit zu finden.

Die Wirtschaftselite plagt ein anderes Problem. Weil das ökonomische Geschehen immer komplexer und schneller wird, steigt die Belastung derer, die an den Schalthebeln sitzen. Angestellte

Manager, Entwickler, Vertriebs- oder Finanzexperten, die Mitte der 1990er-Jahre mit 40 Wochenstunden auskamen, brauchen zur Bewältigung ihres Arbeitspensums heute 50 oder 60 Stunden, da helfen keine Gewerkschaft und kein Betriebsrat. Die Selbstausbeutung ist ihnen, wie manchem Freiberufler oder Politiker, eher Lust als Last. Das Gefühl, gefragt zu sein, entschädigt für die Pflicht, immer und überall erreichbar sein zu müssen. Der Zwang, unter dem einst die Dienstboten zu leiden hatten, entwickelte sich im Handyzeitalter zum Privileg der Führungskräfte. Wenige Glückliche dürfen immer härter schuften, damit viele Unglückliche zu Hause bleiben müssen.

2 | Ausgelagert und abgeschoben

Mit 39 Jahren hatte der Münchner Diplomkaufmann Stefan H. alles erreicht, was er sich einst erträumte: eine attraktive Frau, zwei aufgeweckte Kinder, einen Siebener BMW und eine vornehme Villa in bester Lage. Im Golfclub am Starnberger See war er ebenso geschätzt wie in der Münchner Bussigesellschaft, denn er galt als netter Kerl. Der Geschäftsführer des Europaablegers einer amerikanischen Softwarefirma verdiente rund eine Viertelmillion Euro im Jahr, und sein Aufstieg in den Board der Muttergesellschaft schien nur eine Frage der Zeit.

Zu seiner Pflichtlektüre gehörte das *Wallstreet Journal*, und als er darin die kleine Meldung las, war er noch in bester Stimmung: Ein US-Konzern gab bekannt, dass er sämtliche Geschäftsanteile von Stefans Firma erworben habe. »Die Gründer haben Kasse gemacht«, war Stefans erster Gedanke, an sein eigenes Schicksal dachte er nicht. Es dauerte nicht lange, da meldete sich ein Mr. Peters am Telefon. »Nennen Sie mich Dave«, forderte ihn der Ami auf und bestellte ihn zu einem Treffen nach Paris ein. Dort wurde ihm kühl bedeutet, die Konzernleitung habe entschieden, die neue Tochtergesellschaft sofort in die eigene Struktur zu integrieren. Für einen deutschen Geschäftsführer war da kein Platz mehr.

Stefans Frau nahm den Rausschmiss ernster als er selbst: »Wir sollten das Haus verkaufen, die Hypothek zurückzahlen und uns eine nette Wohnung mieten«, schlug sie vor. »Kommt nicht in Frage!«, erwiderte er. Er war sicher, in Kürze einen adäquaten Posten zu finden. Der Headhunter, der ihn zu der Softwarefirma gebracht hatte, machte ihm Hoffnung, doch die

Tage vergingen, und am Telefon meldeten sich lediglich einige Freunde und alte Kunden. Nach einem Monat, den er zu Hause und auf dem Golfplatz verbracht hatte, wurde er zunehmend nervöser. Er bildete sich ein, die Nachbarn würden ihn schneiden und die Golffreunde hinter seinem Rücken Witze reißen. Als die Bank ihn aufforderte, seine aktuellen Einkommens- und Vermögensverhältnisse offenzulegen, bekam er einen Tobsuchtsanfall.

Der IT-Markt gebe momentan nicht viel her, entschuldigte der Personalberater, den er inzwischen eingeschaltet hatte, die erfolglose Suche nach einem Geschäftsführerposten. »Ich nehme, was kommt«, schraubte er die Erwartungen herunter. Da auch dies nichts nützte, begann er, die Stellenanzeigen in den Samstagsausgaben von *FAZ*, *SZ* und *Welt* zu durchforsten und sich durch die Jobbörsen im Internet zu klicken. Im Lauf von drei Monaten schrieb er 25 Bewerbungen, führte zehn Bewerbungsgespräche und wäre beinahe eingestellt worden. Drei Tage nach der mündlichen Zusage eines Start-up-Gründers warnte ihn die Auskunftei Schimmelpfeng vor der Aufnahme geschäftlicher Beziehungen – der potenzielle Arbeitgeber werde »nicht ganz einheitlich« beurteilt.

Der Stress nahm zu, als die Bank das Hypothekendarlehen zum Monatsende fällig stellte. Seine Frau wohnte jetzt öfter bei ihren Eltern, da sie es, wie sie sagte, mit einem Psychopathen wie ihm nicht mehr aushalte. Die unbezahlten Rechnungen begannen sich auf seinem Schreibtisch zu stapeln, und Stefan vermied es, die eingehende Post zu öffnen. Ein halbes Jahr nach seinem Rausschmiss wurde das Haus zwangsversteigert.

Inzwischen hat Stefan H. einen neuen Job. Er arbeitet bei einer Zeitarbeitsfirma als Systemoperator und verdient rund 70 000 Euro im Jahr. Getrennt von Frau und Kindern, lebt er in einer Dreizimmerwohnung im Münchner Norden zur Miete. Nach Abzug von Steuern, Sozialabgaben und Unterhaltszahlungen bleibt ihm immer noch deutlich mehr als einem Hartz-IV-Empfänger, aber er ist jetzt 40 und hat nichts mehr von dem, was er sich einst erträumte…

Schicksale wie dieses gehören für Deutschlands Leistungselite mittlerweile zur Lebenserfahrung, denn der Orkan der Globalisierung macht auch vor den Chefetagen nicht halt. Die vielen Fusionen und Übernahmen dezimieren die Zahl der Entscheider, und der zunehmende Wettbewerbsdruck sorgt für Bewegung im Kader der Privilegierten. Vom Abteilungsleiter bis zum Vorstandsvorsitzenden kann es jeden treffen, wie zuletzt Telekom-Chef Kai-Uwe Ricke, Börsenboss Werner Seifert, die VW-Lenker Bernd Pischetsrieder und Wolfgang Bernhard, RWE-Vorsteher Harry Roels und Klaus Kleinfeld, der oberste Siemensianer, feststellen mussten. Zwei Drittel aller Vorstände und Geschäftsführer durften sich einer Studie der Unternehmensberatung Booz Allen Hamilton zufolge 2006 einen neuen Job suchen.

Die vergeudete Arbeitskraft

Für die zwei Millionen Angestellten, die seit 1990 entlassen wurden, mag es ein Trost sein, wenn sie ihren einstigen Vorgesetzten auf dem Arbeitsamt begegnen; für die Manager ist es eine bittere Lektion. Am eigenen Schicksal erfahren sie nun, wie gründlich sich die Machtverhältnisse in den vergangenen Jahren verändert haben. Die angestellten Führungskräfte sind nicht länger Herren, sondern Opfer des Geschehens.

Getrieben werden sie von neuen Wettbewerbern aus den Schwellenländern wie von den Investoren. Die großen Spieler an den Kapitalmärkten geben die Richtung vor: Investmentfonds verlangen steigende Aktienkurse, Hedgefonds trimmen gekaperte Unternehmen auf Rendite, Private Equity Fonds machen Jagd auf Familienbetriebe. Solange sie den Befehlen der Kapitalgeber gehorchen, dürfen Vorstände und Geschäftsführer mitverdienen, im anderen Fall droht der Rausschmiss.

Das Streben nach Effizienz, das den Kapitalismus allen anderen Formen des Wirtschaftens überlegen machte, kollidiert mit einigen zentralen Bedürfnissen der Angestellten. Das Unternehmen will hohe Leistung für wenig Geld, die Angestellten hätten es gerne umgekehrt. Das Unternehmen will schnell auf die Bewegungen der Märkte reagieren, die Angestellten hätten gerne stabile Verhältnisse. Das Unternehmen will Chancen nutzen, den Angestellten graut es vor dem Risiko.

Auch wenn Betriebsräte stöhnen und Gewerkschaftsfunktionäre protestieren – das Rationalisierungspotenzial ist noch lange nicht erschöpft. Richtig schlank produzieren die wenigsten Unternehmen, behauptet zum Beispiel Wilfried Budke, Geschäftsführer der Düsseldorfer Unternehmensberatung Intra, und auch mit der Internationalisierung ist es nicht weit her. Weder die großen Konzerne noch die mittelständischen Betriebe sind auf den globalen Märkten schon ausreichend vertreten. Deshalb werden die internen Abläufe weiter verbessert und die Auslandsinvestitionen erhöht. Beides aber geht zulasten der inländischen Belegschaften.

Die größten Reserven stecken nach Meinung vieler Experten im Revier der Angestellten. Durch mangelhafte Kommunikation der mit einem Auftrag befassten Stellen wie durch Unpünktlichkeit, übertriebenen Formalismus und schlichte Schlamperei wird in den Büros Arbeitskraft in skandalösem Ausmaß vergeudet. Dies jedenfalls ergibt sich aus einer 2006 veröffentlichten Studie, die das Fraunhofer-Institut für Produktionstechnik und Automatisierung (IPA) in Stuttgart zusammen mit dem Bad Homburger Kaizen Institute nach einer Befragung von 170 Firmen unterschiedlicher Größe aus den wichtigsten Wirtschaftszweigen anfertigte.

Allein durch die Verbesserung der Geschäftsprozesse, so errechneten die Verfasser der Studie, können die Unternehmen in den nächsten drei Jahren einen Produktivitätsgewinn von 18 Prozent jährlich erzielen. Bei konsequenter Umsetzung der Prinzipien des Lean Management wären sogar 30 Prozent möglich. Zu ähnlichen Ergebnissen kommt die amerikanische Unternehmensberatung Proudfoot, die jedes Jahr den Produktivitätsfortschritt in den wichtigsten Industrienationen ermittelt. Im Jahr 2006 bescheinigte sie den deutschen Firmen eine Verschwendung von

170 Milliarden Euro oder acht Prozent des Bruttosozialprodukts. Anders ausgedrückt: Deutschlands Angestellte verbringen nach der Proudfoot-Studie 32,4 Tage im Jahr mit überflüssigen Tätigkeiten. In die betriebliche Wirklichkeit übersetzt bedeutet dies, dass in den nächsten Jahren Hunderttausende von Verwaltungsjobs eingespart werden. Die Unternehmensberater von A.T. Kearny wissen auch schon, wo: im Finanz- und Rechnungswesen, in den Personalabteilungen und im Einkauf, vor allem bei den Automobilherstellern und den Energieversorgern. Tatsächlich aber leeren sich die Büros mittlerweile in nahezu allen Branchen. Allein die 30 Dax-Konzerne trennten sich im Jahr 2006 von rund 44 000 Leuten.

Schreckensbilanz der Konzerne

Kaum ein Tag vergeht, an dem nicht ein weiteres Unternehmen Entlassungspläne bekannt gibt. Da gleichzeitig wieder mehr Billiglöhner eingestellt werden, bietet die offizielle Arbeitsmarktstatistik ein ruhiges Bild, obwohl es unter der Oberfläche brodelt wie selten zuvor. Hier eine Momentaufnahme vom Winter 2006/2007:

Versicherer: Die Assekuranz, jahrzehntelang Garant für gute Geschäfte und sichere Arbeitsplätze, steckt mitten in einem radikalen Umbau der Unternehmensstrukturen. Wo früher Tausende gut bezahlter Angestellter Versicherungsanträge bearbeiteten, Verträge prüften, Veränderungen in Formulare eintrugen, erledigen jetzt gut miteinander vernetzte Computer die Arbeit.

Michael Diekmann, Chef des Allianz-Konzerns, wollte trotz eines Rekordgewinnes von 4,4 Milliarden Euro zunächst 7500 Stellen streichen und die Standorte Köln und Dortmund dichtmachen. Lautstarke Protestaktionen seiner Angestellten zwangen den Herrn über Europas größten Versicherungskonzern zu einer langsameren Gangart. Gefeuert werden vorläufig »nur« 5300 Allianz-Mitarbeiter.

Auch die Allianz-Konkurrenten wollen in großem Stil entlassen: Axa 1200, Zürich Versicherung 1000, Swiss Re 2000, Ergo 1000, Volksfürsorge 460, DKV und Alte Leipziger einige Hundert Mitarbeiter. Walther Thießen, Vorstandschef des AMB-Versicherungskonzerns, schätzt, dass in den kommenden Jahren jede vierte der 230 000 Stellen in der deutschen Assekuranz gestrichen wird.

Banken: Obwohl sich Banken und Sparkassen seit 2002 schon von rund 80 000 Mitarbeitern verabschiedet haben, treiben sie die Industrialisierung des Geldgeschäfts mit Macht voran. Um Kosten zu sparen, überließen Deutsche, Dresdner und Hypo-Vereinsbank zum Beispiel ihren gesamten Zahlungsverkehr der Postbank. Nach Schätzungen von Branchenkennern werden von den rund 700 000 Beschäftigten des deutschen Kreditgewerbes in fünf Jahren kaum mehr als 500 000 übrig bleiben. Gestrichen werden die Stellen vor allem im »Back Office«, also bei der Verwaltung und Auftragsabwicklung. Ein Job bei der Bank ist längst keine sichere Bank mehr.

Automobilindustrie: Wegen der weltweiten Überkapazitäten treten die Autobauer kräftig auf die Bremse. Allein die beiden US-Konzerne General Motors und Ford schickten jeweils mehr als 30 000 Leute nach Hause. Die Vorstände einiger deutscher Hersteller hätten wohl ähnlich gehandelt, wenn ihnen das Betriebsverfassungsgesetz, die Betriebsräte und laufende Verträge nicht die Hände gebunden hätten. So aber mussten sie viel Geld in die Hand nehmen, um ihre überzähligen Leute zum freiwilligen Abschied zu bewegen: DaimlerChrysler etwa kostete das Programm »Goldener Händedruck«, von dem bis Ende 2006 rund 9300 Mitarbeiter Gebrauch machten, stattliche 840 Millionen Euro. Weitere 6000 Manager und Sachbearbeiter sollen das Unternehmen bis zum Jahr 2008 verlassen. Weil sich im legendären »Bullshitcastle« in Stuttgart-Möhringen die Büros leeren werden, verkaufte Vorstandschef Dieter Zetsche gleich die ganze Konzernzentrale mit.

Der VW-Konzern hat sich im Jahr 2006 zwar schon von 7835 Mitarbeitern getrennt, nach Berechnungen seines Exvorstands Wolfgang Bernhard aber noch immer 32 000 Leute zuviel an Bord. Wenigstens 20 000 davon wollte er dringend loswerden. Auch jede fünfte Führungskraft wird nicht mehr benötigt. Damit sich die nach Haustarif bezahlten Luxusangestellten nicht an ihre Stühle klammern, winkt der margenschwache Autobauer mit Kopfprämien von bis zu 250 000 Euro. Dafür sollen die übrig gebliebenen Kollegen wenigstens 33 statt bisher nur 28,8 Stunden pro Woche arbeiten.

Dem Kahlschlag bei den Herstellern folgen Entlassungen bei den Zulieferern; Nachdem der VW-Konzern seine Dieselmotoren künftig mit einem anderen Einspritzsystem bestücken will, sind beim Lieferanten Bosch 2700 Stellen in Gefahr. Conti schließt die Reifenproduktion in Hannover und lässt sich den Sozialplan für 370 Mitarbeiter rund 15 Millionen Euro kosten – Peanuts, verglichen mit den 20 000 Stellen, die beim US-Zulieferer Delphi gestrichen wurden.

Telekommunikation: Die einstige Zukunftsbranche leidet unter Preiskämpfen und flauen Margen. Besonders hoch ist der Leidensdruck beim Branchenführer Deutsche Telekom, denn die ehemalige Bundesbehörde hat zu viele Leute an Bord. Obwohl der geschasste T-Boss Kai-Uwe Ricke seine Mannschaft schon kräftig dezimierte, reicht das hinten und vorne nicht. Nachfolger René Obermann will sich bis 2008 von weiteren 32 000 Bediensteten trennen; zudem werden 50 000 Angestellte in Servicegesellschaften ausgelagert und dort für geringere Gehälter vier Stunden länger arbeiten. Ziel des Vorstandes ist es, die Belegschaftszahlen von derzeit 167 000 auf 93 000 zu verringern.

Dass die Beschäftigen den Kahlschlag ohne Widerstand hinnehmen würden, glaubte wohl auch René Obermann nicht, doch vermutlich hat er das Protestpotenzial seiner Leute unterschätzt. Ver.di-Vorstand Lothar Schröder nutzte die Chance, sich zum Beschützer der Entrechteten aufzuschwingen: Mit Parolen wie »Anschlag auf die Verteilungsgerechtigkeit« oder »Die Beschäftigten müssen die Rechnung für jahrelanges Missmanagement zahlen« organisierte er die Abwehrschlacht. Nachdem die üblichen Warnstreiks und Trillerpfeifenkonzerte wenig gefruchtet hatten, suchte er Verbündete. Bei Philip Jennings fand er offene Ohren: Der Generalsekretär der Gewerkschafts-Dachorganisation UNI Global Union, in der neben Ver.di weitere 50 Arbeitnehmervertretungen ihre Interessen gepoolt haben, nahm sich Telekom-Großaktionär Blackstone vor. Bei dem Finanzinvestor, drohte Jennings, hätten US-Gewerkschaften Pensionsgelder von »mehreren Milliarden US-Dollar« liegen, und wenn über Neuanlagen nachgedacht würde, »könnten wir sehr wohl empfehlen, dass Blackstone nicht mehr berücksichtigt wird«.

Ein Streik um Sein oder Nichtsein

Aus dem normalen Arbeitskampf wurde ein Konflikt um Sein oder Nichtsein. Ver.di stemmte sich gegen den Abfall in die Bedeutungslosigkeit, und Telekom-Chef René Obermann warnte vor der feindlichen Übernahme seines Konzerns durch ausländische Wettbewerber und dessen anschließender Zerschlagung. Sechs Wochen dauerte der Streik, dann einigten sich die Kontrahenten auf einen Kompromiss, den beide als Sieg verkauften. Die betroffenen Telekom-Mitarbeiter jedenfalls werden ausgelagert und müssen künftig für weniger Geld länger arbeiten.

Die Telekom-Konkurrenten blieben derweil nicht untätig. So will sich E-Plus eine neue Unternehmensstruktur verpassen und bei der Gelegenheit 40 Prozent seiner Managerstellen streichen.

Elektroindustrie: Rund 150 Jahre lang war Siemens ein Name, der für Qualität bürgte. Seit November 2006 steht dieser Name für Korruption und Missmanagement. Deutschlands zweitgrößter Arbeitgeber bekam weder das Geschäft mit Handys in den

Griff, noch war er in der Lage, den Bereich Kommunikation erfolgreich zu führen. Mit trickreichen Verkäufen und Ausgliederungen versuchte der Siemens-Vorstand, die verlustreichen Unternehmensteile aus der Bilanz zu tilgen, doch die Versäumnisse holten ihn schneller ein, als ihm lieb sein konnte.

Nachdem BenQ Mobile, der taiwanesische Käufer der Handysparte, Konkurs angemeldet hatte, standen 3000 ehemalige Siemens-Mitarbeiter auf der Straße. Fast gleichzeitig verloren im Bereich Com Tausende ihren Arbeitsplatz, und ein Ende des Stellenabbaus ist nicht in Sicht. Der IT-Dienstleister SBS (Siemens Business Services) will in Deutschland etwa 2000, im Ausland weitere 3000 Mitarbeiter loswerden, und bei der Telekom-Firma Nokia-Siemens-Networks werden bis 2010 rund 9000 Jobs verschwinden, darunter 2300 in Deutschland. Als dann auch noch bekannt wurde, dass sich Siemens von seiner 53 000 Mann starken Autozulieferer-Sparte VDO trennen wollte, ging die Angst vor weiteren Massenentlassungen um.

Auch bei der Bosch und Siemens Hausgeräte Union (BSH) stehen Hunderte von Stellen auf der Kippe, da der Konzern Teile der Produktion nach Osteuropa auslagern will. Ebenso in Bedrängnis gerieten die Nachfolger der früheren Siemens-Konkurrenten AEG und Grundig. AEG-Käufer Electrolux trennte sich von 1750 Mitarbeitern in Nürnberg, Grundig Intermedia konnte zuletzt nur durch eine Finanzspritze seiner Gesellschafter vor dem Konkurs gerettet werden. Von den 450 Beschäftigten sollen 90 gehen.

Damit nicht genug: Der schwäbische Modelleisenbahnbauer Märklin will 310 seiner 1400 Beschäftigten nach Hause schicken. Und sogar der deutscheste aller deutschen Haushaltsgeräthersteller beginnt, sich langsam nach Osten abzusetzen: Miele verlagert die Hälfte seiner Wäschetrocknerproduktion aus dem Gütersloher Stammwerk ins tschechische Unicov.

Flugzeugindustrie: Das deutsch-französische Gemeinschaftswerk Airbus war – rein ökonomisch betrachtet – von Anfang an eine Missgeburt. Entwicklung und Fertigung wurden nicht nach wirtschaftlichen, sondern nach politischen Proporz-Gesichtspunkten organisiert, sodass der Airbus stets üppige Subventionen benötigte, um vom Boden abzuheben. Weil diese künftig spärlicher fließen werden, erschüttern Turbulenzen den Flugzeugbauer und seine Mutter EADS. DaimlerChrysler und Lagardère, die beiden privaten Großaktionäre, wollen aussteigen, und das Airbus-Management weiß nicht so recht, in welche Richtung es den Koloss mit seinen 55 000 Mitarbeitern – rund 21 500 in Deutschland – steuern soll. Klar ist nur, dass Ballast abgeworfen werden muss – ob im französischen Toulouse oder im deutschen Hamburg. Hüben wie drüben wehren sich die Politiker, doch am Ende werden 10 000 Angestellte ihren Job verlieren, davon mindestens 3700 in Deutschland. Die Werke in Varel und Laupheim sollen verkauft werden.

Post: Weitere Stellen werden bei der Telekom-Schwester Deutsche Post AG frei. Seit private Konkurrenten sein lukratives Briefzustellungsmonopol angreifen, verschärft Post-Chef Klaus Zumwinkel den Sparkurs. Brief- und Paketdienst werden zusammengelegt, mindestens 1000 Postler sind überflüssig.

Pharmaindustrie: Die vielen Fusionen und Übernahmen der letzten Zeit machten zwar Banker und Broker reich, den Belegschaften aber bescherten sie in der Regel herbe Einschnitte. Deutlich war das beim Takeover der Berliner Pharmafirma Schering zu beobachten. Der übernehmende Bayer-Konzern eliminierte erst mal 1500 Posten im weniger ertragreichen Bereich Crop Sciences, dann machte er sich ans Aufräumen bei seiner neuen Tochter. In einem ersten Schritt werden 1500 Stellen gestrichen, doch nach den Befürchtungen des Betriebsrats könnten bis zu 6000 Jobs wegbrechen.

Ein paar weniger dürften es beim Bad Homburger Unternehmen Altana werden, nachdem die Pharmasparte vom dänischen Konkurrenten Nycomed geschluckt wurde. Erste Pläne sehen den Abbau von 1250 Jobs vor, davon 930 in Deutschland.

Sanofi Aventis trennte sich bereits von 350 Mitarbeitern in

Verwaltung und Vertrieb am Standort Hoechst. Seit nun auch noch Pfizer, der größte Pharmakonzern der Welt, ans Sparen denkt und 10 000 Jobs zur Disposition stellt, davon 760 in Deutschland, ist in der ehemals krisensicheren Pillenbranche nichts mehr so, wie es mal war.

Stahlindustrie: Welche dramatischen Folgen die Automatisierung industrieller Prozesse für die Belegschaften hat, zeigt sich nirgendwo so deutlich wie in der Stahlindustrie. Die Uraltbranche brauchte anno 1960 noch 417 000 Leute, um 34,1 Millionen Tonnen Stahl zu erzeugen. Im Jahr 2006 aber produzierte sie 47,2 Millionen Tonnen mit nur noch 90 000 Mitarbeitern. Und das ist, nach internen Branchenprognosen, noch lange nicht das Ende des Abschmelzprozesses.

Holzindustrie: Obwohl die Geschäfte beim Spanplattenhersteller Pfleiderer in der Oberpfalz rund laufen, denkt die Geschäftsleitung über eine Verlagerung von 860 Arbeitsplätzen nach Osteuropa nach. Ein Drittel der insgesamt 2600 Mitarbeiter zählenden deutschen Belegschaft wäre dann überflüssig. Fast gleichzeitig kündigte der finnische Papierhersteller Myllykoski die Schließung seines Werkes in Dachau an. Dort müssen sich 350 Leute einen neuen Job suchen.

Einzelhandel: Wegen anhaltender Erfolglosigkeit verkaufte der US-amerikanische Einzelhandelskonzern Wal-Mart seine 85 Supermärkte im Sommer 2006 an die Metro, 15 davon sollen nach einem Beschluss des Metro-Vorstands geschlossen werden. Rund 1200 Mitarbeiter hätten dann mit Zitronen gehandelt. Und die zum Edeka-Konzern gehörende Marktkauf AG will sich von etwa 1000 ihrer insgesamt 17 000 Mitarbeiter trennen, nachdem sie mit ihren 150 Baumärkten zweistellige Millionenverluste eingefahren hat.

Verlage: In der Beletage der deutschen Verlagshäuser regiert der Rotstift. Während die Axel Springer AG in Polen wie in

Frankreich kräftig expandiert, schleift Vorstandschef Mathias Döpfner seine Verwaltungszentralen. In Berlin und Hamburg müssen 260 Angestellte gehen. Die *Handelsblatt*-Gruppe in Düsseldorf will 120 Stellen streichen, und auch die *Frankfurter Rundschau* beschloss ein Sparpaket.

Tourismusindustrie: Vorbei ist es mit dem Luxus in der Zentrale des Hannoveraner TUI-Konzerns. Weil der Aktienkurs abtauchte und die Investoren höhere Renditen sehen wollen, sollen bis zu 4000 TUI-Mitarbeiter von Bord. Der Verwaltungssitz der Holding wird verkauft, die meisten der dort beschäftigten Angestellten müssen gehen.

Entlassen wird auch beim Traditionsunternehmen Carl Zeiss Vision, bei Krankenkassen, Gewerkschaften und sogar bei den Parteien. Die Mitglieder laufen der SPD freiwillig davon, ihre Angestellten müssen mit Nachdruck zum Austritt bewogen werden. Rund zwei Millionen Euro will die Parteispitze einsparen, und das dürfte nicht ohne Kündigungen ablaufen. Seit das Weihnachtsgeld gekürzt wurde, herrscht im Berliner Willy-Brandt-Haus dicke Luft – ebenso wie im Gewerkschaftslager. Den 3400 Mitarbeitern der Dienstleistungsgewerkschaft Ver.di soll 2008 das Altersruhegeld beschnitten werden, bei der IG Bau fällt jede fünfte Stelle flach. Sogar der scheinbar krisensichere öffentliche Dienst trennt sich von seinen Angestellten: In Nordrhein-Westfalen will CDU-Ministerpräsident Jürgen Rüttgers 116 Ämter und Behörden auflösen, 20000 Bedienstete müssen sich neue Jobs suchen. Wer redet da noch von der Wende am Arbeitsmarkt? Klar, es wird auch wieder eingestellt, aber eben nicht auf Dauer und nicht zu den gewohnten Bedingungen.

Die neuen Konkurrenten lernen schnell

Die Unternehmen sind in den vergangenen Jahren schneller und beweglicher geworden. Sie nutzen Marktchancen in Osteuropa oder Südamerika ebenso konsequent wie die Möglichkeiten zur Kostensenkung in Indien oder China. Die Globalisierung machte aus der deutschen Volkswirtschaft einen weltoffenen Bazar, denn der Exportweltmeister ist gleichzeitig auch ein Importgroßmeister. Per Schiff oder Flugzeug angelieferte Rohwaren werden hierzulande veredelt und zu komplexeren Produkten zusammengefügt, ehe sie das Land wieder verlassen.

Um den Prozess der Bazarökonomie zu steuern, braucht es jedoch immer weniger Angestellte. Die Leute an der Front, die Ein- und Verkäufer, erledigen per Handy, Blackberry oder Laptop bereits einen Großteil der Verwaltungsarbeiten, die früher ganze Batterien wohlversorgter Angestellter in Atem hielten. War bisher die Digitalisierung des Datenflusses eine wesentliche Triebfeder des Rationalisierungsprozesses, so ist es jetzt seine Mobilität: Wenn jeder Mitarbeiter von jedem beliebigen Ort aus alle benötigten Informationen abrufen und einspeisen kann, benötigt die Firma keinen Mittelbau von stationären Informationsverteilern mehr. IT-Konzerne wie IBM oder Hewlett-Packard begriffen dies als Erste: Sie schickten große Teile ihrer Belegschaft nach Hause. Deutsche Unternehmen werden folgen und ihre restlichen Angestellten am heimischen Küchentisch mit Telearbeit versorgen. Deren soziales Leben, das sich bisher überwiegend im Büro abspielte, muss neu erfunden werden.

Nach einer Studie der Unternehmungsberatung A.T. Kearny vom Frühjahr 2007 werden in der deutschen IT-Branche bis zum Jahr 2011 rund 120 000 Stellen gestrichen. Grund: zunehmende Automatisierung der Informationsprozesse und Auslagerung der Wartungsarbeiten. Allein die 500 größten deutschen Unternehmen werden nach Berechnungen der Berater ihr Personal von derzeit 180 000 auf 35 000 Mitarbeiter reduzieren. Von den ausgelagerten IT-Jobs dürften nur etwa 40 Prozent in Deutschland bleiben, der Rest wandert ab in Billiglohnländer.

Kauften die Industrienationen bisher in erster Linie Rohstoffe und einfache Bauteile wie Bremsschläuche, Kabelbäume oder Zahnräder auf dem Weltmarkt ein, so liefern die Schwellenländer mittlerweile in zunehmendem Tempo auch komplexe Produkte wie PCs, Handys, Flachbildschirme oder Automobile an. Die Globalisierung geht in die zweite Runde, und die wird für Deutschlands angeschlagene Angestellte womöglich noch härter als die erste. Die neuen Konkurrenten in Osteuropa und Asien arbeiten nämlich nicht nur zu lächerlichen Preisen, sie sind auch noch extrem fleißig – und lernen verblüffend schnell.

Einst schickten Indien und China ihre talentiertesten Studenten nach Westeuropa und in die USA, um den Stand des Wissens zu ergründen. Heute bilden sie in ihren eigenen Universitäten mehr Mathematiker, Naturwissenschaftler, Ingenieure und Betriebswirte aus als ihre Lehrmeister. Schon jetzt melden Chinesen mehr Patente an als deutsche Tüftler, und spätestens im Jahr 2010 wird die Pekinger Volksrepublik die USA in der Zahl der Naturwissenschaftler und Diplomingenieure überflügelt haben. Dabei liegen die Durchschnittsgehälter chinesischer Ingenieure, je nach Branche, bei 5000 bis 12000 Euro – im Jahr.

Offshoring und Outsourcing

Westlichen Firmen gestatten die kommunistischen Mandarine nur dann den Zutritt zu ihrem Milliardenmarkt, wenn sie im Gegenzug die jeweils neueste Technik geliefert bekommen, vom Airbus bis zum Transrapid. Ohne die geringsten Skrupel und geschützt durch Regierung und Justiz, kopieren die chinesischen Produzenten die Importwaren so lange, bis sie in der Lage sind, den Konkurrenzkampf mit eigenen Entwicklungen aufzunehmen. So wollen sie in wenigen Jahren schaffen, wozu die alten Industrienationen Jahrhunderte benötigten – und das hat für den Hightech-Standort Deutschland gravierende Folgen.

Freilich sind die Guten und die Bösen im west-östlichen »Weltkrieg um Wohlstand« nicht so leicht zu identifizieren, wie das der gleichnamige Bestseller des *Spiegel*-Redakteurs und Globalisierungskritikers Gabor Steingart suggeriert. Vorläufig profitieren nämlich die Industrienationen mindestens ebenso stark vom weltweiten Warenaustausch wie die Schwellenländer. Würden Osteuropäer, Inder und Chinesen nicht für Hungerlöhne arbeiten, kletterten bei uns die Preise in inflationsverdächtigem Tempo; die Konsumenten könnten sich weniger leisten, die Firmen würden weniger verdienen, die Staaten weniger Steuern einnehmen.

Größte Nutznießer der Globalisierung dürften noch immer die multinationalen Konzerne europäischen oder US-amerikanischen Ursprungs sein, die sich die wachsenden Fertigkeiten der aufstrebenden Nationen zunutze machen. Offshoring und Outsourcing heißen im Manager-Kauderwelsch die Schlagworte, die in den Betrieben für blankes Entsetzen sorgen. Gemeint ist die Ausgliederung und Verlagerung ganzer Unternehmensbereiche in Billigländer. So lässt der schwäbische Autozulieferer Bosch im indischen Bangalore Motorsteuerungen und Navigationssysteme entwickeln, Siemens zieht in Peking und Shanghai Forschungs- und Entwicklungszentren hoch – in Neu-Delhi und Bangalore beschäftigt der Konzern bereits über 4000 Ingenieure mit der Konstruktion von Kraftwerken und medizintechnischen Geräten. Für den Walldorfer SAP-Konzern entwerfen in Bangalore 1500 Inder komplexe Unternehmenssoftware, und schon folgen den Konzernen Mittelständler wie der Bietigheimer Schuhhersteller Christian Bär, die Digisound Elektronik aus Norderstedt oder die Oldesloher Hako-Werke.

In Hamburg glaubten sich Angestellte des Nahrungsmittelmultis Unilever sicher vor den Unbilden des Arbeitsmarktes, bis sie eines Tages erfuhren, dass der britisch-holländische Konzern große Teile seines riesigen Verwaltungsapparates in fremde Hände gibt. Den europaweiten Service für den IT-Bereich mitsamt der Verwaltung der Personaldaten übernahm der Dienstleister Accenture, die Finanzbuchhaltung ging an IBM. Bei den Kosten konnten die überflüssig gewordenen Angestellten nicht konkurrieren, denn die Auftragnehmer lassen in Osteuropa arbeiten. Das Unileverpersonal wird künftig von Bukarest aus verwaltet, die Finanzbuchhaltung in Prag erledigt. Der Konzern erhofft sich Einsparungen in Höhe von 700 Millionen Euro.

Im Auftrag des Hannoveraner Autozulieferers Conti tüfteln in

Hermannstadt bereits über 200 rumänische Ingenieure an Aufgaben, die noch vor Kurzem Deutsche erledigten, deren Arbeitskraft zehnmal so teuer war. Dabei seien die Rumänen mindestens so gut ausgebildet wie ihre deutschen Kollegen, behauptet Conti-Statthalter Roberto Wagner und verweist auf hochpräzise Steuerungselemente für Autotüren, Airbags und Bremsen.

In Moskau arbeiten 150 Ingenieure im Entwicklungszentrum ECAR an Bauteilen für den Großraum-Airbus A 380, im weißrussischen Minsk programmieren Mitarbeiter der Firma PM+S Informationssoftware für den Münchner TV-Sender Pro Sieben SAT 1. Die bereits erwähnte US-Beratungsfirma Booz Allen Hamilton hat ausgerechnet, dass westliche Unternehmen bis Ende 2006 bereits Entwicklungs- und Konstruktionsaufgaben im Wert von zehn bis 15 Milliarden US-Dollar in Niedriglohnländern erledigen lassen – bis zum Jahr 2020 soll sich dieser Wert verzehnfachen.

Lufthansa-Rechnungen aus Polen

BPO – Business Process Outsourcing (Auslagerung von Geschäftsprozessen) – nennen Manager den Vorgang, der die Kaste der Angestellten in Deutschland dramatisch dezimieren wird. Ausgelagert wird alles, was sich anderswo billiger erledigen lässt, und dazu zählen mittlerweile die meisten Büroarbeiten – von der Buchhaltung über die Datenverarbeitung bis hin zu Vertrieb und Zahlungsverkehr.

Die Deutsche Bank wickelt bereits den größten Teil ihrer Kontenbewegungen und Wertpapiertransaktionen in Fernost ab. Die indischen Bank-Töchter DNETS, DBOI und GRIC in Bombay und Bangalore beschäftigen 4000 Leute und arbeiten zu Kosten, die weniger als ein Zehntel so hoch sind wie in Frankfurt. In Manila auf den Philippinen konzentriert die Bank bei der Tochter Deutsche Knowledge Services das weltweite Controlling; die Reisekostenabrechnungen der Deutschbanker kommen aus der slowakischen Hauptstadt Bratislava. Die übrigen Geldhäuser werden dem Beispiel folgen und die Zahl ihrer deutschen Angestellten weiter verringern, wie es auch in anderen Branchen Brauch ist: Der Münchner Chiphersteller Infineon lässt seine Buchhaltung in Portugal besorgen, die Lufthansa hat ihr Rechnungswesen nach Polen vergeben.

Hoffnungen, der Auslagerungsprozess käme allmählich zum Erliegen, erteilen Fachleute eine klare Absage. Nach einer Studie der führenden Consultingfirma IDC wird das BPO-Volumen von 2004 bis 2009 von 382,5 auf 641,2 Milliarden US-Dollar steigen. »Aus diesen Zahlen wird ersichtlich, dass die Märkte noch ziemlich am Anfang stehen«, folgern die Autoren Jörg Bordt, Jürgen Gross und Matias Musmacher in ihrer 2006 erschienenen Expertise über »Die Industrialisierung von Dienstleistungen und Prozessen«.

Vorbei ist es also mit der Ruhe im Großraumbüro. Egal, ob die Angestellten bei einem internationalen Konzern oder einem Mittelständler arbeiten, ob sie in einem Callcenter oder im Controlling tätig sind – jeder muss damit rechnen, dass ihm eines Tages der Stuhl vor die Tür gestellt wird. Auch wenn die Arbeitgeber bemüht sind, die Folgen der BPO-Welle herunterzuspielen, so sprechen die Zahlen für sich. Nach der bisher umfassendsten Studie über den weltweiten Outsourcing-Prozess – sie stammt vom McKinsey Global Institute – werden bis zum Jahr 2008 etwa 160 Millionen Arbeitsplätze ausgelagert; das sind elf Prozent der weltweit angebotenen Jobs im Dienstleistungsgewerbe.

Da Sinn und Zweck einer solchen Auslagerung stets die Kostenersparnis ist, schwinden für die betroffenen Angestellten die Chancen, jemals wieder einen gleichwertigen Arbeitsplatz zu bekommen. Selbst wenn sie eine adäquate Stelle finden, nachdem sie von ihrer alten Firma abgeschoben wurden, verdienen sie beim neuen Arbeitgeber mit Sicherheit weniger.

Wen die Globalisierung nicht wegspült, der fällt möglicherweise der Heuschreckenplage zum Opfer: Gemeint sind jene Finanzinvestoren, die unter so unverdächtigen Namen wie KKR, TPG, Blackstone, Carlyle oder Apax daherkommen und vom Vizekanzler Franz Müntefering treffend mit den gefräßigen Insekten verglichen wurden. Ihre Manager haben bei reichen Privatleuten oder Institutionen viel Geld eingesammelt mit dem Versprechen, mehr daraus zu machen. Zum Schrecken für die Angestellten wurden sie durch die Macht ihres Kapitals wie die Rigorosität ihrer Methoden: Gern beißen sie sich an schlecht gemanagten, aber substanzstarken Firmen fest. Mit wenig eigenem Kapital und hohen Krediten kaufen sie den bisherigen Eigentümern die Aktienmehrheit ab und besetzen die Geschäftsleitung mit eigenen Leuten. Dann bürden sie dem gekaperten Unternehmen die Kredite auf und holen sich ihr Eigenkapital, angereichert um Zins und Zinseszins, über »Sonderausschüttungen« oder »Beraterhonorare« zurück.

Die Angestellten ziehen stets den Kürzeren

Damit das Opfer die hohen Zins- und Tilgungsraten zahlen kann, muss es auf Rendite getrimmt werden, und das geht so: Erstens verscherbelt man alle Unternehmenswerte, die nicht unmittelbar benötigt werden – also Grundstücke, Gebäude, Warenvorräte, Forderungen etcetera. Zweitens droht man den Angestellten mit Entlassungen für den Fall, dass sie sich nicht auf Gehaltskürzungen und Arbeitszeitverlängerungen einlassen wollen. Drittens entlässt man, nachdem Punkt zwei erreicht ist, wenigstens ein Drittel der Belegschaft. Viertens, schließlich, verkauft man die ausgepresste Klitsche mit hohem Profit weiter.

Anders als heimische Eigentümer scheren sich die in irgendwelchen Steueroasen registrierten Heuschrecken wenig um Gewerkschaftsproteste und Medienaufruhr. Stören Betriebsräte und Arbeitsrichter ihre Kreise – nun, dann machen sie die Fabriken in Deutschland eben dicht und verlagern die Produktion nach Osteuropa – so geschehen etwa beim Sanitärarmaturenhersteller Friedrich Grohe AG mit Stammsitz im sauerländischen Hemer.

Sind schon die betriebswirtschaftlichen Fitnesskuren, zu denen die Finanzinvestoren ihre Opfer zwingen, für die Angestellten alles andere als bekömmlich, so dezimiert das grassierende

Fusionsfieber ihre Schar noch weit mehr. Auch bei dieser Spielart der Renditesteigerung mischen die Heuschrecken – im Verein mit Investmentbanken, Unternehmensberatern und Anwaltskanzleien – kräftig mit. Zwar ist der Trend zu Aufkäufen und Zusammenschlüssen in der deutschen Wirtschaft schon seit vielen Jahren zu beobachten, doch noch nie zuvor gab es so viele und so teure »Mergers« wie im Jahr 2006. Dieser Trend aber wird sich weiter verstärken – und immer wenn ein Großer einen Kleineren schluckt oder wenn zwei von ähnlichem Kaliber zusammengehen, ziehen die Angestellten den Kürzeren: Ob Bayer Schering kassiert oder Merck Serono, ob Linde BOC übernimmt, KarstadtQuelle den Reiseveranstalter Thomas Cook kauft oder der französische Luxusgüterkonzern PPR den deutschen Puma erlegt – am Ende geht es immer um die berühmten »Synergieeffekte«. Und die lassen sich nun mal am ehesten durch Einsparungen beim Personal erzielen. Wo vorher zwei Buchhaltungen Löhne errechneten oder Aufträge verbuchten, genügt nach der Fusion eine einzige, und genauso verhält es sich in der Forschung, im Vertrieb oder im Personalwesen.

Die stärksten Kräfte der Wirtschaft im beginnenden 21. Jahrhundert nagen also am Besitzstand der Angestellten: die Globalisierung und der Größenwahn, das Handy, die Heuschrecken und das Internet. Als ob das noch nicht genug wäre, rücken ihnen neben Süd- und Osteuropäern neuerdings auch noch Asiaten unangenehm nahe auf den Leib: So sickerten in den letzten Jahren Zehntausende von arbeitswilligen Chinesen in Europa ein, ohne sonderlich Aufsehen zu erregen. Erst verdingten sie sich zu Hungerlöhnen bei heimischen Firmen, dann übernahmen sie nach und nach die Betriebe ihrer einstigen Arbeitgeber. Ihr erstes Opfer wurde die italienische Textilindustrie rund um die toskanische Stadt Prato, wo sich bereits etwa 25 000 der »gelben Italiener« (Der Spiegel) niederließen und die heimischen Produzenten mit konkurrenzlos günstigen Angeboten vom Markt vertrieben. In Mailand kam es deshalb im April 2007 zu einer blutigen Straßenschlacht zwischen eingewanderten Chinesen und der Polizei.

Über 20 000 Asiaten leben bereits in der italienischen Finanz-
metropole und betreiben dort etwa 450 Importfirmen für Billig-
wagen aus Fernost. Es dürfte nur eine Frage der Zeit sein, bis
ihre besser ausgebildeten Nachfahren in Deutschland angreifen.
Der Telekom-Ausrüster Huawei ist schon da: Bis zu 1000 Mitarbeiter sollen künftig von Eschborn aus das Europa-Geschäft
des 56 000-Mann-Unternehmens aus Peking voranbringen.

Kostenfaktor Kind

Nicht alle Angestellten sind gleichermaßen bedroht. Am wenigsten jene, die über wertvolles Spezialwissen verfügen, am meisten
jene mit geringer Qualifikation. Berufseinsteiger, Frauen nach
der Babypause und Männer in Sichtweite des Rentenalters sind
die Verlierer der Globalisierung – fand die Studie »Globalife«
heraus, für die 71 Wissenschaftler unter Leitung des Bamberger
Soziologieprofessors Hans-Peter Blossfeld von 1999 bis 2005
Tausende von Beschäftigten aus Europa und Nordamerika befragten.

Die Beschleunigung des wirtschaftlichen Geschehens und
seine wachsende Unübersichtlichkeit erschweren den Jungen
die Orientierung und schleudern die Alten von Bord.

»Es fällt den Menschen zunehmend schwerer, rationale und
langfristig bindende Entscheidungen zu treffen«, resümiert Blossfeld. Wohl wahr – und deshalb wohnen die jungen Männer, so
lange es geht, im »Hotel Mama«, scheuen den Gang zum Trau-
altar und halten Kinder für einen verzichtbaren Ausgabeposten.
Die Frauen entdecken, nach den Mühen der Emanzipation, wieder das Eva-Prinzip, und die Alten verzehren ihre Abfindung im
Bewusstsein, dass sie das alles nichts mehr angeht.

Die Lage ist überall ähnlich im reichen alten Europa, und
niemand hat ein Rezept gegen den allmählichen Zerfall der
Wohlfahrtsstaaten. Eine rühmliche Ausnahme sollte nicht un-
erwähnt bleiben: In Irland, wo seit den 1990er-Jahren Vollbeschäftigung angesagt ist und die Wirtschaft schneller wächst als

sonst wo in Europa, steigen die Heirats- und Geburtenraten wieder an.

In Deutschlands Betten und Büros hingegen herrscht, glaubt man den Befunden von der Soziologenfront, Tristesse. Mangelnde Zeugungslust und der Frust über schwindende Privilegien trüben die Stimmung. Zwar schleppen sich die Angestellten, seit die Entlassungswelle über sie hinwegbrandete, auch wieder mit kleineren Wehwehchen ins Büro, doch ihre Seelen leiden arge Not. Während die krankheitsbedingten Fehlzeiten insgesamt um beeindruckende 47 Prozent abnahmen und mit durchschnittlich 11,5 Tagen im Jahr den niedrigsten Stand seit 1970 erreichten, häuften sich die psychischen Erkrankungen. Betrübt registrierte der Verband der Betriebskrankenkassen, dass seelische Leiden bereits die vierthäufigste Ursache sind, wenn ein Angestellter nicht am Arbeitsplatz erscheint. Psychoprobleme gibt es in allen Altersgruppen – bei Männern nehmen sie schneller zu als bei Frauen. Häufigste Ursache männlicher Patienten ist der Alkohol, bei Frauen diagnostizieren die Ärzte vor allem Depressionen und neurotische Verhaltensstörungen.

Auf die Kündigungswelle reagieren die Angestellten, kaum verwunderlich, sehr verschieden. Ältere Männer neigen eher zur Resignation, jüngere Frauen hingegen zu organisiertem Widerstand.

»Gestandene Männer haben sich in den Armen gelegen und geheult«, erinnert sich die Allianz-Angestellte Rita Hemmersbach an den Tag, da Deutschland-Chef Gerhard Rupprecht die Schließung der Kölner Zweigniederlassung bekannt gab. Sekretärin Hemmersbach war zwar auch fassungslos, doch dann schritt sie zur Tat: Ähnlich der Programmiererin Inken Wanzek bei Siemens organisierte sie mit ihren Betriebsratskollegen eine mächtige Gegendemo und zeigte ihrem obersten Chef die rote Karte. Konzernvorsteher Michael Diekmann verstand und verzichtete vorläufig darauf, Köln dichtzumachen.

Auch wenn der Sieg der Allianz-Angestellten nach Pyrrhus riecht, weil sich auf Dauer weder der technische Fortschritt noch die Pläne der Konzernschmiede aufhalten lassen, so gab er den gebeutelten Mitarbeitern wenigstens für eine Weile das Gefühl, nicht ganz ohnmächtig zu sein.

Das sind sie, in der Tat, keineswegs: Noch immer verfügen die abhängig Beschäftigten über die einflussreichste Lobby des Landes. Noch immer fürchten Politiker jeder Couleur das Störpotenzial der Gewerkschaften, noch immer ist Deutschland eine im Zweifel soziale Republik. Doch die Stärke des Arbeitnehmerflügels ist gleichzeitig seine Schwäche: Weil er in der Lage war, die notwendigen Reformen des Arbeitsmarktes so lange hinauszuzögern, fallen diese jetzt unter dem Druck der Globalisierung umso härter aus.

Wenn Unternehmen überzählige Mitarbeiter nur dadurch loswerden können, dass sie ihnen hohe Abfindungen mit auf den Weg geben, wenn machtbewusste Konzernherren vor den Trillerpfeifen ihrer Angestellten kapitulieren, wenn Gewerkschaftsfunktionäre über die Besetzung von Spitzenpositionen mitbestimmen – da kann man wohl kaum, wie Linkspopulist Oskar Lafontaine, von einer neoliberalen Wirtschaftsordnung reden. Des Volkes Herz schlägt links, und den gezwiebelten Angestellten ist der Beifall quoten- und auflagenheischender Medien sicher.

Wo die ökonomische Realität mit den lieb gewonnenen Vorstellungen der Arbeitnehmer kollidiert, da gedeiht die Heuchelei. Politiker heucheln Verständnis für die Nöte ihrer Wähler, Manager heucheln Mitgefühl mit ihren Angestellten, Gewerkschaftsfunktionäre heucheln Solidarität mit ihren Mitgliedern. Dass alle Beteiligten stets nur ihre eigenen Pfründen im Auge haben, versteht sich von selbst, aber aufhalten können sie den Prozess der Deregulierung des Arbeitsmarktes nicht.

Getrickst, getäuscht, gelogen

Nirgendwo wird so viel getrickst, getäuscht, gelogen wie an der Kündigungsfront. Weil das Arbeitsrecht betriebsbedingte Entlassungen erschwert und die Arbeitsgerichte meist zugunsten der

Arbeitnehmer entscheiden, müssen sich die Personalabteilungen der Unternehmen einiges einfallen lassen, wenn sie ihre Leute loswerden wollen.

»Einen Mitarbeiter zu entlassen«, staunte der an das Hire-and-fire-Prinzip seiner Heimat gewöhnte US-Geschäftsführer einer Münchner Softwarefirma, »ist in Deutschland schwieriger als die Bildung einer Regierung.«

Oft genügen schon kleinste Formfehler, um eine Kündigung unwirksam werden zu lassen. Das Arbeitsgericht Hamburg zum Beispiel störte sich an einem Entlassungsschreiben, das von einem Betriebsleiter mit der Chiffre i. A. (im Auftrag) unterzeichnet war. Begründung: Wer mit i. A. unterschreibe, gebe nicht die eigene, sondern eine fremde Willenserklärung in fremdem Namen ab – sie sei deshalb nicht wirksam. Richtig wäre es gewesen, die Kündigung mit i. V. zu unterschreiben – in Vertretung (der Geschäftsleitung).

Etwa 300 000-mal im Jahr sitzen Deutschlands Arbeitgeber auf der Anklagebank, und fast immer verlassen sie das Gericht als zweiter Sieger. Wer hierzulande einen Angestellten entlässt, gilt als unsozial und muss dafür bezahlen. Wenn der Mitarbeiter nicht gerade die Firmenkasse geplündert oder seinen Vorgesetzten erschossen hat, muss der Arbeitgeber schlüssig nachweisen, dass die Kündigung

a) der einzig mögliche Weg war, einer Pleite zu entgehen,

b) sozial zu rechtfertigen ist, weil es keinen anderen Job im Betrieb gibt, der dem Entlassenen angeboten werden konnte.

c) nach sorgfältiger Prüfung sozialer Kriterien wie der Dauer der Betriebszugehörigkeit, dem Lebensalter, den Unterhaltspflichten, oder dem Grad der Behinderung erfolgte.

Darüber hinaus hat das Unternehmen darzulegen, dass es dem Antidiskriminierungsgesetz entsprochen hat und den Geschassten nicht wegen seiner Rasse, ethnischen Herkunft, Religion, sexuellen Identität, seines Geschlechts oder Alters benachteiligte. Die Beweislast für alle diese und noch manch andere Faktoren liegt beim angeklagten Unternehmen, das damit natürlich vollkommen überfordert ist. Am Ende dreht sich jedes Arbeitsgerichtsverfahren immer nur um eine einzige Frage: Wie hoch ist die Abfindung, die der Entlassene herausschlagen kann?

Reiche Unternehmen wie DaimlerChrysler oder VW können es sich leisten, das Personal mit saftigen Prämien zum freiwilligen Verlassen des Werksgeländes zu bewegen. Für einen Mittelständler würde diese Taktik den Ruin bedeuten. Also wird er nach echten oder vermeintlichen Verfehlungen seiner Leute fahnden, die ihm einen Vorwand für den Rausschmiss liefern: Wer nicht pünktlich am Arbeitsplatz erscheint, einem Kunden unfreundlich begegnet oder am Bildschirm die Moorhuhnjagd eröffnet, fängt sich eine Abmahnung ein. Zwei solche Verweise, und der Mann ist draußen.

Wo das nicht fruchtet, wird nachgeholfen: Eine Münchner Brauerei entsandte ihren bajuwarischen Brauleiter, nachdem sie von einem Konzern übernommen wurde, ins Westfälische. Klar, dass der Bayer, der sich weder mit der Landessprache noch mit der Art des dort gewünschten Bieres anfreunden mochte, nach einiger Zeit selbst kündigte.

Hat ein Kandidat schulpflichtige Kinder, reicht für gewöhnlich schon die Versetzung ins nächste Bundesland, um ihn zur freiwilligen Aufgabe zu bewegen; in härteren Fällen droht die Abschiebung auf einen Außenposten irgendwo zwischen Adis Abeba und Timbuktu.

Eine besonders listige Art der Ausdünnung ließ man sich bei Siemens einfallen: Eine ganze Abteilung des Com-Bereichs fand sich eines Tages vom hausinternen Kommunikationssystem abgekoppelt. Es kamen weder Anrufe, Faxe noch E-Mails an, und auch die Printpost fand nicht den Weg durchs organisatorische Labyrinth. Nach der dritten Woche warfen die ersten Mitarbeiter das Handtuch, der Rest wurde abgewickelt. Wer die Versetzung in weit entfernte Bereiche ablehnte, musste mit minderwertigeren Jobs vorlieb nehmen.

Das Logistikzentrum leer geräumt

Brachialer ging der Autozulieferer Dräxlmaier aus dem bayerischen Vilsbiburg vor. Nachdem die IG Metall die Forderung nach längeren Arbeitszeiten und geringeren Gehältern abgewiesen hatte, ließ er kurzerhand das Logistikzentrum seiner Tochtergesellschaft HIB in Böblingen leer räumen. Als die Belegschaft nach dem verlängerten Fronleichnam-Wochenende 2006 wieder zur Arbeit erschien, gab es nichts mehr zu arbeiten. Die Fabrikhallen, von denen aus das benachbarte DaimlerChrysler-Werk mit edlen Holzapplikationen für Mercedes-Limousinen beliefert wurde, waren zugesperrt und enthielten weder Waren noch Arbeitsgerät. Die Leute hatten nichts mehr zu tun, bekamen aber weiter ihr Geld. Dieser Nervenkrieg dauerte von Mitte Juni bis Ende November, dann hatte Dräxlmaier sein Ziel erreicht: Der Standort Böblingen wurde geschlossen, 30 der insgesamt 148 Mitarbeiter erhielten neue Jobs im Werk Bruchsal, die übrigen bekamen Abfindungen von z.T. wenigen Tausend Euro. Zwar droht dem Familienunternehmen, das 30 000 Mitarbeiter in 17 Ländern beschäftigt, ein Bußgeld von 10 000 Euro wegen des Verstoßes gegen seine Informationspflicht, aber Firmenchef Fritz Dräxlmaier hielt dies offenbar für das kleinere Übel, gemessen an den Kosten eines ordentlichen Sozialplans. Kirchen- und Gewerkschaftsvertreter hingegen verurteilten sein »menschenverachtendes Verhalten« und sprachen von »einem mit Füßen getretenen Recht«.

Reichhaltig ist das Arsenal der Folterinstrumente, mit der gewiefte Personaler ihre überzähligen Angestellten zu drangsalieren pflegen. Doch diese Art von Personalpolitik hat das Klima in den deutschen Betrieben ebenso nachhaltig beschädigt wie die Kraftmeierei von Funktionären. Vernünftiger wäre zweifellos eine Art gegenseitiger Abrüstung: hier weniger Machogehabe der Gewerkschaften, dort weniger Heimtücke. Doch die verzweifelt um ihre Daseinsberechtigung ringenden Gewerkschaftsfunktionäre lehnen den Rückzug ebenso ab wie die Gutmenschen-

Fraktion in Politik und Justiz. Den Preis für die Illusion vom Wohlfahrtsstaat zahlen wir alle: in Form höherer Steuern und Sozialabgaben.

Solange es den Firmen schwer gemacht wird, sich im Bedarfsfall von Mitarbeitern zu trennen, werden sie keine mehr einstellen. Auf der Strecke bleiben dann Leute wie der Bayer Klaus Rehn, der seit 2001 vergeblich versuchte, wieder eine Festanstellung zu finden: Über 500 Bewerbungen schrieb der im Alter von 55 Jahren keineswegs verbrauchte Kaufmann aus Dachau, doch mehr als ein paar befristete Aushilfsjobs waren für ihn nicht drin. Obwohl er an der Fachhochschule München ein »managementorientiertes betriebswirtschaftliches Parxisprogramm« mit der Traumnote 1 abschloss und von seinem letzten Arbeitgeber ein hervorragendes Zeugnis ausgestellt bekam, fand er bislang nicht wieder in den regulären Arbeitsmarkt zurück.

So wie ihm ergeht es immer mehr ehemaligen Leistungsträgern, weil die Betriebe ihren verbliebenen Leuten lieber Überstunden bezahlen, als neue Mitarbeiter einzustellen. Fünf Millionen Arbeitslose und mindestens ebenso viele geringfügig oder befristet Beschäftigte sind die Quittung für eine total verfehlte Arbeitsmarktpolitik. Die in den 1970er-Jahren geborene Vorstellung, man könne private Unternehmen verpflichten, ihre Angestellten ähnlich langfristig zu beschäftigen wie der Staat seine Beamten, mutet in den Zeiten der Globalisierung wirklichkeitsfremd an. Sogar in Japan, wo die lebenslange Anstellung bei einem einzigen Arbeitgeber zur Kultur gehörte wie Sushi und Shinto, zerbrach das Bündnis zwischen Kapital und Arbeit. Als Konzerne wie Nissan und Mitsubishi in Schwierigkeiten gerieten, trennten sie sich von Tausenden Mitarbeitern.

Das goldene Dreieck der Dänen

Um zu retten, was kaum noch zu retten ist, gebaren Europas Sozialpolitiker und Gewerkschafter die Idee von der »Flexicurity«. Unter dem – aus den gegensätzlichen Begriffen »Flexibi-

lity« und »Security« gebildeten – Kunstwort sollten arbeitsmarkt-
politische Konzepte entwickelt werden, die den Bedürfnissen von
Wirtschaft und Angestellten gleichermaßen Rechnung tragen.
Heraus kamen dabei allerdings ganz unterschiedliche Lösungen.

Dänemark zum Beispiel entschied sich für ein Konzept, das
man »goldenes Dreieck« nannte: Es lässt den Firmen freie Hand
bei Entlassungen und gewährt den Angestellten so gut wie keinen Kündigungsschutz. Dafür erhalten Letztere ein vergleichsweise komfortables Arbeitslosengeld, das vier Jahre lang ausbezahlt wird und bei Geringverdienern bis zu 90 Prozent ihres
letzten Einkommens ausmacht. Die dritte Seite des goldenen
Dreiecks besteht aus einer aktiven Arbeitsmarktpolitik, die darauf abzielt, mit Steueranreizen und Investitionsprogrammen die
Wirtschaft zu Neueinstellungen zu bewegen.

Der Erfolg blieb nicht aus: Mit einer Arbeitslosenquote von
nur 3,4 Prozent und 73 Prozent erwerbstätigen Frauen verfügt
das Hochlohnland Dänemark über eine der wettbewerbsfähigs-
ten Volkswirtschaften Europas.

Soziale Absicherung in den Niederlanden

Einen anderen Weg schlugen die Niederlande ein. In der Heimat
des größten europäischen Zeitarbeitsunternehmens Randstad
werden die atypischen Beschäftigungsverhältnisse genauso geschützt und entlohnt wie die unbefristeten Vollzeitjobs, entsprechend hoch ist deshalb der Anteil flexibel beschäftigter Arbeitnehmer. Die soziale Absicherung wird gewährleistet durch
eine allgemeine Grundrente, die auch einem Niedriglöhner im
Alter ein existenzsicherndes Einkommen beschert. Die schnelle
Kündbarkeit ihrer Belegschaften ermuntert die Unternehmen zu
Neueinstellungen; die Arbeitslosenquote lag Anfang 2007 bei nur
noch 3,5 Prozent.

Im übrigen Europa blieb »Flexicurity« nicht mehr als ein schönes Schlagwort. Solange die Sozialpolitiker der Parteien wie die

Gewerkschaften nicht einsehen wollen, dass sie ihre Vorstellungen von sozialer Sicherheit revidieren müssen, werden die europäischen Wohlfahrtstaaten mit gewaltigen Heeren arbeitsloser Bürger zurechtkommen müssen.

Auch Deutschlands Angestellte sollten sich mit dem Gedanken vertraut machen, dass sie nur noch die Wahl haben zwischen riskanten Jobs oder keinen Jobs.

3 | Verblichener Luxus

Wir beklagen das Hinscheiden eines verdienten Mitbürgers, der uns lieb und ganz besonders teuer war: Der deutsche Luxusangestellte – wir wollen es beim Maskulinum belassen, obwohl der Verschiedene zu mehr als der Hälfte weibliche Züge trug – hat die in ihn gesetzten Erwartungen voll erfüllt, doch nun heißt es Abschied nehmen von einem Leben, das wir uns nicht mehr leisten können. Er/sie bescherte uns den morgendlichen Stoßverkehr und die informative Kaffeepause, den täglichen Kantinengruß (»Mahlzeit!«) und den abendlichen Wer-macht-als-Letzter-das-Licht-aus-Wettbewerb. Seine/Ihre fröhliche Telefonstimme (»Mein Name ist Helga Müller, was kann ich für Sie tun?«) hat uns stets erfreut und der leibhaftige Anblick am Empfang erst recht. Nun aber ist es genug.

Als er das Licht der Welt erblickte in den von Gaslaternen sparsam erleuchteten Comptoirs der industriellen Gründerjahre, da hätte sich niemand träumen lassen, dass aus dem mit Stehkragen und Ärmelschonern geschmückten »Privatbeamten« dereinst jener rundum versorgte Wohlstandsbürger hervorgehen würde, der sich die Wirtschaft untertan machte, bevor er unter ihre Räder kam.

Als Individuum trat er bescheiden auf. Ordentlich, aber nicht extravagant gekleidet, zeichnete er sich durch ein angenehmes, selten zum Widerspruch neigendes Wesen aus. Zum Problem wurde er erst durch seine massenhafte Verbreitung. Im Rudel entwickelte der Angestellte nämlich Eigenschaften, die seinen Nutzen erheblich einschränkten.

Dazu gehörte etwa seine Neigung, sich und seinesgleichen für den Nabel des Unternehmens, wenn nicht des Universums zu halten. Wo Angestellte das Unternehmen besetzt hielten, da hatten weder Kunden noch Eigentümer Einspruchsrechte. Die Läden blieben nur so lange geöffnet, wie es dem Dahingeschiedenen behagte, Reklamationen nahm er grundsätzlich nicht zur Kenntnis, und der Servicegedanke blieb ihm fremd bis zuletzt. Der Kunde mochte König sein, doch die Angestelltenrepublik hat die Monarchie abgeschafft.

Die Vorstellung, dass ein Unternehmen nicht ihm, sondern den Aktionären und Gesellschaftern gehörte, hielt er seit den späten 1960er-Jahren für Pornografie, und die Forderung der Eigentümer, an den Gewinnen beteiligt zu werden, für ein höchst unmoralisches Ansinnen. Dividenden fielen, solange er das Heft in der Hand behielt, allenfalls in homöopathischen Dosen vom Tisch der Mitarbeiter. Dass sich der Gang der Geschäfte ausschließlich nach seinen Interessen zu richten hatte, erachtete er als geschütztes Menschenrecht.

Keine Zeit für Problemlösungen

Der Angestellte führte zwar kein spektakuläres, doch ein zielstrebig nach oben gerichtetes Leben. Obwohl nüchtern bis zur Phantasielosigkeit, war er süchtig nach Anerkennung. Den sozialen Aufstieg hielt er für ein ihm zugeordnetes Naturgesetz – deshalb gab er nicht eher Ruhe, bis er es zur Führungskraft gebracht hatte. Da aber jeder Angestellte führen und keiner dienen wollte, führte er sich schließlich ad absurdum.

Den Katalog an Ansprüchen, die er ans Leben im Allgemeinen und an den künftigen Arbeitgeber im Besonderen zu stellen sich vornahm, vervollkommnete er spätestens im BWL-Seminar. Umringt von lauter »masters of the universe«, legte er detailgenau fest, in welchem Lebensalter er welche Gehaltsstufe zu erreichen gedachte, einschließlich Anzahl und Attraktionsklasse seiner Sekretärinnen und Dienstwagen. Für Nebensächliches, wie Art und Umfang der zu lösenden Probleme, blieb ihm keine Zeit.

Weil er nach Statussymbolen wie nach Titeln gierte, glichen die Unternehmen babylonischen Türmen. Auf jeder der himmelwärts strebenden Hierarchieebenen nisteten sich Gruppen-, Abteilungs- und Bereichsleiter in unterschiedlich großen Büros ein. Jeder Quadratmeter mehr bedeutete einen Aufstieg, jeder zusätzliche Gummibaum verschaffte unserem Angestellten ein Glücksgefühl. Sein Wohlbefinden machte er von der Lage des Parkplatzes auf dem Firmengelände abhängig, Marke und Hubraum des Dienstwagens entschieden über seine Leistungsbereitschaft. Das Leben erschien ihm voller Risiken, deshalb wollte er abgesichert sein bis ans Ende seiner Tage. Verbissen pokerte er so lange um Ruhestandsbezüge und Direktversicherungsbeiträge, bis die Personalabteilung die Übersicht verlor. Da bei Gehaltsverhandlungen auf beiden Seiten des Tisches Angestellte saßen, gediehen die Tarifverträge zu juristischen Gesamtkunstwerken mit unbeschränkter Haftung.

Geregelt wurde, etwa im »Manteltarifvertrag für Angestellte bei Zeitschriften in Hamburg und Schleswig-Holstein«, nicht nur minutiös das Gehaltsgefüge, gestaffelt nach Dienstjahren und Funktion, sondern auch Menge und Dauer der täglichen Ruhepausen (30 Minuten), Höhe der Zuschläge für Mehrarbeit (30 Prozent), Nachtarbeit (60 Prozent), Sonn- und Feiertagsarbeit (bis 170 Prozent), Dauer des Jahresurlaubs (30 Arbeitstage), Höhe des Urlaubsgelds (65 Prozent eines Monatsgehalts) und der sogenannten »Jahresleistung« (ein weiteres volles Monatsgehalt). Die wöchentliche Arbeitszeit (35 Stunden) war ebenso präzise definiert wie die Höchstdauer von Teilzeitarbeit (18 Stunden), die dem Angestellten zustehende »Freizeit aus besonderen Anlässen« (Todesfälle, Hochzeiten, Gewerkschaftstreffen), der Gesundheitsschutz und zahlreiche »Sonderregelungen für Arbeiten an Bildschirmgeräten«. Alles in allem war das ein Konvolut an Rechten, über das Freiberufler nur staunen konnten.

Unserem Dahingeschiedenen aber dünkten sie so selbstverständlich wie das Anrecht auf standesgemäße Verpflegung in der Betriebskantine, ein umfangreiches Freizeitangebot im hauseigenen Fitnesspark und die Gewohnheit, vom Arbeitsplatz aus in den Partnerbörsen des Internets nach geeigneten Gespielinnen Ausschau zu halten.

Der entsagungsvolle Einsatz im Dienst ausbeuterischer Arbeitgeber ermattete ihn so, dass er dringend längerer Ruhepausen bedurfte. Kam er noch 1960, obwohl schon im fortgeschrittenen Alter, mit zwei Wochen Urlaub zurecht, so benötigte er zehn Jahre später schon derer drei. Anno 1980 gönnte er sich 26 und 1990 schließlich 31 arbeitsfreie Arbeitstage, die er so geschickt mit Sonn- und Feiertagen zu kombinieren verstand, dass am Ende locker sieben Urlaubswochen dabei herausschauten.

Ein Rundum-sorglos-Paket geschnürt

In seinem Bedürfnis nach Rekonvaleszenz unterschied sich der sensible Germane deutlich von den robusteren Standeskollegen in anderen Teilen der Welt. Die Amerikaner zum Beispiel begnügten sich auch noch im Jahr 2005 mit bescheidenen 14, die Australier mit 17, die Kanadier mit 19 und die Briten mit 24 Urlaubstagen. Nur Frankreichs streikerprobte Genossen erstritten sich eine noch länger währende Vakanz als die Deutschen, die sie aber, zur Schonung der gallischen Handelsbilanz, vorzugsweise im eigenen Land zu verbringen pflegten. (Gar nicht reden wollen wir in diesem Zusammenhang vom krankhaften Arbeitszwang, dem gewisse asiatische Nationen zu unterliegen scheinen: Chinesen und Japaner sollen es, den internationalen Statistiken zufolge, auf 2000 Arbeitsstunden im Jahr bringen, während die fleißigen Deutschen schon nach 1500 an akuter Erschöpfung zu leiden beginnen.)

In seinem nimmermüden Bestreben, aus allen Situationen des Lebens das Beste herauszuholen, gelang es dem deutschen Luxusangestellten im Lauf der Jahre, ein Rundum-sorglos-Paket zu schnüren, das in der Welt der abhängig Beschäftigten nicht seinesgleichen hatte. Zum statistischen Durchschnittsgehalt von zuletzt (Ende 2005) 3459 Euro im Monat – weibliche Angestellte

verdienten im Schnitt 20 Prozent weniger – gesellten sich allerlei Zuwendungen und Vergünstigungen, die unseren teuren Verblichenen wahrlich unbezahlbar machten.

Bereits im zarten Alter von 30 Jahren erwarb er sich, nach
nur fünfjähriger Betriebszugehörigkeit, erste Ansprüche auf eine
vom Betrieb zu zahlende Rente, welche in Höhe und Dauer den
gesetzlichen Altersbezügen nicht nachstand. (Derzeit belasten
diese Ansprüche Deutschlands Unternehmen mit der netten
Summe von 350 Milliarden Euro, wovon allein 247 Milliarden auf die 30 größten, im Dax vertretenen Aktiengesellschaften entfallen. Dieser Betrag entspricht mehr als der Hälfte ihres
Grundkapitals.) Die Münchener Rückversicherungs-AG zum
Beispiel, bekannt nicht nur für ihre opulente Kantine, stellte für
je 100 Euro Gehalt, die sie an ihre Angestellten auszahlte, weitere 33 Euro für Sozialleistungen und betriebliche Altersversorgung zurück.

Nicht enthalten sind in diesen Zahlen »Nebengeräusche« wie
freiwillige Sonderzahlungen oder die mit den Gewerkschaften
ausgehandelten Benefits. Jeder dritte Angestellte durfte sich im
vergangenen Jahr über zusätzliche Urlaubs- und Weihnachts-
gelder erfreuen, die nicht selten die Höhe des regulären Monatsgehalts erreichten. Darüber hinaus beteiligte ungefähr jedes
zehnte Unternehmen in Deutschland seine Angestellten am erzielten Jahresgewinn. Beim Autobauer Porsche bekam jeder Voll-
zeitbeschäftigte Ende 2006 eine Gratifikation von 3500 Euro,
Audi zahlte durchschnittlich 3700 Euro pro Kopf, der VW-Konzern begnügte sich mit 2200, und der Stahlriese ThyssenKrupp
wie die Commerzbank ließen ihren Tarifangestellten bis zu zwei
Monatsgehälter zusätzlich überweisen.

Eines seiner ambitioniertesten Ziele freilich hat der Dahingeschiedene verfehlt, und daran war er selbst nicht ganz un-
schuldig: In den Aufbruchjahren nach 1968 hatte er die Wahl
zwischen Mitbestimmung und Mitbeteiligung. Unter dem Druck
des DGB entschied er sich fürs Mitregieren, und das war ein
Fehler. Die paritätische Mitbestimmung bescherte den Gewerkschaftsfunktionären zwar viele schöne Posten in den Aufsichts-

räten, aber sie verhinderte weder die Selbstbedienung der Manager noch die Entlassungswelle. Hätte er sich damals für die Mitbeteiligung entschieden, dann besäße der Verschiedene heute ein nettes Aktienpäckchen – schön verziert mit Dividenden und Kursgewinnen. Möglicherweise schreckte ihn die Aussicht, auch am unternehmerischen Risiko zu partizipieren. Risiken einzugehen, auch wenn sie noch so begrenzt erschienen, gehörte noch nie zu seinen hervorstechenden Eigenschaften.

Verpatzte Gelegenheiten

Wie lukrativ die Beteiligung am unternehmerischen Kapital sein kann, erfuhren zum Beispiel die Mitarbeiter der Medienkonzerne Bertelsmann und Spiegel. Als Bertelsmann-Eigner Reinhard Mohn zur Finanzierung der Expansion in den frühen 1970er-Jahren dringend Kapital benötigte, bot er seinen Mitarbeitern an, einen Teil ihrer Gehälter in Genussscheine zu investieren, die er ihnen zu Vorzugskonditionen anbot. Die Genüsse berechtigten zwar nicht zur Mitsprache über die Unternehmenspolitik, aber sie verzinsten sich mit 15 Prozent. Wer das Angebot annahm, bekam nicht nur üppige Ausschüttungen, sondern partizipierte obendrein von der Kurssteigerung. Anfang 2007 kostete ein Bertelsmann-Genussschein an der Börse rund 250 Euro.

Spiegel-Gründer Rudolf Augstein schenkte 1974 seinen Mitarbeitern die Hälfte seines Unternehmens, weil er glaubte, dies dem Zeitgeist schuldig zu sein. Später hatte er Grund, diesen Entschluss zu bedauern, da die in Form einer Kommanditgesellschaft organisierten *Spiegel*-Angestellten wenig Bereitschaft zeigten, Projekte wie das einer Wochenzeitung mitzufinanzieren. Lukrativ aber war ihre Beteiligung allemal; manchen Redakteuren bescherte sie Tantiemen in Höhe eines halben Jahresgehalts.

Eine solche Teilhabe war nur wenigen deutschen Angestellten vergönnt – nur acht von 100 Unternehmen entwickelten, da vielerorts Betriebsräte dagegen votierten, Beteiligungsmodelle.

Erst als in jüngster Zeit die Aktienkurse wieder stiegen, entdeckten plötzlich auch Politiker und Gewerkschafter den Reiz des zusätzlichen Geldverdienens. Dem SPD-Chef Kurt Beck schwebt ein »Deutschlandfonds« vor, in den die Arbeitnehmer übertarifliche Gehaltsbestandteile einzahlen sollten, während CDU und CSU das Modell eines Investivlohnes favorisieren, der ausschließlich in dem Betrieb angelegt werden sollte, in dem der Mitarbeiter beschäftigt ist. Die angestammten Mitbestimmungsrechte wollten sie freilich ebenso wenig opfern wie die ständige Forderung nach mehr Gehalt: »Gewinnbeteiligung anstelle von mehr Gehalt geht nicht!«, warnte unmissverständlich der DGB-Vorsitzende Michael Sommer im August 2006. So muss der Angestelltenkapitalismus wohl noch eine Weile warten.

Um noch ein wenig mehr herauszuholen, als ihm seine Arbeitgeber freiwillig boten, verfiel unser geschätzter Mitbürger auf eine grandiose List. Wenn er die Verdrießlichkeit, mit der er sich ins Büro schleppte, ein wenig übertrieb, dann müsste seinen Chefs der Gedanke an spezielle Maßnahmen zur Aufmunterung kommen, so sein Kalkül.

Und siehe da, er hatte sich nicht getäuscht. Bald entstand eine regelrechte Motivationsindustrie, die Dutzende von Beratern, Psychologen und Scharlatanen ernährte sowie allerlei interessante Ideen hervorbrachte. Um ihn, den deutschen Angestellten, dazu zu motivieren, das zu tun, wofür er bezahlt wurde, war den Unternehmen bald nichts mehr zu teuer: War der Betrieb zu klein für einen eigenen Kindergarten – nun, dann gewährte er Müttern eben einen Kita-Zuschuss. Pendler bekamen Tankgutscheine, Zugfahrer die Bahncard, Schlaffis eine Jahreskarte für den Fitnessclub, Verspannte die tägliche Massage, Vielflieger ihre dienstlich gesammelten Bonusmeilen privat gutgeschrieben. Und wo das alles nicht half, da schickte man die stressgeplagten Mitarbeiter ins nächste Fortbildungsseminar.

Nicht nur für die vielen selbst ernannten Coaches, Trainer und Gurus brachen goldene Zeiten an, auch Deutschlands Luxushotellerie erlebte dank des neu erwachten Bildungsinteresses unseres geschätzten Angestellten einen erstaunlichen Aufschwung.

Kein Haus war abgelegen genug, keine Herberge zu verblichen, als dass sie nicht bald vom Lärm wissensdurstiger Seminarbesucher widerhallten. Mal ging es um neue Kreativitätstechniken, mal um die Überwindung des inneren Schweinehundes, mal um die Rhetorik, aber immer stand der schüchterne Wunsch des Gastgebers im Raum, die Teilnehmer möchten doch bitte bald frisch motiviert an ihre Wirkungsstätten zurückkehren.

Worauf es ihm wirklich ankam

Gut situierte Unternehmen leisteten sich vorzugsweise in bester Lage eigene Tagungsstätten, in denen hoch dekorierte Referenten zu den Themen der Zeit Stellung bezogen, nachdem sie sich von den Leibköchen des Vorstands hatten verwöhnen lassen. Rudelweise wurden die teuren Mitarbeiter durch immer neue Seminarprogramme geschleust, derweil die zu Hause gebliebene Rumpfmannschaft die tägliche Arbeit zu erledigen hatte.

Wie bereitwillig sich die Firmen schröpfen ließen, zeigen diverse Umfrageergebnisse internationaler Consultants. So fand Robert Half Finance & Accounting heraus, wie viel Prozent der Angestellten deutscher Unternehmen in den Genuss folgender Annehmlichkeiten kamen: 50 Prozent bekamen flexible Arbeitszeiten, 42 Prozent eine betriebliche Altersversorgung, 38 Prozent erhielten in- oder externe Weiterbildung, 27 Prozent Tickets für öffentliche Verkehrsmittel, 14 Prozent Prämien oder Sonderzahlungen, 13 Prozent ein Mobiltelefon, 9 Prozent einen Firmenwagen, ebenfalls 9 Prozent eine betriebliche Krankenversicherung, 8 Prozent konnten Telearbeit leisten, 7 Prozent erhielten einen Laptop, 6 Prozent Aktienoptionen, 5 Prozent wurde die Mitgliedschaft in einem Fitnessstudio spendiert, 3 Prozent erhielten Kinderbetreuung.

Zu ähnlichen Ergebnissen gelangte 2005 die Firma Rauser Towers Perrin, als sie 92 Unternehmen aus dem deutschsprachigen Raum nach ihren Zusatzleistungen für Angestellte befragte: Bei einem Viertel der Unternehmen kamen alle Mitarbeiter in den Genuss solcher Benefits, bei der Hälfte der befragten Unternehmen aber bestimmten Hierarchie-Ebenen über die Zuteilung. Mehr als zwei Drittel der Unternehmen gewährten hier ihren Mitarbeitern eine betriebliche Altersversorgung, im Todesfall zahlten sogar 90 Prozent eine Hinterbliebenenrente.

Im europäischen Vergleich gelten die deutschen Unternehmen als besonders generös, was ihnen jedoch keineswegs die zufriedensten Mitarbeiter eintrug. Und das ist, folgt man dem Unternehmensberater Reinhard K. Sprenger, auch nicht verwunderlich. Der Bestsellerautor (»Mythos Motivation«) hält nämlich Großzügigkeit im Umgang mit Mitarbeitern für kontraproduktiv: »Nur ich selbst kann mich motivieren, niemand sonst.«

Auch der Mannheimer Wirtschaftspsychologe Walter Bungard findet, dass die Motivationsbemühungen der Firmenchefs ins Leere laufen. Doch das alles focht unseren Verblichenen nicht an. Gelassen nahm er die Goodies entgegen, ließ Events und Seminare über sich ergehen – und kehrte ebenso missgelaunt ins Büro zurück, wie er es verlassen hatte.

Bedeutender als derlei Mumpitz erschienen ihm allezeit die wirklich entscheidenden Dinge des Angestelltenlebens: zum Beispiel die Größe und Lage seines Büros. Bis zuletzt sträubte er sich mit Händen und Füßen gegen den Umzug ins Großraumsilo. Im Gegensatz zu den Angelsachsen, wo selbst millionenschwere Investmentbanker und prominente Zeitungskolumnisten nichts dabei finden, mit ganzen Hundertschaften minder gewichtiger Kollegen in Hallen von Olympiaformat zusammenzuhocken, legte unser verstorbener Luxusangestellter allergrößten Wert auf vier blickdichte Wände, auch wenn diese nur eine Mönchszelle umschlossen.

Im Zug der Zellteilung freilich verstand er es, Quadratmeter für Quadratmeter zu erkämpfen, bis er die Zelle zum komfortablen Refugium erweitert hatte. Ende 2006 fand die Immobilienfirma Colliers Property Partners nach einer europaweiten Umfrage bei 500 Vermietern heraus, dass innerhalb der EU niemand größere Büros hatte als der deutsche Angestellte. Gaben sich Briten, Franzosen, Italiener und all die anderen europäischen Bürokrieger mit durchschnittlich 14 Quadratmetern zufrieden, so bestand der Verschiedene auf einem Auslauf von wenigstens 30 Metern im Quadrat.

Banker treiben den größten Aufwand

Dabei störte es ihn wenig, dass sein Platzbedarf ins Geld ging. Obwohl die Büromieten in Deutschland vergleichsweise günstig waren, mussten die Unternehmen für die Behausung ihrer Mitarbeiter höhere Kosten aufwenden als die Konkurrenz selbst in sündhaft teuren Metropolen wie Dublin, Madrid oder Moskau – das ermittelte der Immobilienberater CB Richard Ellis nach einer Untersuchung von 176 Bürostandorten. Kein Wunder, dass die Unternehmen froh waren, als sie ihre platzhungrigen Angestellten nach Hause schicken konnten.

Mochten die Firmenbosse jammern und klagen – den Verstorbenen focht das wenig an. Wenn er schon den Weg ins Büro auf sich nahm, dann sollte ihn dort wenigstens eine menschenwürdige Umgebung erwarten. Seine Wünsche bezüglich der Ausstattung wurden denn auch immer detaillierter – und anspruchsvoller: Kostete bereits das Mobiliar eines schlichten Sachbearbeiterbüros durchschnittlich 6000 Euro, so kletterten die Aufwendungen für die Einrichtung von Chefbüros auf beeindruckende 15 330 Euro – das fand der Verband der Creativen Inneneinrichter 2006 heraus. Den größten Aufwand trieben demnach Banker und Versicherer, die rund 26 000 Euro in den Arbeitsplatz einer Führungskraft investierten.

Einzelne Institute wie die Deutsche Bank beließen es nicht dabei: Zur Ausgestaltung ihrer vielen Büros legten sie sich umfangreiche Gemäldesammlungen zu, aus denen sich die werten Mitarbeiter nach Gusto bedienen durften. Selbstverständlich handelte es sich bei den Exponaten nicht um billige Drucke, sondern um kostbare Originale.

Künstlern wie Büromöbelherstellern verhalf das Repräsentationsbedürfnis unseres Bedauernswerten zu einer erfreulichen

Geschäftsentwicklung, von der auch allerlei Designer, Psychologen und Organisationsexperten profitierten: Deren Aufgabe bestand vornehmlich darin, den Unternehmen handfeste Gründe für den ganzen Aufwand zu liefern.

Bedeutungsschwer stellte zum Beispiel Johannes Lehner, Ordinarius für Organisation an der Johannes-Kepler-Universität im österreichischen Linz, fest: »Die Größe des Büros und seine Ausstattung sind wichtige Elemente der Statusinszenierung.« Wohl wahr – und deshalb saß der Chef gerne erhöht auf einem thronartigen Ledersessel, während die Gäste auf niedrigerem Gestühl Platz nehmen mussten. Am liebsten bewohnte er ein Eckzimmer, damit das Tageslicht von beiden Seiten auf den eingeschüchterten Besucher fiel, wenn er nach langem Anmarsch das Allerheiligste betreten durfte.

O ja, viel Zeit und Energie verwandte unser ehemaliger Mitbürger auf die Zurschaustellung seines Ranges innerhalb der Firma – und beinahe noch mehr, um auch außerhalb derselben als wichtiges, ja unersetzliches Mitglied der Gesellschaft anerkannt zu werden: Business Class war das Mindeste, das er erwartete, wenn er für die Firma in die Luft ging. Dass er die dienstlich erflogenen Bonusmeilen aufs Privatkonto buchen ließ, verstand sich von selbst. Die Firma hatte auch keine Einwände, wenn er seine Gratisbahncard erster Klasse für die seltenen Besuche bei den Schwiegereltern einsetzte. Dienstreisen, die ihn an Orte führen sollten, an denen nicht wenigstens ein gediegenes Fünfsternehotel auf ihn wartete, pflegte er grundsätzlich abzusagen, während er private Urlaubstrips gerne im Dienstwagen absolvierte und so preiswert wie möglich gestaltete.

Gesteigerten Wert legte der deutsche Luxusangestellte stets auf die Pflege seines körperlichen Wohlbefindens: Wenn ihm die Firma schon nicht die Mitgliedschaft in einem feudalen Golfclub spendierte, dann hatte sie wenigstens dafür zu sorgen, dass er sich auf hauseigenen Sportanlagen regenerieren konnte. Für Unternehmen wie Siemens, Allianz, BMW oder die Bayerische Landesbank war das eine Aufforderung zum Erwerb weiträumiger Immobilien in bester Lage, um darauf Tennis-, Fuß-, und Handballplätze für die Angestellten zu errichten oder groß-flächige Fitnesscenter mit Whirlpool und Sauna zu installieren. Der Energiekonzern E.ON ging noch einen Schritt weiter und organisierte für seine Mitarbeiter ein sogenanntes HSE-Programm (Health, Safety, Environment) mit umfangreichen Trainingskursen und Vorsorgeuntersuchungen. Im »Angestelltenparadies« (so das *Manager-Magazin*) des Walldorfer Software-herstellers SAP war sogar der Firmenarzt kostenlos, ebenso der Besuch beim Hauspsychologen.

Im Büro feindliche Städte niedergebrannt

Nicht nur die Konzerne machten mit beim großen Verwöhn-spiel, auch Mittelständler wie die in Starnberg ansässige Pharma-technik GmbH & Co KG spendierten ihren Mitarbeitern Fitness-training, Akupunktur und Gesundheitskost aus der Werkskan-tine. Unter dem neudeutschen Schlagwort Work-Life-Balance gediehen die gesponserten Freizeitaktivitäten der Angestellten zur bundesweiten Massenbewegung und ernährten zuletzt kopf-starke Bataillone von Fitnesstrainern, Physiotherapeuten und Gesundheitsmanagern. Aber daraus zu schließen, es gäbe einen unmittelbaren Zusammenhang zwischen dem erhöhten Fürsor-geaufwand der Unternehmen und den erfreulichen Fortschrit-ten in Sachen Gesundheit ihrer Angestellten, erscheint zumin-dest gewagt.

Wenn unser geschätzter Mitbürger 2006 nur noch 11,5 statt der früher üblichen 18 Arbeitstage wegen Krankheit fehlte, dann hat das nach Ansicht der meisten Fachleute andere Ursachen, nämlich die Verjüngung der Belegschaften und die Angst vor Ent-lassung. Und das arbeitgebernahe Institut der deutschen Wirt-schaft reklamiert noch einen dritten Grund: Durch den Einsatz moderner Technik seien viele Arbeitsplätze sicherer und weniger stressig geworden. In jedem Fall verbrachte der Dahingeschie-dene nun also mehr Zeit im Büro, die er – da der Arbeitsanfall nicht im gleichen Maße zunahm – zu allerlei Kurzweil nutzte.

Wenn er nicht am Computer im »Second Life« ein virtuelles Doppelleben führte oder in der »World of WarCraft« feindliche Städte niederbrannte, dann klickte er sich mit Begeisterung in Netzwerke wie Xing (früher: OpenBC) ein, wo anderthalb Millionen Kontakt suchende Kollegen nach Flirts und besseren Jobs Ausschau hielten: Rund 40 Prozent der Angestellte surften während der Dienstzeit privat im Netz, und 17 Prozent wickelten ihren privaten E-Mail-Verkehr vom Büro aus ab, fand das Karriere-Portal Monster.de in einer europaweiten Umfrage heraus. Übers Netz ließen sich aber nicht nur Nutz und Lust bringende Verbindungen knüpfen, sondern auch missliebige Kollegen anschwärzen: Oft genügte bereits eine manipulierte E-Mail, und schon hatte der Rivale um den nächstbesten Posten ein Problem.

Mit Begeisterung stürzte sich der Angestellte auch auf die einschlägige Fachlektüre zum Thema Mobbing, sofern er es nicht vorzog, in seinen Mußestunden den »Kleinen Macchiavelli für Manager« zu studieren. (Nach Untersuchungen der Bundesanstalt für Arbeitsschutz und Arbeitsmedizin ist jeder neunte Erwachsene in seinem Berufsleben schon einmal gemobbt worden, wobei Frauen stärker betroffen waren als Männer.)

Eine Mobbingattacke, das lernte der Verstorbene schnell, lief für gewöhnlich in drei Schritten ab: Erst suchte man ein geeignetes Opfer, das sich durch eingeschränkte Wehrhaftigkeit auszeichnete, und machte es im Kollegenkreis hinterrücks für allerlei Fehler oder Pannen verantwortlich. Dann organisierte man die kollektive Schikane: Der Unglückswurm blieb beim Mittagessen in der Kantine isoliert, er bekam keine Post mehr und wurde bei Einladungen zu gemeinsamen Meetings vergessen. In Phase drei eskalierte der Psychoterror: Das Opfer wurde rüde abgekanzelt, unterbrochen, angebrüllt und offen zum Sündenbock der ganzen Abteilung gestempelt. In der Seele verwundet und unfähig zur Gegenwehr, blieb dem Betroffenen am Ende nichts anderes übrig, als zu kündigen.

Der deutsche Luxusangestellte hat sich natürlich niemals selbst zu solchen Attacken gegen einzelne Mitglieder seines Kollektivs hinreißen lassen. Wenn überhaupt etwas, dann könnte ihm allenfalls vorgeworfen werden, dass er sich solchen Attacken nicht energisch genug widersetzte. Denn im Grunde war er froh, wenn er in Ruhe gelassen wurde.

Warum er Meetings liebte

Sein Temperament erwachte erst so richtig, wenn ein Meeting auf der Agenda stand: Früher hieß so etwas Gruppen- oder Abteilungsleitertreffen und fand relativ selten statt, aber inzwischen war der Verstorbene vom Sachbearbeiter zum Supervisor befördert worden und fand »Meeting« irgendwie weltläufiger. Solche Treffen hatten nämlich den Vorteil, dass man nicht arbeiten musste, während sie dauerten, und sie dauerten meist den ganzen Tag. Vielleicht gab es deshalb so viele Meetings. Außerdem konnte man im Meeting auf sich aufmerksam machen – etwa indem man vor sich hindöste und so den Eindruck erweckte, als wisse man längst, was die anderen zu sagen hatten. Gelegentlich brachte man auch die Versammlung aus dem Konzept, indem man die im Rhetorikseminar erlernten Fertigkeiten dazu einsetzte, gleich- oder nachrangige Kollegen in sinnfreie Diskussionen zu verwickeln.

Kritiker wie die Unternehmensberater von Proudfoot Consulting, die Meetings für vergeudete Zeit hielten und nachrechneten, dass Angestellte nur in 63 Prozent ihrer Arbeitszeit produktiv sind, nahm unser verstorbener Mitbürger einfach nicht zur Kenntnis: Er liebte Meetings und bereitete sich immer bestens vor. Besonders stolz war er auf sich, wenn es ihm gelang, mit unsinnigen, aber schwer nachprüfbaren Argumenten ein großartiges Vorhaben zu Fall zu bringen – wäre ja noch schöner, wenn ein anderer damit Karriere machte. Denn Karriere, das war etwas, das allein ihm zustand.

Seiner Ansicht nach hatte die Firma die verdammte Pflicht und Schuldigkeit, seinen Aufstieg ins Management zu begleiten – nein, zu fördern. Wofür taugte denn sonst die ganze Plackerei, wenn am Ende, neben einem unbeschränkten Spesenkonto, nicht auch noch ein schöner Titel dabei heraussprang? Geld war das eine, wichtig aber auch das andere: Status, Ansehen, Prestige – und vor allem die Möglichkeit, all die anderen Arschlöcher für sich arbeiten zu lassen. »Supervisor«, das hatte schon was. Noch besser war »Key Account Manager« oder »Group Head Officer«. In seinen kühneren Träumen hatte der Dahingeschiedene gar Vice President auf dem kleinen weißen Namensschild stehen, das neben seiner Bürotür hing. Das klang doch viel besser als »Kundenbetreuer« oder »Frühstücksdirektor«.

Bei all dem Streben nach mehr Geld und Prestige – er nannte das »Verantwortungsbereitschaft« – war er kein erbarmungsloser Asket. Nein, unser zutiefst Betrauerter wollte alles haben: neben dem Erfolg auch ein glückliches Zuhause mit einer reizenden, gut aussehenden Frau aus begütertem Hause und äußerst begabten Kindern natürlich. Ihnen widmete er sich mit der gleichen Intensität, die ihn der Firma so unersetzlich machte. Da die Firma ihn aber nun mit seiner Familie teilen musste, war eine umfassende Organisationsreform erforderlich.

Der tägliche Arbeitsanfall konnte nicht mehr in ein strenges Zeitkorsett – von 9.00 Uhr vormittags bis 18.00 Uhr abends – gepresst werden, sondern hatte seinen, des Angestellten, Bedürfnissen Rechnung zu tragen. Deshalb bestand unser verstorbener Mitbürger auf flexiblen Arbeitszeiten, die ihm die Möglichkeit einräumten, Verabredungen zu Tennismatches und Golfrunden pünktlich einzuhalten. Hin und wieder nahm er sich die Freiheit, einem nicht unbeträchtlichen Teil seiner beruflichen Pflichten zu Hause nachzukommen – wobei er es sich verbat, von lästigen Anrufern oder gar Besuchern aus der Firma in seiner Konzentration gestört zu werden.

Für die erste Pflicht des Angestellten hielt er das Studium von Stellenanzeigen. Jeden Samstag pflegte er die Inseratplantagen von *FAZ, Welt* oder *SZ* nach geeigneten Ausschreibungen zu durchforsten, wenn er es nicht vorzog, die einschlägigen Jobbörsen des Internets zu kontaktieren. Hin und wieder verschickte er eine seiner fünf Dutzend Bewerbermappen, die er mit Hilfe des grafischen Ateliers professionell aufbereitet und auf dem

Kopierer in der Firma vervielfältigt hatte – er musste ja seinen Marktwert kennen.

Heimlich ein Dossier angelegt

Ständig hielt er Kontakt zu mehreren Personalberatern. Unter Kollegen sprach er dann »von meinem Headhunter«, denn diese wussten wie er, dass solche Kopfjäger nur auf Hochkaräter angesetzt werden. Missmutig registrierte er die stetig steigenden Einstiegsgehälter, die seiner Ansicht nach seine Lebensleistung entwerteten: Wenn schon ein junger Spund, frisch von der Hochschule weg, mit 60 000 Euro Jahresgehalt anfing, wo müsste er dann heute stehen? Zweifel nagten an seiner Seele, weshalb er Gehaltsgespräche so intensiv vorbereitete wie einst Napoleon die Schlacht von Austerlitz. Und nur selten verließ er den Schauplatz als zweiter Sieger.

Sein Trumpf war stets seine Bescheidenheit. Im Bewerbergespräch pries er sich als »Teamplayer«, der alles für seine Mannschaft riskierte und nichts für sich selber forderte. »Der Erfolg meiner Truppe entschädigt mich für alle Mühen«: So lautete der Schlüsselsatz, der ihn in die Endrunde brachte. Dort betonte er dann eher seine Loyalität, denn er wusste, dass Chefs nichts mehr fürchteten als fähige Untergebene. Also spielte er so lange den nützlichen Idioten, bis er den Job hatte. Dann fing er an, seinen Vorgesetzten sorgfältig zu beobachten. Heimlich legte er ein Dossier an, in dem er Belege für echte oder vermeintliche Verfehlungen des Chefs sammelte. War das Material ergiebig, sandte er es anonym an die nächsthöhere Instanz. Eines Tages, da war er ganz sicher, würde es sich auszahlen.

Ansonsten hielt er sich eisern an die wichtigste Maxime des Angestelltenlebens: Wer nichts tut, kann auch nichts falsch machen! Seinen Mitarbeitern räumte er deshalb – wie er gern betonte – »weitreichende Gestaltungsfreiheit ein«, was nichts anderes hieß, als dass sie die Arbeit zu erledigen hatten, während er mit den Ergebnissen hausieren ging. Knifflige Aufgaben übertrug er gern aushäusigen Kräften, die er für horrende Honorare anheuerte. Ging dabei etwas schief, konnte man ihnen die Verantwortung in die Schuhe schieben. Da er keine Gelegenheit ausließ, seine Heldentaten über den hausinternen Flurfunk zu verbreiten, galt er bald als Hoffnungsträger des Vorstands. Politisch gab er sich neutral, denn er wusste, dass die Parteien auf ihn angewiesen waren. Mochten die Unternehmer spenden, so viel sie wollten – letztlich zählte die Mehrheit der Wählerstimmen und sonst nichts. Schon deshalb buhlten alle um ihn, den Angestellten: Rote, Grüne, Schwarze, Gelbe redeten ihm so lange nach dem Mund, bis er selbst geneigt war, zu glauben, dass ein Unternehmen eine »soziale Veranstaltung« sei.

Am Ende summierte sich all das zu einer »Angestelltenkultur«, mit der der Luxusangestellte die Menschheit beglückte: Um wie viel ärmer wären wir, hätte er uns nicht die Abfindung und den Abteilungsleiter geschenkt, die Betriebskantine und den Büroschlaf, das Blackberry und die Bonusmeilen, den Boss-Anzug und das Burn-out-Syndrom, das Callcenter und den Casual Friday, die Duzkultur und den Dispokredit, die Eigenheimförderung und die E-Mail, den Fenstertag und die Flatrate, den Groenemeyer und den Garantiefonds, das Handy und die Housewarming-Party, den Kantinenfraß und das Kreativseminar, den Lesering und die Lebensversicherung, den Mediamarkt und den Mutterschaftsurlaub, die Pendlerpauschale und die Partnerbörse, die Raufasertapete und den Relax-Sessel, die Soft Skills und den Stau auf der A 8, die Tarifverhandlung und den Trolley, das Walking und das Wellnesshotel, das Zeitkonto und die Zukunftsangst: Der deutsche Luxusangestellte hat uns zu dem gemacht, was wir sind, und das verzeihen wir ihm nie!

Alles hatte er bedacht, alles hatte er im Griff – bis auf das eine: dass die Unternehmen eines Tages anfangen würden, sich von ihm, der Stütze der Gesellschaft, zu verabschieden. Auf diese Vorstellung wäre er in seinem ganzen Leben nie gekommen: Der deutsche Luxusangestellte, er ruhe sanft im Schoß des Steuerzahlers.

4 | Der Flexifaktor

Gerhard Schröder hat es vorgemacht. Im schwer vermittelbaren Alter von 61 Jahren tauschte er seine befristete Vollzeitstelle im Berliner Kanzleramt gegen ein höchst flexibles Beschäftigungsmodell. Für gutes Honorar übernahm der Frühpensionär den Vorsitz im Verwaltungsrat des Pipeline-Konsortiums Nordstream, gleichzeitig ließ er sich vom Züricher Verleger Michael Ringier als Türöffner einspannen und von der New Yorker Agentur Harry Walker als Topredner vermitteln. Wenig später unterschrieb er einen Beratervertrag bei der Investmentbank Rothschild und kassierte obendrein einen sechsstelligen Vorschuss für seine Memoiren. Dem Arbeitsamt wird der Vielbeschäftigte kaum zur Last fallen.

Gewiss hat es ein Bundeskanzler leichter als ein Nobody, die Zeit nach dem Rausschmiss ökonomisch sinnvoll zu gestalten. Doch auch ein einfacher Angestellter sollte sich mit dem Gedanken vertraut machen, dass auf jedem Beschäftigungsverhältnis ein Verfallsdatum klebt. Und das liegt manchmal näher, als man denkt.

Binnen zehn Minuten machte am späten Freitagnachmittag des 19. Januar 2007 Verlagsgeschäftsführer Lutz Schumacher den in einem Hotel versammelten Redakteuren der *Münsterschen Zeitung* klar, dass sie ab sofort so überflüssig wären wie ein Druckfehler im Leitartikel. Die Samstagsausgabe hatten sie gerade noch produzieren dürfen, für den Montag war bereits eine neue Mannschaft zuständig. Denn die als Ersatz angeheuerten Journalisten hatten den Vorzug, dass sie nicht im Verlagshaus und nicht zu den Bedingungen des Tarifvertrags angestellt waren: Die jungen Wilden des Verlegers Lambert Lensing-Wolff bezogen ihr Geld von einer Tochtergesellschaft namens Media Service GmbH & Co KG und arbeiteten zu deutlich kulanteren Konditionen. Den 17 geschassten Zeitungsleuten nebst ihren beiden Sekretärinnen bot Geschäftsführer Schumacher an, sie könnten sich ja dort bewerben. Derart unverfroren war bislang noch kein Zeitungshaus mit altgedienten Redakteuren umgesprungen.

Das Medienecho ließ nicht lange auf sich warten:»Journalisten werden zu Freiwild«, giftete Michael Konken, Vorsitzender des Deutschen Journalisten-Verbandes (DJV).»Verleger stellt ganze Redaktion kalt«, sekundierte *Spiegel Online*. Von einem»Verleger, der Tariffflucht als journalistische Qualitätssteigerung tarnt«, schrieb die *Süddeutsche Zeitung*.»Dieser Schritt ist für uns in keiner Weise nachvollziehbar«, beschwerten sich SPD-Bundestagsabgeordnete in einem Brief an Lensing-Wolff, der auch noch die *Dortmunder Ruhr-Nachrichten* mit ihren zahlreichen Lokalausgaben verlegt. Gelassen kommentierte Geschäftsführer Schumacher den von ihm entfachten Aufruhr:»Wir trennen uns von Leuten, die zu viel verdienten und zu wenig leisteten. Im Übrigen stellen wir mehr Mitarbeiter ein, als wir entlassen mussten.«

Das Schicksal der Münsteraner Lokalredakteure kennzeichnet den Umbruch, vor dem die Zeitungslandschaft steht. In dem Maße, wie Auflagen und Erlöse schrumpfen, weil Leser und Anzeigen ins Internet abwandern, versuchen überall in Deutschland Verleger sich ihrer teuren Angestellten zu entledigen – wenn auch meist nicht so brachial wie Lensing-Wolff. Ob beim *Delmenhorster Kurier* im Norden, bei der *Augsburger Allgemeinen* im Süden oder bei der *Sächsischen Zeitung* im Osten der Republik – erfahrene Redakteure werden aus dem Haus gedrängt und durch ebenso eifrigen wie dankbaren Nachwuchs ersetzt. Auf der Strecke bleiben die in Jahrzehnten hart erkämpften Privilegien der Gutenbergzunft.

Die von den Verlagen eigens gegründeten Servicegesellschaften zahlen allenfalls Grundgehälter ohne die üblichen Zuschläge und Sonderleistungen, verlangen aber längere Dienstzeiten und beinahe unbegrenzte Einsatzbereitschaft. Vor allem können sie ihre Angestellten sofort wieder loswerden, wenn die Auftragslage dies nahelegt: Die Kündigungsfristen betragen oft nur wenige Wochen.

Die sieben Leihredakteure zum Beispiel, die 2007 für die *Bremer Nachrichten* und den *Weser-Kurier* arbeiteten, waren bei einer Gesellschaft namens STS Vertriebs GmbH angestellt und erhielten nach Informationen des DJV monatlich 2000 Euro brutto. Anstelle der Sonn- und Feiertagszuschüsse, des Urlaubs- und Weihnachtsgeldes sowie des Arbeitgeberanteils für das Presseversorgungswerk zahlte ihnen STS eine Pauschale von 1000 Euro im Jahr. Dafür mussten sie mindestens 40 Stunden pro Woche arbeiten, Überstunden wurden nicht vergütet.

Das Beschäftigungsrisiko wird abgewälzt

Sogar überregionale Blätter wie die seit Kurzem zum Verlagsimperium von Alfed Neven DuMont gehörende *Frankfurter Rundschau (FR)* füllten ihre Spalten mit den Ergüssen preiswerter Lohnschreiber. Dreißig ehemalige *FR*-Redakteure kamen nach ihrem Rauswurf bei der Presseagentur Funk unter und arbeiteten nun Seite an Seite mit den besser bezahlten *FR*-Kollegen für weniger Geld.

»Austritt aus dem Arbeitgeberverband, Mitgliedschaft ohne Tarifbindung, Outsourcing, Leiharbeit... die Verlage sind überaus kreativ, wenn es darum geht, Arbeitsverhältnisse dem Geltungsbereich der einschlägigen Tarifverträge zu entziehen«, beklagte DJV-Justiziarin Jutta Müller den Verfall der gewohnten Sitten. Insgesamt 44 Zeitungshäuser führte der Verband im Februar 2007 auf seiner schwarzen Liste der Tarifflüchtigen.

Von Existenzängsten geplagt, warnten die Standesvertreter vor dem bevorstehenden »Ende des Qualitätsjournalismus« oder beweinten die einseitige »Aufkündigung des Solidarpaktes« durch die Arbeitgeber. Verleger Lensing-Wolff hingegen sah sich vor die Entscheidung gestellt, »entweder jetzt zu handeln oder mittelfristig unterzugehen«. Da seine teuren Tarifangestellten es nicht schafften, den Auflagenschwund der *Münsterschen Zeitung* zu stoppen – 2006 verlor diese 14543 Abonnenten –, wollte er den Turnaround mit frischen Kräften zu günstigeren Konditionen versuchen.

Dass sich der Kampf um die Angestelltenprivilegien ausgerechnet in der Medienbranche so zuspitzte, ist kein Zufall. Jahrzehntelang war das Druck- und Verlagsgewerbe – neben der Metallindustrie – der Wirtschaftsbereich mit dem höchsten Organisationsgrad, und die in der Großgewerkschaft Ver.di aufgegangene IG Medien, Druck und Papier gebärdete sich aggressiv wie keine andere Arbeitnehmervertretung. Unter ihrem ideologisch gefestigten Vorsitzenden (bis 2001) Detlef Hensche trotzte sie den Verlegern Zugeständnisse ab, von denen Bauarbeiter, Müllmänner oder Verkäuferinnen nur träumen konnten.

Solange die Gewinne sprudelten, machten die Arbeitgeber gute Miene zum bösen Spiel, da ein Streik mehr Geld gekostet hätte als die jeweils nächste Lohnrunde. Im Lauf der Jahre aber schaukelten sich die Tarifpartner auf ein Kostenniveau empor, das in Zeiten kippender Auflagen und schrumpfender Anzeigen nicht mehr durchzuhalten war. Das beamtenähnliche, an die Zahl der Berufsjahre gekoppelte Gehaltsgefüge mit den vielen Zuschlägen und Sonderleistungen störte die Arbeitgeber genauso wie die langen Kündigungsfristen und Abfindungsregelungen. Deshalb versuchten sie mit jungen, flexibel beschäftigten Angestellten die unter Druck abgeschlossenen Tarifverträge auszuhebeln.

Wie im Zeitungsgewerbe geht es mittlerweile in vielen Bereichen der Wirtschaft zu. Die Unternehmen wollen das Beschäftigungsrisiko nicht mehr alleine tragen und verlagern es sukzessive auf ihre Belegschaften. Je unkalkulierbarer die Auftragslage, desto geringer ist die Bereitschaft, Mitarbeiter langfristig an sich zu binden.»Die unbekannten und damit nicht kalkulierbaren Trennungskosten«, monierte der Sachverständigenrat der Bundesregierung,»liegen wie ein Schatten auf dem Barlohn und lassen die Arbeitgeber bei Neueinstellungen zurückhaltend sein.«

Bevor sie neue Leute einstellen, genehmigen die Geschäfts-

leitungen lieber jede Menge Überstunden: 2006 waren es 1,45 Milliarden – 350 Millionen mehr als im Jahr zuvor, was Hessens CDU-Ministerpräsidenten Roland Koch zu der Prognose veranlasste:»Ich bin der festen Überzeugung, wenn wir morgen den Kündigungsschutz abschaffen, haben wir zum Ende der Legislaturperiode eine Million neuer Jobs.«
Eine Umfrage des Instituts der deutschen Wirtschaft vom Herbst 2003 bestätigt den Befund: Weit mehr als die Hälfte der befragten Unternehmen hat demnach wegen des gesetzlichen Kündigungsschutzes schon mal auf Neueinstellungen verzichtet.

Das Instrumentarium ausgereizt

Selbst in Boombranchen geizen die Firmen mit Einstellungen. Die Münchner Hawe Hydraulik GmbH & Co KG zum Beispiel, die Windradrotoren mit allerlei Pumpen, Bremsen und Ventilen bestückt, wächst seit Jahren mit zweistelligem Tempo, doch ehe Geschäftsführer Karl Haeusgen eine Vollzeitkraft unbefristet einstellt, reizt er zuerst einmal das Instrumentarium der Personalpolitik aus: Anfangs ersetzte er auf einen Schlag 36 Mitarbeiter durch zwei Roboter, dann ließ er seine Belegschaft Überstunden machen, bis die Gleitzeitkonten ausgeschöpft waren. Als immer neue Aufträge hereinschneiten, heuerte er 40 Leiharbeiter an, die er im Bedarfsfall schnell wieder loswerden konnte. 2005 brauchte er dringend weitere Leute, doch weil er dem Boom noch immer misstraute, stellte er 21 Mitarbeiter mit Zeitverträgen ein, die nach 24 Monaten ausliefen. Im Jahr darauf musste er wieder erweitern. Erneut stockte Haeusgen das Leiharbeiterkontingent auf und schuf weitere 38 befristete Stellen. 2006 machte Hawe 185 Millionen Euro Umsatz und beschäftigte 1230 Leute. Sollte das Geschäft mit Hydraulikkomponenten für Bagger, Werkzeugmaschinen und Windräder eines Tages plötzlich nachlassen, ist die Geschäftsleitung vorbereitet: Von einem Großteil der Belegschaft kann sie sich schnell wieder trennen und die Kosten den Umsätzen anpassen.

Was Hawe Hydraulik im Süden der Republik recht ist, findet Schmitz Cargobull im Norden nur billig. Etwa jeder fünfte der rund 4600 Beschäftigten des Herstellers von Fahrgestellen, Aufliegern und Anhängern aus Altenberge bei Horstmar ist ein Leiharbeiter, und viele aus der Belegschaft haben nur befristete Anstellungsverträge. In den Werkshallen sind die »Kollegen zweiter Klasse« (so *Die Zeit*) nicht von den unbefristet Beschäftigten zu unterscheiden, wohl aber am Kontoauszug: Die Flexiblen verdienen weniger, bekommen am Jahresende keinen Bonus und müssen bei der Urlaubsplanung hinter den Festen zurückstehen. Doch sie werden immer mehr, die Privilegierten hingegen immer weniger.

Das zeigt sich auch in Nürnberg: Nachdem der schwedische Konzern Electrolux beschlossen hatte, das ehemalige AEG-Hausgerätewerk in der Frankenmetropole Ende 2007 dichtzumachen, trat die von der IG Metall aufgewiegelte Belegschaft in einen 40-tägigen Streik. Davon unbeeindruckt, entließen die Schweden Ende Juli 2006 die ersten 440 von insgesamt 1400 Beschäftigten und ersetzten sie durch Leiharbeiter: Künftig werden die unter der Marke AEG verkauften Waschmaschinen und Geschirrspüler aus einem neu errichteten Werk in Polen kommen.

Nicht besser als den Arbeitern in den Produktionshallen ergeht es den Angestellten in den Büros: Überall in den Verwaltungszentralen werden gut dotierte Vollzeitstellen gestrichen, weil man – erstens – mit weniger Leuten auskommt und – zweitens – teure Langzeitmitarbeiter durch kurzfristig kündbare Leihkräfte ersetzt. Am Züricher Stammsitz des ABB-Konzerns beispielsweise, wo einst Tausende hoch bezahlter Kräfte die weltweiten Geschäfte lenkten, sitzen heute kaum mehr als 200. Die Entscheidungen werden vor Ort getroffen, in 150 Ländern und fast ebenso vielen Tochtergesellschaften. Von den 215 000 Beschäftigten, die noch im Jahr 1990 auf den Lohnlisten standen, sind ganze 106 000 übrig geblieben. Die Belegschaft der deutschen Tochter mit Sitz in Mannheim halbierte sich von rund 22 000 auf 11 600.

Leiharbeiter sind teurer als Festangestellte

Es macht wenig Sinn, den wegrationalisierten Arbeitsplätzen nachzutrauern oder gegen den »Raubtierkapitalismus« (so Alt-Bundeskanzler Helmut Schmidt) ins Feld zu ziehen. Wutausbrüche wie jener des CDU-Sozialpolitikers Heiner Geißler, der in der *Zeit* die »hässliche Fratze eines unsittlichen und auch ökonomisch falschen Kapitalismus« zu entdecken glaubte, sorgen im Unternehmerlager nicht mal mehr für Heiterkeit. Die Globalisierung ist eine Realität, die sich nicht einfach wegpolemisieren lässt.

Vernünftiger wäre es, darüber nachzudenken, mit welchen Konzepten die Unternehmen und die ausgesteuerten Angestellten überleben können: Eine der Schlüsselgrößen des künftigen Arbeitsmarktes ist die Flexibilität. Die Unternehmen nehmen höhere Arbeitskosten in Kauf, wenn sie dafür im Gegenzug die Möglichkeit bekommen, bei Auftragsflaute rasch Personal abzubauen. Beleg dafür ist der Boom der Zeitarbeit: Die Branche, die Arbeitskräfte an andere Unternehmen ausleiht, stellte 2006 über 140 000 Mitarbeiter ein und zählte damit zu den erfolgreichsten Arbeitsplatzbeschaffern in Deutschland.

»Etwa 50 Prozent des Beschäftigungsaufbaus im Jahr 2006 sind auf Leiharbeit zurückzuführen«, bestätigte Wilhelm Adamy, Leiter der Abteilung Arbeitsmarktpolitik beim DGB-Bundesvorstand. Branchenführer Randstad allein verschaffte 13 128 Leuten einen neuen Job. Deutschland-Geschäftsführer Eckard Gatzke: »Zeitarbeit dient jetzt nicht mehr nur dazu, vorübergehende Engpässe zu überbrücken; die Unternehmen nutzen sie vielmehr als Instrument strategischer Personalplanung.«

Im neuen BMW-Werk in Leipzig zum Beispiel, wo 3500 Mitarbeiter pro Tag etwa 650 Autos zusammenbauen, ist knapp ein Drittel der Belegschaft bei Zeitarbeitsunternehmen angestellt. Vorteil für BMW: Das Unternehmen kann seine Kapazität schnell und ohne zusätzliche Kosten der schwankenden Auftragslage anpassen.

Das hat freilich seinen Preis, denn ein geleaster Mitarbeiter ist, entgegen den Gewerkschaftsparolen, für den Betrieb immer teurer als ein Festangestellter, auch wenn Leiharbeitskräfte netto zehn bis 20 Prozent weniger aufs Konto überwiesen bekommen. Im Normalfall kalkulieren die Verleiher mit dem Faktor zwei: Das heißt, der Betrag, den sie dem Kunden in Rechnung stellen, ist mindestens doppelt so hoch wie der, den sie dem Mitarbeiter bezahlen.

Gewerkschafter sehen darin gern eine Bereicherung der Verleihfirmen an der Arbeitskraft, in Wahrheit ist diese Kalkulation eine betriebswirtschaftliche Notwendigkeit: Die Zeitarbeitsunternehmen tragen ja nicht nur das Beschäftigungsrisiko, sondern müssen aus dem Bruttoertrag auch Fehlzeiten durch Urlaub und Krankheit ebenso finanzieren wie die Arbeitgeberbeiträge zur Renten- und Krankenversicherung und obendrein ihren eigenen Apparat unterhalten. Am Ende bleibt ihnen, wenn sie gut gewirtschaftet haben, ein Gewinn von zwei bis drei Prozent der Auftragssumme.

Den Auftraggebern sind kurze Kündigungsfristen also einiges wert. Lieber zahlen sie für einen Mitarbeiter den doppelten Preis, als dass sie ihn, falls er ihren Anforderungen nicht entspricht oder sie keine Beschäftigung mehr für ihn haben, auf Dauer mitschleppen müssen. Mit Zeitarbeitskräften können sie auf schnelle, unbürokratische Weise die Kapazitäten ihrer Firma der Auftragslage anpassen und darüber hinaus lästige Mitspracherechte und Genehmigungsprozeduren umgehen.

In fast allen größeren Unternehmen müssen neue Stellen erst einmal intern ausgeschrieben und vom Vorstand genehmigt werden. Das kostet erstens Geld, verzögert zweitens den Kapazitätsaufbau und birgt drittens ein Risiko. Mit Argusaugen wachen Betriebsräte darüber, dass sämtliche Versetzungswünsche ihrer Klientel befriedigt sind, ehe sie einer Neueinstellung zustimmen. Vorstände hingegen sind an schmalen Personalbudgets interessiert, weil dies an der Aktienbörse einen guten Eindruck macht. Im Zweifelsfall werden sie einen Einstellungsstopp verhängen, auch wenn das Geschäft brummt.

Der Produktionsleiter behilft sich deshalb mit Leiharbeitern, der Organisationsleiter mit Freiberuflern, der Marketingleiter mit externen Beratern – und alle zusammen verstecken die höheren Personalkosten im »sonstigen Materialaufwand«. Die Bilanz bietet dann ein sauberes Bild, denn der gestiegene Personalaufwand bleibt unsichtbar.

Sicherheitsbedürfnis der Angestellten

Das Bedürfnis der Arbeitgeber nach Flexibilität stößt bei den Arbeitnehmern auf immer weniger Gegenliebe. Je unsicherer die Zeiten werden, desto stärker sehnen sie sich nach dem Gegenteil. Auch die jüngste Umfrage des Instituts für Demoskopie Allensbach ergab, dass die Deutschen eine dauerhafte Beschäftigung »für besonders wichtig« halten. Überrascht hat die Demoskopen, »dass gerade in der jungen Generation der Wunsch nach einem langfristig sicheren Arbeitsplatz von hohem Niveau noch weiter angestiegen ist« – so Institutschefin Renate Köcher.

Für die Erhaltung der Illusion eines sicheren Arbeitsplatzes sind sie sogar bereit, auf mehr Geld zu verzichten. Nur noch 48 Prozent zählen ein möglichst hohes Einkommen zu ihren Prioritäten – vor 15 Jahren waren es 61 Prozent. Weniger wichtig sind ihnen auch kurze Arbeitszeiten. Der Wunsch nach großzügiger Urlaubsregelung, einst von 39 Prozent als wichtig erachtet, wird heute nur noch von 20 Prozent vertreten.

Das alles zeigt, dass die Mitarbeiter unter dem Druck der Verhältnisse genügsamer wurden – und fleißiger auch: Nach einer Studie des European Industrial Relations Observatory (EIRO) aus Dublin arbeiten die Deutschen im Schnitt pro Woche um 4,6 Stunden länger, als sie es nach ihren Tarifverträgen müssten. Mit dieser unbezahlten Mehrleistung erfüllen sie im »alten Europa« neben den Holländern am eifrigsten die Forderungen ihrer Arbeitgeber. Allerdings zählen sie mit einer Wochenarbeitszeit von 37,7 Stunden noch lange nicht zu den emsigsten – der EU-Durchschnitt liegt bei 41 Stunden.

Die Unternehmen aber wollen mehr. Neben kürzeren Kündigungsfristen verlangen sie von ihren Mitarbeitern vor allem mehr Mobilität. Die Wirtschaft ist global, und wer in einer Firma vorwärtskommen möchte, der darf sich nicht lange bitten lassen. Die Angestellten Deutschlands sind jedoch sesshaft wie in kaum einer anderen Nation. »Mancher leitende Angestellte«, ärgert sich der Personalchef eines großen Automobilkonzerns, »macht seine Bereitschaft zum Umzug nach Brasilien von der Mitnahme des Meerschweinchens seiner Tochter abhängig.«

Deutlich zeigt sich hier die Verschiebung der Prioritäten. Während die Angestellten in China oder Indien, aber auch in Polen, Litauen oder Slowenien nur ein Ziel kennen – nämlich den sozialen Aufstieg –, spielen im reichen Deutschland ganz andere Dinge eine wesentliche Rolle: Der Beruf der Ehefrau, die Schule der Kinder, der Wohnort der Großeltern oder die Kollegen vom Golfclub haben schon manche Führungskraft von der Karrierespur abgebracht. Ein intaktes soziales Umfeld, harmonisches Familienleben und schlichte Bequemlichkeit haben für die meisten Deutschen zu Beginn des 21. Jahrhunderts einen höheren Stellenwert als der globale Kampf um Marktanteile.

Kein Wunder, dass man in Kuala Lumpur, Bombay oder Shanghai nur selten einer germanischen Langnase begegnet, während die Asiaten aus dem Straßenbild deutscher Großstädte nicht mehr wegzudenken sind. Lediglich 2,4 Prozent der in Deutschland geborenen Bundesbürger waren – einer Studie des Bundesinstituts für Berufsbildung (BIBB) und des Instituts für Arbeitsmarkt- und Berufsforschung (IAB) zufolge – schon mal berufsbedingt für längere Zeit im Ausland: ein Armutszeugnis für den Exportweltmeister Deutschland.

Lieber arbeitslos als umgezogen

Bereits den verordneten Umzug von München nach Frankfurt empfinden viele Angestellte als Zumutung. Auf eine Umfrage des Internetportals meinestadt.de zur Mobilität der Deutschen antworteten im Sommer 2006 56 Prozent der Befragten, dass für sie ein Umzug aus beruflichen Gründen nicht infrage kommen. Je geringer die Qualifikation, desto geringer ist für gewöhnlich auch die Bereitschaft, dem Job nachzuziehen:»Wir erleben durchaus, dass Menschen lieber arbeitslos werden, als dass sie in eine andere Stadt umziehen«, bestätigte Carsten Siebeneich, Geschäftsführer der Personalvermittlung Brunel. Doch auch unter den gut verdienenden Führungskräften gibt es jede Menge Mobilitätsmuffel. Als der Bayer-Konzern 2004 die Consumer-Health-Sparte vom Schweizer Pharmariesen Roche übernahm, da waren nur 15 von 100 Managern bereit, von Basel nach Deutschland zu übersiedeln. Die Unternehmensberatung Price Waterhouse Coopers (PWC) ermittelte in einer groß angelegten Untersuchung, dass zwar 64 Prozent aller deutschen Unternehmen bei ihren Führungskräften Auslandserfahrung erwarten, aber nur 14 Prozent der Kandidaten bereit sind, im Ausland zu arbeiten.

Viele Unternehmen, von der Airbus AG bis zum Nivea-Hersteller Beiersdorf, leiden unter der Unbeweglichkeit ihrer Mitarbeiter. Mit ihrer Forderung nach mehr Mobilität aber haben sie die Mehrheit der Bevölkerung gegen sich. Soziologen und Familienpolitiker machen, im Verein mit Kirchen und Sozialverbänden, Front gegen den Veränderungsdruck, der von der Wirtschaft ausgeht. Sie glauben die heile Welt der Familie in Gefahr und übersehen, dass man nicht alles haben kann: wirtschaftlichen Erfolg und Bequemlichkeit, mehr Geld und mehr Freizeit.

Noch immer arbeitet die Mehrheit der deutschen Angestellten – Globalisierung hin oder her – an dem Ort, an dem sie geboren wurden. Dennoch sind sie nicht wirklich immobil. Jeden Morgen wälzen sich riesige Heere von Pendlern rein in die Großstädte und am Abend wieder hinaus. Allein in München sind annähernd eine halbe Million Menschen zweimal am Tag beruflich auf Wanderschaft. Im Bus, Pkw oder in der Nahverkehrsbahn verbringen sie Stunden – aber die meisten von ihnen würden sich einem Job verweigern, der sie zum Wohnungswechsel zwänge. Das vertraute soziale Umfeld ist ihnen, obwohl sie ihm nur wenig Zeit widmen können, heilig. Auch die Bereitschaft, den Beruf zu wechseln, ist bei den Deutschen nicht sehr ausgeprägt. Obwohl sich durch den Übergang von der Produktions- zur Dienstleistungsgesellschaft die Wirtschaftsstrukturen laufend ändern, sind die Leute heute weniger flexibel als vor 30 Jahren. Im Lauf ihres Lebens gaben damals 37 Prozent den erlernten Beruf auf, heute sind es nur noch 33 Prozent.

Und so wenig, wie die Angestellten Lust haben, etwas Neues anzufangen, so gering ist ihre Neigung, sich beruflich weiterzubilden: Nahmen 1997 im Westen noch 30 Prozent, im Osten gar 37 Prozent an Fortbildungskursen teil, so waren es 2003 nur noch 26 Prozent der 19- bis 64-Jährigen. Innerhalb der EU gelten die Deutschen als so ziemlich die schlimmsten Bildungsverweigerer; nur Spaniern und Griechen wird noch weniger Lust nachgesagt, ihrem Kopf Neues zuzumuten.

Dass dies nicht gerade die besten Voraussetzungen sind, die Folgen der Globalisierung abzumildern, liegt auf der Hand. Offenbar hat die Mehrheit der Bevölkerung den Ernst der Lage noch nicht ganz begriffen. Die Erholung der Konjunktur, die zu einem Rückgang der Arbeitslosenzahlen führte, gab jenen Kräften Auftrieb, die den Status quo festschreiben möchten. Der Prozess der internationalen Arbeitsteilung aber geht weiter, und die Unternehmen werden jede Gelegenheit nutzen, teure Angestellte durch billigere zu ersetzen.

Die Konzerne machen sich locker

Erste Vorboten dessen, was auf Deutschlands Angestellte zukommt, sind die sich häufenden Änderungen in der Rechtsform großer Konzerne. Nach der Allianz-Versicherung und dem Dialysespezialisten Fresenius Medical Care (FMC) verwandelt sich auch die BASF von der deutschen (AG) in eine europäische Aktiengesellschaft (SE) – mit der Folge, dass der Konzernsitz ohne größere Formalitäten in ein anderes EU-Land verlegt werden kann. Nach Luxemburg ausgewandert sind bereits das traditionsreiche Kölner Bankhaus Sal. Oppenheim und die an der Börse notierte Wohnungsbaugesellschaft Gagfah. Mit einiger Wahrscheinlichkeit wird neben der Porsche-Holding auch der neue Nutzfahrzeugkonzern, der sich aus MAN, Scania und Teilen von VW bildet, seine Zentrale nicht mehr in Deutschland haben; weitere Konzerne dürften folgen. Im Fall einer solchen Sitzverlegung wandern viele gut dotierte Posten aus – oder verschwinden ganz.

Organisierter Widerstand, wie von der IG Metall oder von Ver.di angekündigt, bringt keine Lösung des Problems. Streiks, Demos oder Blockadeaktionen dürften nicht einmal eine Verzögerung der Arbeitsplatzverlagerung erreichen, sondern den Prozess eher noch beschleunigen.

Wie wenig sich die Unternehmen mittlerweile um das Lamento der Betonfraktion scheren, belegen die zahlreichen Austritte aus den Tarifverbänden. Jürgen Otto zum Beispiel, Chef des fränkischen Automobilzulieferers Brose, kündigte die Mitgliedschaft im Verband der Bayerischen Metall- und Elektroindustrie (VBM), weil er es leid war, sich vor den Gerichten mit Funktionären der IG Metall herumzustreiten.

Ottos Vorgänger Michael Stoschek hatte vom Betriebsrat des 3500-Mann-Unternehmens eine Senkung der Personalkosten um zwölf bis 15 Prozent verlangt und weitere Investitionen in seine deutschen Werke davon abhängig gemacht. Obwohl die Brose-Mitarbeiter zustimmten und damit sicherstellten, dass Fensterheber und Sitzverstellungen für den nächsten Audi A4 in Coburg und nicht im nahen Tschechien produziert werden, legte sich die Gewerkschaft quer. Bayerns IG-Metall-Bezirksleiter Werner Neugebauer wetterte gegen den »Wildwestkapitalismus«, verklagte den Autozulieferer – und bekam in erster Instanz recht. Jürgen Otto drehte den Spieß um und verließ, wie schon Dutzende Unternehmer vor ihm, den Tarifverband. Jetzt verhandelt er mit seiner Belegschaft direkt.

Genauso machte es Anke Schäferkordt vom TV-Sender RTL

in Köln, als sie am 2. März 2007 dem Deutschen Journalisten-Verband und der Gewerkschaft Ver.di mitteilte, dass sie die Tarifverhandlungen nicht fortzusetzen gedenke. In beiden Unternehmen müssen die Beschäftigten mehr leisten und bekommen nicht mehr automatisch jedes Jahr mehr Geld. Doch sie werden weder geknechtet noch schlecht bezahlt – und ihre Arbeitsplätze sind, jedenfalls für eine Weile, gerettet.

Wenn in diesem Zusammenhang das Bundesarbeitsgericht Unternehmen dazu verpflichtet, Leistungen aus Tarifverträgen zu übernehmen, die nach ihrem Austritt aus dem Tarifverband vereinbart wurden (Aktenzeichen 4AZR 652/05), dann wird das nur dazu führen, dass noch mehr Arbeitsplätze ins Ausland abwandern. Kontraproduktiv erscheinen auch die vielen gut gemeinten Studien und Kommentare von Sozialwissenschaftlern oder Theologen zum Auseinanderdriften der Gesellschaft.

Das Lieblingsthema der Linken stand schon in den 1970er-Jahren auf der Agenda und provozierte Franz Josef Strauß zu dem denkwürdigen Satz:»Milliardäre wie Flick und Quandt sind der Preis dafür, dass es uns allen gut geht.« Zwar sind die Milliardäre inzwischen noch reicher und zahlreicher geworden, doch auch die Mehrheit der Bürger verfügt heute über ein wesentlich höheres Geldvermögen als damals: Rund vier Billionen Euro hatten die Deutschen Ende 2006 auf der hohen Kante – ein Polster, das auch der nächsten Generation über die Runden helfen sollte. Dass gleichzeitig 3,5 Millionen Haushalte überschuldet sind und ein immer größerer Teil der Bevölkerung von der Hand in den Mund lebt, ohne die Möglichkeit, finanzielle Reserven zu bilden, ist schlimm für die Betroffenen, aber kaum mehr rückgängig zu machen.

Der Markt bestimmt die Regeln

Die Bemühungen linker Politiker, den Frust der Enttäuschten und Erfolglosen in Wählerstimmen umzumünzen, mag durchaus legitim erscheinen, an den realen Verhältnissen ändern sie gar nichts. Im Gegenteil: Je lauter der Ruf nach mehr sozialer Gerechtigkeit erschallt, desto normaler wird der Platz in der sozialen Hängematte. Nach wie vor dürfte die Bundesrepublik der einzige Staat in der Welt sein, der es sich leistet, die rund vier Millionen Arbeitslosen so zu versorgen, dass es sich für manche von ihnen gar nicht lohnt, einen bezahlten Job anzunehmen.

Die sinnvollste Möglichkeit, der Globalisierung zu begegnen, besteht jedoch nicht in einer weiteren Umverteilung des Volksvermögens und -einkommens, sondern in mehr Anstrengung: Jeder Einzelne hat es in der Hand, ob er zum Gewinner oder Verlierer wird. Gewinnen werden die, die keine Angst vor Flexibilität und Selbstständigkeit haben, die ihre beruflichen Kenntnisse erweitern, fremde Sprachen lernen und die Chancen auf den internationalen Märkten nutzen. Das Stigma des Verlierers tragen veränderungsresistente Besitzstandswahrer ebenso wie die Faulen und Bequemen.

Ein Teil der abhängig Beschäftigten hat sich mit den veränderten Bedingungen auf dem Arbeitsmarkt arrangiert, während die politische Linke unverdrossen das Unabänderliche beklagt: »Mit dem Markt kann man nicht verhandeln«, schrieb etwa der Jenaer Soziologieprofessor Dieter Sauer in einem Beitrag für das Ver.di-Forum »Zukunft der Arbeit«. Bedauernd fügte er hinzu: »Eine Arbeitspolitik, die auf eine Anpassung an Marktzwänge setzt, hat von vornherein verloren.«

Schon möglich, aber die Regeln bestimmt nun mal der Markt und nicht der Elfenbeinturm: Im Jahr 2007 hat nur noch gut die Hälfte der knapp 40 Millionen Erwerbstätigen in der Bundesrepublik das, was den Gewerkschaften als »Normalarbeitsverhältnis« vorschwebt – eine unbefristete, nach Tarif oder darüber hinaus bezahlte Vollzeitstelle. Rund elf Millionen Deutsche sind teilzeitbeschäftigt, davon stecken 6,7 Millionen in sogenannten Minijobs mit Arbeitszeiten von weniger als 15 Stunden pro Woche. Weitere vier Millionen haben einen befristeten Arbeitsvertrag, und etwa 2,1 Millionen jobben an zwei oder mehreren Arbeitsplätzen. Dann gibt es da noch die schnell wachsende Gruppe der etwa 700000 Zeitarbeiter und ungefähr

300 000 Ich-AGs. Der Rest sind Selbstständige oder Schwarz-arbeiter. Wenn man sie ließe, wären von den 82 Millionen Deutschen durchaus noch ein paar mehr in der Lage, ihren Lebensunter-halt selbst zu verdienen. Zu den noch Anfang 2007 offiziell ge-zählten 4,25 Millionen Arbeitslosen – saisonal bedingt fiel diese Zahl bis Mai dieses Jahres auf 3,8 Millionen – gesellten sich wei-tere 1,6 Millionen, die in staatlich finanzierten Qualifizierungs-programmen ihre Runden drehten, auf öffentlich geförderte Be-schäftigungsmaßnahmen angewiesen waren oder sich mit sub-ventionierten Ein-Euro-Jobs über Wasser hielten: knapp sechs Millionen Bundesbürger also, die nur mit staatlicher Hilfe über-leben konnten.

Dabei sind gut bezahlte Posten im Deutschland des Jahres 2007 keineswegs Mangelware. Ende Februar meldete die Nürnberger Bundesanstalt für Arbeit 390 000 offene Stellen. Da viele Betriebe ihren Bedarf aber erst gar nicht beim Arbeitsamt zu decken versu-chen, schätzte das Institut für Arbeitsmarkt- und Berufsforschung (IAB) das wahre Potenzial auf etwa 1,6 Millionen unbesetzte Jobs. Gesucht wurden vor allem Kaufleute im Dienstleistungsgewerbe, aber auch Elektrotechniker und Ingenieure. Allein die IT-Branche verlangte dringend nach 20 000 Informatikern.

Die Zone der Verwundbarkeit

In diesem Zusammenhang ist viel geschrieben worden über die geringe Effizienz der staatlichen Arbeitsvermittler, aber nur we-nig über die Tatsache, dass die Deutschen offenbar schlecht aus-gebildet sind für die Wirtschaft des 21. Jahrhunderts und dass ihre Ansprüche nicht mit ihrem Können harmonieren. Wenn 1,6 Millionen Stellen nicht besetzt werden können und gleich-zeitig sechs Millionen Menschen von staatlicher Hilfe leben, dann bedeutet dies den Bankrott der Arbeitspolitik: Die deut-sche Spaßgesellschaft hat offenbar die Lust daran verloren, sich die Hände schmutzig zu machen.

Im Mainstream der veröffentlichten Meinung aber entwickelte sich die Vorstellung, dass jede Art der atypischen – nicht fest angestellten – Beschäftigung (die möglicherweise schon bald die typische sein wird) unweigerlich ins Armenhaus führt. So berichtete der *Spiegel* erst über den »illegalen Arbeiterstrich« auf der Straße oder im Internet, wo sich Tagelöhner zu Dumpingpreisen anböten, und kurz danach über »die vorindustrielle Ausbeutung« von Niedriglöhnern. Die Wochenzeitung *Die Zeit* entdeckte »Das neue Wagnis Arbeit« und sorgte sich: »Jobnomaden vertreiben Angestellte aus ihrer geschützten Welt.«

Genährt wird die Ablehnung flexibler Jobs vor allem von den Gewerkschaften und den ihnen verbundenen Institutionen. Die Arbeitsrechtlerin Heide Pfarr, Geschäftsführerin der Hans-Böckler-Stiftung, fordert, dass »das Normalarbeitsverhältnis als sozialpolitischer Wertungsmaßstab keineswegs aufgegeben werden« dürfe. Der Soziologe Klaus Dörre von der Universität Jena sieht die Beschäftigten in »eine Zone der Verwundbarkeit« abdriften und befürchtet eine Schwächung der Gewerkschaftsmacht: »Wird hier nicht gegengesteuert, dürfte der Kampf um gute Arbeit auf absehbare Zeit verloren sein.«

Vielleicht sieht die gute Arbeit in Zukunft aber auch ganz anders aus, als sich dies Gewerkschaften und Sozialdemokraten wünschen: Flexibilität ist ja nicht *per se* eine menschenverachtende Eigenschaft. Zur Gefahr wird sie nur für Leute, die sich nichts anderes vorstellen können als die ewig gleiche Routine, in die sie am Anfang ihres Berufslebens hineingewachsen sind. Eine flexible Beschäftigung kommt den gut Ausgebildeten entgegen und wird zum Problem für jene, die der Arbeitsmarkt nicht unbedingt braucht. Sie differenziert also und versetzt die Arbeitnehmer in eine ähnliche Wettbewerbssituation wie die Unternehmen.

Während DGB-Chef Michael Sommer und IG-Metall-Vorsteher Jürgen Peters in den Zeitjobbern nicht viel mehr als ausgebeutete Opfer des Kapitals zu erkennen glauben, sind diese über ihre Situation gar nicht so unglücklich: Zu diesem Ergebnis kommt das EU-Forschungsprojekt Psycones, das die Zufriedenheit von Festangestellten mit jener von befristet Beschäftigten verglich. Psychologen aus sieben Ländern (Belgien, Deutschland, England, Israel, Niederlande, Schweden, Spanien) fragten 5289 Arbeitnehmer aus 200 Organisationen der Industrie, des Einzelhandels und des Bildungswesens nach ihrem Befinden. Zur Überraschung der Wissenschaftler – die deutsche Sektion wurde von der Leipziger Arbeitspsychologin Gisela Mohr geleitet – waren nicht die Festangestellten, sondern die Flexiblen zufriedener. Dabei spielte es keine Rolle, ob es sich um Lagerarbeiter, Sekretärinnen oder Akademiker handelte – quer durch die Hierarchien hatten die auf Zeit beschäftigten Mitarbeiter mehr Spaß an ihrem Job.

Der höhere Zufriedenheitsgrad der Flexiblen hängt nach Meinung der Leipziger Forscher mit ihrer geringeren Verantwortung und der Aussicht auf baldigen Wechsel zusammen.

»Zwar werden die festen Mitarbeiter in der Regel bevorzugt behandelt«, gibt Thomas Rigotti vom Lehrstuhl für Arbeits- und Organisationspsychologie der Universität Leipzig zu, »dafür werden sie aber auch stärker gefordert und haben mehr Stress.« Die Flexiblen hingegen überstehen auch den miesesten Job unbeschadet, weil sie wissen: er dauert nicht ewig.

Jeder Zweite hat die Schnauze voll

Eine zweite Studie bestätigt den Frust der Festangestellten: Fast 19000 Angestellte in zwölf europäischen Ländern beteiligten sich an einer Umfrage, die der international agierende Personaldienstleister Kelly Services 2005 in Auftrag gab: Der »Kelly World at Work Survey« ist zu entnehmen, dass praktisch jeder zweite deutsche Angestellte die Schnauze voll hat. Fast die Hälfte – 49 Prozent – würden ihren Job lieber heute als morgen aufgeben. Die meisten davon, nämlich 24 Prozent, hätten gerne eine zeitlich begrenzte Tätigkeit, elf Prozent möchten sich selbstständig machen, neun Prozent als Berater arbeiten, fünf Prozent wären mit einem Job als freier Mitarbeiter zufrieden.

Michael Kirsten, Marketingkoordinator bei Kelly Deutschland: »Seit die Leute wissen, dass selbst bei großen Konzernen die Jobs nicht mehr sicher sind, gewinnt die Selbstständigkeit an Reiz.«

Die vom DGB verbreitete Ansicht, ein flexibler Job sei automatisch ein Hungerleiderjob, wird heute nicht mal mehr von den Sozialwissenschaftlern geteilt. In seiner 100 Seiten umfassenden Studie mit dem Titel »Prekäre Arbeit« forderte der Jenaer Soziologieprofessor Klaus Dörre: »Ziel muss es sein, flexible Arbeitsformen nicht zu verhindern, sondern ihnen nach und nach ihren prekären Charakter zu nehmen.«

Ins gleiche Horn bliesen der Konstanzer Professor Berndt Keller und der Düsseldorfer Arbeitsmarktexperte Hartmut Seifert; die Gelehrten plädierten für eine differenzierte Betrachtungsweise. Tatsächlich sind die Flexiblen keineswegs über einen Kamm zu scheren. Die Skala reicht vom hoch bezahlten Interimmanager über den freiberuflichen Lektor und die Teilzeitsekretärin bis hin zu den Tagelöhnern in der Großmarkthalle.

Je mehr das Heer der Flexiblen anwächst, desto bunter wird es: Der Deutschland-Ableger der US-Unternehmensberatung AlixPartners hat rund 40 Leihmanager im Angebot, um deren soziale Absicherung sich keine Gewerkschaft sorgen muss. Sie helfen Not leidenden Firmen aus der Patsche und verabschieden sich wieder, wenn Sanierung oder Restrukturierung abgeschlossen sind – so beim Modelleisenbahnbauer Märklin, beim Strumpfhersteller Kunert, beim Autozulieferer Schefenacker oder beim Möbelhersteller Schieder.

Einer dieser Leih-Manager ist Detlev Schauwecker, Jahrgang 1963, der es in der Nahrungsmittelindustrie zum Marketing- und Vertriebsleiter brachte, ehe er bei Roland Berger als Berater anheuerte. Sein erster Job für AlixPartners führte ihn nach Immenstadt im Allgäu, wo die Textilfirma Kunert in Schwierigkeiten steckte. Nachdem britische Finanzinvestoren die Not leidenden Kredite des weltgrößten Strumpfhosenproduzenten aufgekauft hatten, beauftragten sie die Beraterfirma mit der Restrukturierung, und Schauwecker sollte zusammen mit einem

Kollegen den Laden in Ordnung bringen. Im September 2005 fing der gebürtige Dortmunder als Finanzvorstand bei Kunert an – genau ein Jahr später übergab er den Job bei der inzwischen sanierten Firma an seinen Nachfolger. Eine neue Aufgabe wartete schon auf ihn.

Fast jedes zweite deutsche Unternehmen hat nach Angaben der Unternehmensberatung Robert Half Management Resources schon mal die Dienste von Interimmanagern in Anspruch genommen. In den Niederlanden waren es gar schon 55 Prozent, in Großbritannien und Irland 54 Prozent. Meist werden die Führungskräfte für Einmalprojekte oder auch als Ersatz für Ausfälle infolge Urlaub oder Krankheit angemietet. In Deutschland schlossen sich die führenden Verleiher zum »Arbeitskreis Interim Management Provider« (AIMP) zusammen. Dessen Vorsitzender Anselm Görres, geschäftsführender Gesellschafter der ZMM Zeitmanager München GmbH, schätzt die Zahl der einsatzbereiten Leihmanager auf etwa 30 000.

Arbeitskräfte on demand

Neben Managern, IT-Spezialisten und gewöhnlichen Leiharbeitern zählen auch viele Kulturschaffende zu den »Arbeitskräften on demand«. Journalisten und Lektoren sind ebenso im Angebot wie Schauspieler, Musiker, Grafiker, Webdesigner, PR-Experten oder Eventveranstalter. Obwohl der Markt für solche Berufe an sich schon schneller wächst als der gesamte Arbeitsmarkt, vermehren sich die Freelancer in der Medienbranche doppelt so schnell wie die Festangestellten.

Dass sie lautstark auf eine Verbesserung ihrer Verhandlungsposition hinarbeiten, ist verständlich, verzerrt aber das Bild, das die Öffentlichkeit von den »atypisch Beschäftigten« gewinnt: Nicht jeder Freelancer nagt am Hungertuch, nicht jede Aktrice ist eine arme Kirchenmaus. »Freischaffende Medienmenschen, die von ihrem Beruf nicht leben können, entwickeln persönliche Strategien, wie sie berufliche Identität und Existenzsicherung ausbalancieren können«, beobachtete die Sozialwissenschaftlerin Sigrid Betzelt, die zusammen mit ihrer Kollegin Karin Gottschall für die Studie »Alleindienstleister in Kulturberufen« der Universität Bremen verantwortlich zeichnet. Journalisten verdienen sich mit Beiträgen für Firmenzeitschriften oder Public-Relations-Agenturen ein Zubrot, Schauspieler treten in Werbespots auf, Lektoren bringen Geschäftsberichte in lesbare Form. Das illustre Volk der Kulturschaffenden macht vor, wie eine Gesellschaft freier Existenzen überleben kann. Doch es ist nicht jene Art von Gesellschaft, die sich Sozialdemokraten und Gewerkschaften wünschen. Denn im Kultur-, Medien- und Showbusiness geht es alles andere als sozial gerecht zu: Einige wenige Stars verdienen Millionen, eine schmale Mittelschicht aus fest angestellten oder beamteten Würdenträgern sahnt den Rahm ab, und die Masse der freien Künstler muss sich im täglichen Überlebenskampf behaupten – ein Modell für die künftige Arbeitswelt?

Kurze Kündigungsfristen und eine unklare Zukunft – für deutsche Angestellte der Horror schlechthin – kennzeichnen die Lage der etwa vier Millionen befristet Beschäftigten. Für die meisten von ihnen ist der Kurzzeitjob das kleinere Übel – das größere hieße Hartz IV. Gerne würden sie vom Schleudersitz der Befristeten auf den weichen Sessel der Unbefristeten wechseln, doch wer erst einmal auf der Außenspur gelandet ist, der findet nur selten in den inneren Kreis der Kernbelegschaften zurück. Je knapper die Vollzeitstellen werden, desto hartnäckiger verteidigen sich die Angestellten in ihrer Wagenburg.

574-mal den Vertrag verlängert

Diese Erfahrung blieb auch der Französin Christine Cros, 58, aus Albi am Fuß der Pyrenäen nicht erspart. Tag für Tag trug sie für die Post Briefe aus, aber jeder konnte für sie der letzte sein: Christine war stets nur für zwei Wochen angestellt, und ihr Arbeitsvertrag musste stets von neuem verlängert werden. Vergeblich bewarb sie sich immer wieder um eine Festanstellung. Als sie nach 19 Jahren und der 574. Verlängerung die Kündigung erhielt, zog sie vor Gericht. Die Arbeitsrichter von Albi gaben ihr recht und verdonnerten die Post zur Zahlung einer Entschädigung von 60 317 Euro.

Eine kleine Gruppe der Jobhopper allerdings würde kaum mit den Dauerbeschäftigten tauschen wollen: Das sind Leute wie der Münchner EDV-Experte Dieter B., der seit 25 Jahren in Deutschlands Bankhäusern ein und aus geht. Immer, wenn sich ein Geldinstitut eine neue Software für die Abwicklung seiner Wertpapiergeschäfte zulegt, wird er gerufen, denn er kennt sowohl die bankinternen Abläufe als auch die Architektur der Rechner. Angebote gab es genug. Ein Programmlieferant wollte ihn als Kundenbetreuer einstellen, eine Bank offerierte ihm gar einen Direktorenposten. Dieter B. aber liebt seine Freiheit. Nach jedem Engagement, meist dauern sie ein bis zwei Jahre, nimmt er eine mehrwöchige Auszeit, um sich weiterzubilden. Freiberufliche Spezialisten wie er finden sich vor allem in der IT-Branche, aber auch bei den Medien und den Unternehmensberatern.

Die Masse der befristet Beschäftigten freilich kann sich einen derart großzügigen Umgang mit der eigenen Zeit nicht leisten. Sie jobben mal hier, mal dort und sind froh, wenn sie genug verdienen, um ihren Lebensunterhalt zu finanzieren. Die Münchnerin Adelheid R. zum Beispiel ist auf das Geld angewiesen, das sie bei der Zeitarbeitsfirma Creyf's BGT Personalservice verdient. Zur Verleiherbranche kam die gelernte Krankenschwester, die sich später zur Industriekauffrau ausbilden ließ, nachdem der jüngste ihrer beiden Söhne in den Kindergarten ging. Weil das Geschäft ihres Mannes schlecht lief und die Ehe kriselte, entschloss sie sich nach mehrjähriger Babypause, 2003 wieder ins Berufsleben einzusteigen. Auf dem Arbeitsamt riet man ihr zu einem Einstiegskurs, den sie auch prompt absolvierte. Die Suche nach einer Teilzeitstelle blieb allerdings ohne Erfolg. Eine Freundin machte sie dann auf eine holländische Zeitarbeitsfirma aufmerksam, die seit Jahren eine Niederlassung in München unterhält. Tatsächlich war man hier bereit, sie einzustellen, zunächst jedoch nur für zwei Jahre.

Der Personaldisponentin bei Creyf's ist sie noch heute dankbar für ihren ersten Einsatz:»Die hat mich angepriesen wie eine Sahnetorte«, erinnert sich die Münchnerin. Der Auftraggeber hieß BMW, und ihr Chef erkannte wohl bald die Fähigkeiten der Mietsekretärin mit dem ungewöhnlichen Lebenslauf. Nach einer mehrmonatigen Einarbeitungszeit stieg sie zur Sachbearbeiterin im IT-Bereich auf, später durfte sie gar mithelfen, ein neues EDV-Projekt zu organisieren. Vier Jahre lang war sie an wechselnden Orten für den bayerischen Autobauer tätig, dann wurde der Auftrag beendet. Der nächste Job führte sie zu einer Telekomfirma, wo sie als Assistentin der Geschäftsleitung eingestellt wurde. In der Entgeltgruppe 3 des Tarifvertrags für Zeitarbeit verdiente Adelheid R. 9,37 Euro die Stunde, das machte bei 20 Stunden 187,40 die Woche oder 749,60 im Monat. Bei Creyf's hat sie inzwischen einen unbefristeten Vertrag. Ihr Ziel ist es, in höhere Tarifklassen aufzusteigen oder aber von einem Kunden in eine Festanstellung übernommen zu werden.

Die Zukunft gehört den Jobbern

Frauen wie Adelheid R. bilden, neben ungelernten männlichen Arbeitern, die Kerntruppe der Zeitarbeitsfirmen. Mütter, die nach Familiengründung und Kinderkriegen wieder ins Berufsleben einsteigen möchten, finden außerhalb der Zeitarbeit kaum reguläre Teilzeitjobs. Dennoch ist der Münchnerin Adelheid R. das stürmische Wachstum der Interimbranche, die im Jahr 2007 annähernd 700000 Menschen beschäftigen dürfte, nicht ganz geheuer. Zwar ist sie dankbar für die Chance zum Neueinstieg in den Beruf, die ihr außer Creyf's niemand geboten hat, gleichzeitig sorgt sie sich um die Rechte der Arbeitnehmer:»Zeitarbeiter müssen härter arbeiten, verdienen weniger und sind weniger geschützt als Festangestellte.«
Weil das so ist, ersetzen die Unternehmen ihre teuren Stamm-

belegschaften immer schneller durch leichter kündbare Leih-kräfte. Rund 7000 von ihnen bauen für Airbus Flugzeuge zu-sammen, etwa 5000 sind es beim Autohersteller DaimlerChrysler, 3000 bei BMW und etwa ebenso viele bei Siemens. Randstad hatte 2007 schon mehr als 40 000 Mitarbeiter unter Vertrag, Adecco als Zweitgrößter kam auf 20 000, Manpower auf 17 000, und ein Ende des Booms ist nicht abzusehen.

Zeitarbeit bietet den Unternehmen die Möglichkeit, Auf-tragsspitzen wie Fehlzeiten abzufedern und die Macht von Ge-werkschaften und Betriebsräten zu beschneiden. Den Mitarbei-tern gibt sie Chancen, die sie sonst nicht hätten. Allerdings kehrt sie das Angestelltenprinzip um ins Gegenteil. Hier zählen nicht Betriebsjahre und Titel, sondern Einsatzbereitschaft und Flexi-bilität. Gefragt ist auf dem Markt der Leiharbeitskräfte nur, wer Leistung bringt und bereit ist, sich immer wieder auf wechselnde Arbeitgeber einzustellen.

Die Branche zu knebeln, wie das die Politik unter dem Druck der Gewerkschaften lange Zeit versuchte, erwies sich als proba-tes Mittel, die Zahl der Arbeitslosen zu erhöhen und das Macht-kartell der Tarifpartner zu zementieren. Während in anderen euro-päischen Ländern Zeitarbeitskräfte unbegrenzt lange an ihrem jeweiligen Einsatzort beschäftigt werden konnten, beschränkte das deutsche Arbeitnehmerüberlassungsgesetz die Dauer der Ausleihe auf drei Monate. Damit sollte verhindert werden, dass die Unternehmen Festangestellte durch Leihkräfte ersetzten und so die Mitspracherechte von Gewerkschaften und Betriebsräten aushöhlten.

Geschickt verstand es der Arbeitnehmerflügel, die Zeitarbeit als »Form der modernen Sklaverei« zu denunzieren. Einen we-sentlichen Beitrag dazu leistete der Kölner Schriftsteller Günter Wallraff mit der im Jahr 1985 erschienenen Reportage »Ganz unten«. Darin schildert der Gewerkschaftsfreund, wie er unter dem Tarnnamen Ali Sigirlioglu als türkischer Leiharbeiter bei einem Subunternehmen des Stahlkonzerns Thyssen unter men-schenunwürdigen Bedingungen jobbte.

Doch selbst Sozialdemokraten mussten im Lauf der Zeit ein-

112

sehen, dass die Flexibilisierung der Arbeitswelt nicht aufzuhalten ist. Als das Heer der Arbeitslosen auf über fünf Millionen angewachsen war, beseitigte SPD-Wirtschaftsminister Wolfgang Clement im Jahr 2004 die letzten Hürden. Seither dürfen Zeitarbeitskräfte unbegrenzt lang an einem Ort arbeiten, genießen den Schutz von Tarifverträgen und haben die gleichen Rechte wie fest angestellte Mitarbeiter. Inzwischen übernahm Clement sogar den Vorsitz des Adecco Institute in London, einer Forschungseinrichtung der zweitgrößten europäischen Zeitarbeitsfirma.

Keine Regierung kann es sich heute mehr leisten, die Verleiherzunft auszusperren, denn die Nachfrage nach den Interimkräften wächst stürmisch. Die Branche macht vor, wie aus unsicheren Jobs dauerhafte Beschäftigung entsteht. Nicht das Festhalten an sozialen Besitzständen schafft mehr Arbeitsplätze, sondern das Loslassen. Die Deregulierung des Arbeitsmarktes mag lästig für die Insider sein, aber sie hilft denen, die bisher draußen standen.

Putzen für 1,92 die Stunde?

Es ist an der Zeit zu begreifen, dass es ein Grundrecht auf Arbeit nicht geben kann. Wo kann man es einklagen, und wer soll es exekutieren? In einer freiheitlichen, auf Selbstverantwortung der Bürger basierenden Gesellschaftsordnung ist der Staat nicht für die Beschäftigung seiner Bürger zuständig. Er hat lediglich die Rahmenbedingungen für das Wirtschaften festzulegen. Die müssen so beschaffen sein, dass es sich – erstens – für die privaten Unternehmen lohnt, die Bürger dieses Landes zu beschäftigen, und dass es sich – zweitens – für die Bürger lohnt, eine Arbeit anzunehmen. Den Rest haben Unternehmen und Mitarbeiter unter sich auszumachen.

Vor diesem Hintergrund mutet die Diskussion um gesetzlich festgelegte Mindestlöhne wie ein Rückfall in längst vergangene Zeiten an. Wenn ein Stundenlohn von 4,50 Euro, wie er angeblich in manchen ostdeutschen Regionen gezahlt wird, zum Leben nicht ausreicht, weshalb verlangen die Friseurinnen und Gebäudereiniger dann nicht mehr? Es liegt doch an ihnen – beziehungsweise an ihrer Gewerkschaft –, die Tarife auszuhandeln. Höhere Löhne werden die Arbeitgeber über die Preise auf ihre Kunden abwälzen, und auch in Mecklenburg-Vorpommern dürften die Bürger deshalb nicht aufs Haareschneiden verzichten. Der Gesetzgeber ist erst gefordert, wenn illegale Konkurrenz aus anderen Ländern die Preisbildung verzerrt. Selbst bei den Gewerkschaftern findet das Lieblingsprojekt des SPD-Vize Franz Müntefering keine ungeteilte Zustimmung: Ver.di-Vormann Frank Bsirske ist dafür, IG-Chemie-Chef Hubertus Schmoldt dagegen.

Ein Kardinalfehler der bisherigen Arbeitsmarktpolitik war die überproportionale Anhebung der Löhne am unteren Ende der Skala. Wenn einfache Arbeiten zu teuer werden, dann bleibt eben die Nachfrage aus, und der Staat muss die Untätigen finanziell versorgen. In Krankenhäusern und Altenheimen fehlt es deshalb an Pflegekräften, in Supermärkten an Verkäuferinnen, in den Kommunen an Gärtnern und Straßenreinigern.

Etwa sieben Millionen Menschen machen den sogenannten Niedriglohnsektor aus. Nach Definition von Sozialwissenschaftlern umfasst er jene Tätigkeiten, für die weniger als zwei Drittel des Lohnmittelwertes bezahlt werden. Im Jahr 2006 war dies ein Stundenlohn von 9,83 Euro brutto im Westen und von 7,15 Euro im Osten des Landes. Tatsächlich arbeiteten viele Fleischer und Friedhofsgärtner, Pförtner und Putzhilfen, Serviererinnen und Schauerleute zu Sätzen weit unterhalb dieser Grenze. Zu trauriger Berühmtheit brachte es eine Hamburger Reinigungsfirma, die in Hotels der Hansestadt Zimmermädchen für netto 1,92 Euro die Stunde putzen ließ.

Verständlich, dass SPD-Vizekanzler Franz Müntefering gerne Mindestlöhne für wenigstens zehn Dienstleistungsberufe per Gesetz festlegen möchte. Doch es steht zu befürchten, dass er den Beschäftigten damit keinen Gefallen erweisen wird. Wenn die Unternehmen gezwungen werden, selbst für einfachste Tätigkeiten wenigstens 7,50 Euro pro Stunde zu bezahlen, dann werden sie nach Mitteln und Wegen suchen, dem Diktat zu entkommen. Dienste, die sich nicht mehr lohnen, werden eben nicht mehr angeboten – oder von Leuten erbracht, die mit weniger zufrieden sind. Von den 4,6 Millionen Arbeitnehmern, die nach einer IAB-Studie in den Genuss höherer Löhne kämen, wenn die 7,50-Euro-Grenze beschlossen würde, blieben am Ende nicht mehr viele übrig. Das dürfte insbesondere der SPD-Bundestagsfraktion nicht verborgen geblieben sein, die seit Jahren Hilfskräfte von Zeitarbeitsfirmen zu geringeren Stundensätzen beschäftigte.

Man spricht wieder Deutsch

Solange ein deutscher Arbeitsloser in manchen Fällen fürs Nichtstun besser bezahlt wurde, als ihm eine bezahlte Stelle einbrachte, war der Niedriglohnsektor fest in ausländischer Hand. Den Markt für Putzhilfen und Kindermädchen teilten Schwarzarbeiterinnen aus Polen, Ungarn und Tschechien unter sich auf, und auf den Baustellen der Nation blühte der illegale Menschenhandel. Für viele Ost- und Südeuropäer waren Löhne unterhalb der in der Baubranche geltenden Mindestsätze offenbar noch immer so verlockend, dass sie das Risiko, erwischt und abgeschoben zu werden, auf sich nahmen.

Hartz IV brachte hier insofern eine Verbesserung, als auf dem Markt für einfache Tätigkeiten jetzt auch wieder vermehrt Deutsch gesprochen wird. Man mag darüber streiten, was für die Betroffenen mit mehr Würde verbunden ist: beim Sozialamt um ein Almosen anzustehen oder den Unterhalt mit eigenen Händen zu verdienen.

Für die tariflich abgesicherten Angestellten in ihren komfortablen Büros sind die Zustände am unteren Ende des Arbeitsmarktes ein Gruselschocker. Die Vorstellung, sich morgens um fünf in die Schlange der Tagelöhner einreihen zu müssen, die vor der Münchner Großmarkthalle auf Arbeit warten, brachte

schon manchen wackeren Siemensianer um den Schlaf. Solche
Märkte für des Kapitalismus billige Helfer gibt es auch an der
Hanauer Landstraße in Frankfurt, am Treptower Park in Berlin
oder an der Venloer Straße in Köln: Außerhalb jeglicher Tarif-
ordnung verdingen sich hier Gelernte und Gestrauchelte, Unge-
lernte und Unversicherte für 50 Euro am Tag, um Arbeiten aus-
zuführen, die sonst keiner machen mag: Kisten schleppen, Lkws
beladen, Kiesberge abtragen, Lagerhallen säubern. Und je näher
der Arbeiterstrich an die gepflegten Bürohäuser heranrückt, desto
größer wird auf den Teppichetagen der Leistungsdruck.

Auf etwa 80 000 Menschen taxieren Gewerkschafter die Zahl
der modernen Tagelöhner, die den höchsten Grad an Flexibilität
erreichen und den geringsten an sozialer Absicherung. Ihr Kündigungsschutz reicht bis zur nächsten Minute, ihre Privilegien
sind beschränkt auf das Recht, am Abend müde zu sein. Darin
unterscheiden sie sich nicht von Amerikas Arbeitssklaven, denen der Schriftsteller Iain Levison mit seinem Erfahrungsbe-
richt »Abserviert. Mein Leben als Humankapital« ein literari-
sches Denkmal setzte.

Unbestritten trugen die hart arbeitenden Geringverdiener
dazu bei, dass es mit der Wirtschaft des Landes wieder bergauf
ging. Sie ließen das Heer der Arbeitslosen schrumpfen, entlaste-
ten die Staatskassen und verbesserten die Wettbewerbsfähigkeit
der Unternehmen. Die öffentlich bedauerte »Generation Praktikum« hingegen entpuppte sich bei näherem Hinsehen als rei-
nes Medienmärchen. Weil im Frühjahr 2006 viele Hochschulabgänger aus geisteswissenschaftlichen Disziplinen nicht gleich
eine feste Stelle fanden, bombardierten sie die Redaktionen mit
Horrorgeschichten über unbezahlte Praktika und lieferten ihre
Schreckensvisionen von einem akademischen »Prekariat« gleich
hinterher: Diese euphemistische Vokabel, in den 1980er-Jahren
von dem französischen Soziologen Pierre Bourdieu in die Kapi-
talismuskritik eingeführt, diente fortan als Umschreibung für
die Unterschicht. Prekär sind freilich weniger die atypischen Arbeitsverhältnisse als die Versuche, die Angst der Bevölkerung vor
ihnen zu schüren.

In Wahrheit ist »ein Hochschulabschluss nach wie vor die beste Möglichkeit, Arbeitslosigkeit zu vermeiden«, bestätigt Bernhard Hohn, Arbeitsmarktexperte der Zentralstelle für Arbeitsvermittlung (ZAV) in Bonn. Ende 2006 waren nur 3,5 Prozent der Akademiker arbeitslos gemeldet, bei der Gesamtbevölkerung lag die Quote bei über zehn Prozent. Studenten, die nicht spätestens ein halbes Jahr nach Erhalt ihrer Examensurkunde einen bezahlten Job finden, sollten sich fragen, ob sie nicht das falsche Fach gewählt hatten.

Die Not der Geisteswissenschaftler

Während die Unternehmen frisch diplomierten Physikern, Mathematikern, Informatikern und Ingenieuren den roten Teppich ausrollten und Jahresgehälter um 40 000 Euro offerierten, blieben Geisteswissenschaftler häufiger auf der Strecke. Weil diese Spezies am Arbeitsmarkt wenig gefragt ist, flüchtet sie sich nach der Uni gerne ins Praktikantentum: »Eine feste Stelle bei einer Zeitung, einem Sender oder einer PR-Agentur ist immer noch der Traum vieler Germanisten, Historiker oder Politologen. Um überhaupt einen Fuß in die Tür zu bekommen, schlucken sie manch bittere Pille in Gestalt unbezahlter Praktika oder lausig honorierter Gelegenheitsjobs«, beobachtete die *Wirtschaftswoche*. Kein Grund also, wegen der etwa 2500 Hochschulabsolventen, die nach einem Jahr noch arbeitslos waren, den Untergang des Akademikerstandes auszurufen. Bei der Suche nach einem bezahlten Job jedenfalls schnitten die Praktikanten gar nicht so schlecht ab: Nach einer Studie des IAB wurden in den Jahren 2004 bis 2005 etwa 300 000 von ihnen fest eingestellt, die Hälfte davon allerdings befristet.

Ob hoch bezahlter Leihmanager oder Gelegenheitsarbeiter, Teilzeitsekretärin oder freiberuflicher Projektbetreuer – die Welt der flexibel Beschäftigten ist vielschichtiger, härter und abwechslungsreicher als die der Angestellten. Komfortabler ist sie nicht. Ihr Anteil am gesamten Beschäftigungsvolumen aber wächst, während jener der fest angestellten Kernmannschaften schrumpft. Die Rückzugsgefechte der Gewerkschaften können den Prozess nicht aufhalten – so wenig wie die Altherrenrunde der Großmanager die Zerschlagung der Deutschland AG zu stoppen vermochte.

Die Finanzmärkte treiben die Unternehmen zu mehr Effizienz, die Unternehmen verlangen von ihren Mitarbeitern mehr Flexibilität. Über 30 Jahre lang dominierten – zumindest im alten Europa – die Interessen der Mitarbeiter über jene der Kapitalgeber und der Kunden. Jetzt schlägt das Pendel in die andere Richtung aus. Arbeitskräfte gibt es mehr denn je, und die Aktionäre investieren dort, wo die höchste Rendite erwirtschaftet wird.

Das geltende Arbeitsrecht, dem Schutz der Arbeitnehmer verpflichtet, entwickelt sich immer mehr zum Beschäftigungshindernis. Es erschwert Kündigungen und verlangt den Arbeitgebern zu viel Sozialleistungen und Formularkram ab. Vor allem aber wird es der modernen Arbeitswelt mit ihrem hohen Anteil flexibler Jobs und flexibler Arbeitszeiten nicht mehr gerecht. Das Problem wurde sowohl in Berlin als auch in Brüssel erkannt, hier wie dort wird an Entwürfen für Neufassungen gearbeitet – allerdings mit unterschiedlichen Vorzeichen: Während die EU-Kommission mit ihrem Ende 2006 veröffentlichten »Grünbuch« verhindern will, dass für »Insider« andere Regeln gelten als für atypisch Beschäftigte und Selbstständige, strebt der deutsche Entwurf mehr Vertragsfreiheit an.

Im Auftrag der Bertelsmann-Stiftung legten die beiden Kölner Arbeitsrechtsprofessoren Martin Henssler und Ulrich Preis Anfang 2007 ein 149 Paragrafen umfassendes Gesetzeswerk vor, das den Kündigungsschutz zurücknimmt, die Abfindungsregeln präzisiert und es den Unternehmen erlaubt, die Arbeitszeit besser dem Arbeitsanfall anzupassen. Fachleute zeigten sich begeistert, und auch bei den Arbeitgebern kam der Entwurf gut an. Kritik gab es, wie erwartet, von den Gewerkschaften. Jetzt ist die Politik am Zug.

Auch die Betriebswirtschaft hat auf die veränderten Bedingungen reagiert und, beispielsweise, Instrumente entwickelt, mit denen der Beitrag jedes einzelnen Mitarbeiters zum Ergebnis gemessen werden kann. Für viele Angestellte jedoch ist die Vorstellung, dass ihr Wert nicht in ihrer Persönlichkeit, sondern in einer Zahl liegt, schwer verdaulich. Sie wähnten sich im Mittelpunkt der Betriebswelt und müssen nun erleben, dass sie nicht mehr sind als austauschbare Randfiguren. Die Firma ist nicht länger »ihre« Firma, sondern gehört anonymen Aktionären aus aller Welt. Ihr Protest gegen »die da oben« verhallt ungehört, denn auch Manager sind Angestellte und damit austauschbare Figuren.

Die Welt der Projektarbeiter

In der Angestelltenwelt von morgen wird es nur darauf ankommen, was einer kann und über wie viel Energie er verfügt. Der Rang innerhalb der Hierarchie und die Dauer der Betriebszugehörigkeit spielen eine immer geringere Rolle, denn die Hierarchien werden flacher, die Lebenszyklen auch von Unternehmen kürzer. Leute, die sich möglichst früh gesuchte Spezialkenntnisse aneignen, werden von den Firmen umworben wie nie zuvor. Ihre Gehälter können Höhen erreichen, von denen sie heute nicht zu träumen wagen. In den Unternehmen erledigen sie genau definierte und zeitlich begrenzte Jobs. Ist das Projekt beendet, warten sie auf ein neues Angebot. Bleibt es aus oder genügt es ihren Ansprüchen nicht, heuern sie ungerührt bei einem Wettbewerber an: »Betriebstreue« ist eine Vokabel, die sie aus ihrem Wörterbuch gestrichen haben. Wer sein Berufsleben in einer einzigen Firma verbrachte, ist unflexibler als ein Jobhopper und deshalb auch schwerer vermittelbar. Vorbilder der egoistischen Spezialisten sind die Investmentbanker der Londoner City, aber auch Entwickler und Designer in der Autoindustrie, Softwareerfinder, Biotechspezialisten oder Starverkäufer.

Auf längere Zeit wird die Globalisierung das zentrale Thema der Wirtschaft bleiben; deshalb suchen die Unternehmen Leute mit internationaler Erfahrung. Wer mehrere Sprachen spricht, in fremden Kulturen parkettsicher auftreten und Projektteams aus Mitarbeitern verschiedener Nationen steuern kann, der darf sich seine Auftraggeber aussuchen. Die Führungskräfte von morgen sollten allerdings ihr Ego zügeln können, denn im multikulturellen Business gelten Selbstdarsteller als Störfaktoren. Für den durchschnittlich begabten Mitarbeiter mit hohem Bequemlichkeitsbedürfnis aber wird die Arbeitswelt zunehmend ungemütlich. Seine Überlebenschancen muss er in windstillen Nischen suchen – etwa im Staatsdienst, bei Versicherungsgesellschaften, Stromversorgern oder kommunalen Behörden. Wo das Geld beim Steuerzahler oder Netzkunden zwangsweise eingetrieben werden kann, dürften solche Mitarbeiter auch in Zukunft nahrhafte Biotope finden. Die große Masse der Beschäftigten indes wird sich wohl oder übel auf mehr Wettbewerb und Flexibilität einlassen müssen.

5 | Gier, Frust und Angst

»Man wird geboren, man stirbt, und wenn
dazwischen etwas passiert, dann ist es gut.«

Francis Bacon

Über Langeweile können sie sich eigentlich nicht beklagen,
die deutschen Angestellten. Zwischen Betreten und Verlassen des Büros passiert in erstaunlich vielen Firmen öfter mal
etwas. Neulich gab es einen Stau vor der Shredderanlage. Auf
Weisung von »ganz oben« mussten jede Menge Akten vernichtet
werden. »Wir brauchen Platz in der Ablage«, soll der Vorstand
gefordert haben. Einen Tag später herrschte Aufruhr in der
Buchhaltung. »Nix mit Feierabend«, hieß es. Die halbe Nacht
hindurch wurden Zahlen korrigiert. Stress auch in der Einkaufsabteilung. Die Liste der Lieferanten sollte überarbeitet werden.
»Mit diesen Leuten wollen wir nichts mehr zu tun haben«,
herrschte der Chefeinkäufer seine Leute an.

Schade nur, dass alles umsonst war. Als sie am nächsten Morgen das Büro erreichten, durften sie nicht hinein. Fremde Leute
trugen Kisten heraus. Die Angestellten sorgten sich um ihre Intimsphäre. Um die Fotos von Frau und Kindern auf dem Schreibtisch. Um ihren PC und die darauf gespeicherten E-Mails. Sie
wurden ins Kasino gebeten. Der Personalleiter werde sie in Kürze
informieren, hieß es. Nur keine Panik, alles sei in bester Ordnung.

So ganz in Ordnung war es dann doch nicht, was sie in der
außerordentlichen Betriebsversammlung erfuhren. Dass es Hinweise auf »individuelles Fehlverhalten« gebe und dass sich die
Geschäftsleitung entschlossen habe, »mit den Behörden zu ko-

operieren«. Um ein wenig Geduld bat man sie, die Aktion werde in wenigen Minuten beendet sein. Es dauerte dann doch noch ein wenig länger. Als sie wieder zu ihren Schreibtischen, Gummipalmen und Aktenschränken durchgelassen wurden, überkam sie kurz ein Gefühl der Heimatlosigkeit. PCs waren verschwunden, Schubladen durchwühlt, ihre Büros geschändet. Ein paar Kollegen fehlten auch.

Doch anstatt in kollektiver Scham über den unerhörten Vorfall zu debattieren, gingen die Angestellten schnell zur Tagesordnung über. Die Liste der beschlagnahmten Unterlagen hing, unterzeichnet von einem Oberstaatsanwalt, an der Magnettafel, und jeder prüfte zunächst selbst, was ihm fehlte. Bei Audi wie bei BMW, bei Daimler wie bei Karstadt, bei Philips wie bei Siemens, bei Tchibo wie bei VW hat man sich an Zwischenfälle dieser Art gewöhnt. Jedes zweite deutsche Unternehmen ist, einer Studie der Wirtschaftsprüfergesellschaft KPMG zufolge, in den letzten drei Jahren von Wirtschaftskriminellen geschädigt worden. Und fast immer kamen die Täter aus den eigenen Reihen.

Je größer die Firma, dies ergibt sich aus der KPMG-Umfrage, desto häufiger wird sie ausgenommen. Weitere Erkenntnisse: Höchstens fünf bis zehn Prozent der Gaunereien kommen ans Licht.

»Die Dunkelziffer ist riesig«, bestätigt der ehemalige Frankfurter Oberstaatsanwalt Wolfgang Schaupensteiner, Deutschlands oberste Instanz in Sachen Korruption. Gefährdet sind praktisch alle Abteilungen – Einkauf, Vertrieb, Lager, Produktion und Finanzen –, auch die Motive der Täter haben die Wirtschaftsprüfer ermittelt: An erster Stelle steht der Frust über die wachsenden Einkommensunterschiede, aber auch die abnehmende Loyalität zwischen Mitarbeitern und Unternehmen spielt eine Rolle. Bei den Delikten unterscheiden die Prüfer drei Kategorien: Vermögensschäden, Korruption und manipulierte Finanzinformationen. Für alle drei gab es in den letzten Jahren viele schöne Beispiele.

Den direkten Weg zur Vermögensbildung in Arbeitnehmerhand wählte jener Bahnangestellte aus Oberhausen, der eines Tages eine Abbruchfirma anrief und sie damit beauftragte, 660 Meter Eisenbahnschienen einer ehemaligen Ladestraße am Bahnhof Oberhausen zu entfernen und sie komplett bei einem Altmetallhändler abzuliefern. Den Erlös in Höhe von 7000 Euro steckte er in die eigene Tasche. Dumm nur, dass einem Bahnbeamten irgendwann die Verkürzung des Schienennetzes auffiel.

Luftrechnungen über 50 Millionen Euro

Etwas mehr Raffinesse bewies die ehemalige Vorstandssekretärin Anita E. beim Kaffeeröster Tchibo. Die vom Lebensstil ihrer Vorgesetzten beeindruckte Vorzimmerdame rechnete nicht nur die Mitgliedschaft in einem feinen Wellnessclub und einen privaten USA-Flug über die Firma ab, sondern ließ in mindestens 93 Fällen Scheinrechnungen von ihren Chefs abzeichnen. Die Liquidationen, denen keine Leistungen zugrunde lagen, stammten von Firmen, mit deren Geschäftsführerinnen sie befreundet war und die den größten Teil der eingegangenen Beträge an die Sekretärin zurücküberwiesen. Den Schaden bezifferte Tchibo auf rund eine Million Euro.

Um größere Beträge ging es einem Controller im Vertrieb der DaimlerChrysler AG. Ende der 1990er-Jahre gründete der geschäftstüchtige Angestellte nach den Ermittlungen der Staatsanwaltschaft Stuttgart drei Firmen, denen er über zwischengeschaltete Daimler-Zulieferer Aufträge zuschanzte. Die Firmen des Controllers fakturierten zwar stolze Beträge, lieferten aber nur Makulatur. Die Zwischenträger stellten die nicht erbrachten Leistungen dem Autokonzern in Rechnung. Auf diese Weise gewann der Controller die Kontrolle über rund 50 Millionen Euro. Weil er das Geld nach Schwabenart solide anlegte, konnte ein großer Teil davon sichergestellt werden, nachdem der Schwindel aufgeflogen war. Das Urteil des Landgerichts Stuttgart steht noch aus.

Für eine Variante entschieden sich zwei Mitarbeiter einer britischen Firma, die in Deutschland Leiterplatten für EDV-Geräte verkaufte. Die beiden Angestellten hatten die Software zu betreuen, mit der der Kundenstamm verwaltet und gepflegt wurde. Bald nachdem sie gekündigt hatten, erhielten die Kunden der britischen Firma Faxe von einem erst vor Kurzem gegründeten Konkurrenzunternehmen, als dessen Geschäftsführer die beiden untreuen Softwareexperten fungierten und das – man wundere sich – im selben Gebäude ihren Sitz hatte. Die düpierte Firma klagte wegen Verletzung des Geschäftsgeheimnisses und verlangte Schadenersatz, wurde jedoch vom Oberlandesgericht München belehrt, dass hier nicht von einem Geheimnisverrat die Rede sein könne, da die Beklagten ihre Kenntnisse in Ausübung ihres Berufs erlangt hätten. Der BGH sah dies anders und entschied zugunsten der Firma.

Wir lernen: Ein Angestellter hat viele Möglichkeiten, sich an seiner Firma zu bereichern. Ob er Firmenvermögen direkt zu Geld macht oder nur sein Wissen davon, ist unerheblich. Entscheidend für die Wahl der Mittel ist sein Handlungsspielraum. Spätestens seit den Razzien bei Unternehmen wie Siemens, DaimlerChrysler oder VW wissen wir, dass Korruption ein fester Bestandteil der deutschen Unternehmenskultur ist. Klar, die Welt ist schlecht, und wenn wir den Auftrag an Land ziehen wollen, müssen wir eben ein wenig nachhelfen. Was ist gegen eine Prise Schmiergeld einzuwenden, wenn es um die Sicherung der Arbeitsplätze geht?

Die angenehm wert- und moralfreie Grundhaltung unserer Führungskräfte bescherte der deutschen Wirtschaft zwar den Titel des Exportweltmeisters, allerdings auch ein paar Probleme im eigenen Haus. Denn die Handreichungen bleiben den Leuten ja nicht verborgen, und wenn sie nicht hinreichend an der Beute beteiligt werden, machen sie eben Geschäfte auf eigene Faust.

Angestellte mit ausgeprägtem Unternehmergeist finden sich in allen Branchen. Besonders gut gedeihen solche Gewächse dort, wo das Geld in Strömen fließt. Seit sich die Autobauer darauf beschränken, auf zugelieferte Teile ihr Markenzeichen zu kleben und das Ganze zu dreifach überhöhten Preisen ans Volk zu verkaufen, laufen ihre Geschäfte wie geschmiert. Die Aktionäre sind fernab vom Schuss, der Vorstand füllt sich selbst die Taschen – weshalb soll man da noch pingelig sein?

Auf dem Golfplatz ging man ins Detail

Selbst ein Unternehmen wie BMW, das auf preußische Tugenden schwört, ist nicht frei von orientalischen Gebräuchen. Da war zum Beispiel der Hauptabteilungsleiter Günther L., zuständig für die Produktion eines Modells, das sich wie geschnitten Brot verkaufte. Obwohl der fast schon vorruhezustandsberechtigte Diplomingenieur, der sein gesamtes Berufsleben in den Diensten des bayerischen Autobauers verbrachte, ein sechsstelliges Jahresgehalt bezog, fühlte er sich vom Vorstand nicht hinreichend gewürdigt. Hofiert wurde er nur von seinen Freunden aus der Zulieferindustrie.

Selbstverständlich hat er nie etwas gefordert, sondern lediglich seine Hilfe angeboten: Beratung über die Art, wie Angebote beschaffen sein müssen, damit sie die Chance haben, angenommen zu werden. Wer als Zulieferer für Sitze und andere Teile der Inneneinrichtung des Wagens zum Zuge kam, entschied bei BMW ein Gremium, in dem die Stimme des Produktionsleiters Gewicht hatte. Als Zulieferer konnte man getrost davon ausgehen, dass die Beratung kompetent ausfiel, und guter Rat ist bekanntlich teuer.

Vorzugsweise auf dem Golfplatz gingen die Gespräche ins Detail, und so landete zwischen 2001 und 2005 rund eine Million Euro auf dem Konto einer Stiftung Schweizer Rechts, die der BMW-Angestellte zugunsten seiner beiden Kinder eingerichtet hatte. Eingezahlt wurden die Beträge über zwischengeschaltete Konten einer Firma bei der First National Bank in den USA von Unternehmen, die ein gesteigertes Interesse an den Tipps des Managers haben mussten. Die Abgesandten von Zulieferern wie

Dräxlmaier, Grammer oder Lear belohnten seine Expertisen obendrein mit Einladungen zu exquisiten Events wie Golfturniere, Autorennen oder Luxusreisen.

Vermutlich hätte sich der Lebensstil des Angestellten noch eine Weile auf dem Premium-Level halten können, wenn nicht einem seiner »alten Freunde« ein unverzeihlicher Fauxpas unterlaufen wäre: Anlässlich einer Betriebsprüfung bei einem Zulieferbetrieb, der den Mini mit Teilen ausstaffieren durfte, stießen Finanzbeamte auf Ausgabenposten, die sie misstrauisch machten – zum Beispiel auf Rechnungen einer Frau L., in der sie unschwer die Ehefrau des BMW-Managers erkannten. Bestechungsgeld, das steuermindernd in der Bilanz auftaucht, ist ein Anfängerfehler, der einfach nicht passieren darf.

Jedenfalls verschickten die Prüfer Kontrollmitteilungen ans Finanzamt des Günther L., und dann war Schluss mit lustig: Obwohl er geltend machte, dass seinem Arbeitgeber kein Schaden entstanden sei, weil Qualität und Preise der gelieferten Sitze und Türverkleidungen dem Wettbewerb entsprachen, verurteilte das Landgericht München den ertappten Sünder wegen Bestechlichkeit zu drei Jahren Gefängnis, und das Finanzamt kassierte nahezu das gesamte Vermögen. Sein Gönner Richard H. kam mit zwei Jahren auf Bewährung und 100 000 Euro Buße davon.

Dass es sich hier um keinen bedauerlichen Einzelfall in einer ansonsten integren Industrie handelte, weiß man seit Langem. Roman H., bei BMW zuständig für den Einkauf von Teilen griff bei verschiedenen Zulieferfirmen insgesamt etwa 600 000 Euro ab. Auch bei VW und DaimlerChrysler, bei Audi, Ford und Opel schauten zuletzt immer mal wieder Staatsanwälte vorbei. Überall versuchten ungetreue Angestellte, etwas von dem Geld, das die Konzerne für die Beschaffung von Einzelteilen ausgeben, in ihre Taschen zu lenken.

Besonders gut mit ihnen meinte es offenbar ein französischer Zulieferer, der VW- und Audi-Modelle mit Sitzen versorgte. Auch hier war es eine Betriebsprüfung, die die Fahnder auf die richtige Spur brachte. In der pfälzischen Provinz stießen sie in einer Zulieferer-Niederlassung auf allerlei Überweisungen und Bargeld-transaktionen, denen keine plausibel erklärten Leistungen zugrunde lagen. Als Empfänger machten sie einen Einkaufsmanager bei Audi ausfindig.

Geldbündel im Heizungskeller versteckt

Kaum war der Mann verhaftet, meldete sich ein Branchenkollege aus Wolfsburg freiwillig bei den Staatsanwälten und gestand, im Laufe der Jahre etwa 140 000 Euro kassiert zu haben. Bei einer Hausdurchsuchung fand die Kripo die Hälfte davon verborgen im Heizungskeller. Die Beamten wunderten sich aber nicht nur über das schlichte Versteck: Schließlich war der Beschenkte bis zu seiner Pensionierung im Jahr 2002 einer der ranghöchsten Einkaufsmanager im VW-Konzern gewesen und hatte ein Vielfaches der Bestechungssumme im Jahr verdient.

Ist das typisch für ein Unternehmen, in dem alles möglich ist? Nirgendwo sonst in der deutschen Industrie haben die Mitarbeiter so viele Rechte und so viel Macht wie in Wolfsburg, und nirgendwo wurden ihnen diese Rechte so schamlos abgekauft. In seltener Klarheit enthüllte der VW-Skandal um bestochene Betriebsräte, worum es vielen Arbeitnehmervertretern wirklich geht: Anstatt zu arbeiten, versuchen sie sich zu profilieren; anstatt für ein bekömmliches Betriebsklima zu sorgen, möchten sie von den Bossen hofiert werden. Ein Betriebsratsvorsitzender, der sich auf Firmenkosten eine brasilianische Konkubine leistet, ist für den Niedergang der Arbeiterklasse ebenso typisch wie ein korrupter Manager für jene der Angestellten.

Inzwischen hat der VW-Konzern einen Ombudsmann installiert, den Mitarbeiter über verdächtige Vorgänge informieren können, ohne Gefahr zu laufen, gefeuert zu werden. Solch eine neutrale Anlaufstelle, bei der die Anonymität des Informanten geschützt wird, gibt es auch bei der Bahn, bei der R+V-Versicherung und bei den Behörden von Rheinland-Pfalz.

Allein bei der Bahn gingen bisher über 300 Anzeigen ein.

Staatsanwälte in ganz Deutschland sind damit beschäftigt, Beweise für Korruption, Diebstähle und Betrügereien zu sammeln. Bestechliche Manager jedenfalls müssen in einem Unternehmen mit einem Ombudsmann eher als anderswo damit rechnen, dass ihnen ihre Mitarbeiter auf die Schliche kommen. Die Unzufriedenheit der Angestellten mit ihrem Führungspersonal brachte sogar eine neue Literaturgattung hervor: den Chefverriss. Dazu zählen Erfolgstitel wie Margit Schönbergers »Mein Chef ist ein Arschloch – Ihrer auch?«, Susanne Reinkers »Rache am Chef«, Robert I. Suttons »Der Arschloch-Faktor« oder Katharina Münks Sekretärinnenepos »Und morgen bringe ich ihn um!« Die hohen Auflagen dieser Bücher sind ein Armutszeugnis für Deutschlands Manager; geschildert wird eine Arbeitswelt, in der der oft beschworene Teamgeist ein seltener Gast ist.

Dass es einen Zusammenhang zwischen der Qualität des Managements und dem Verhalten der Angestellten gibt, lässt sich an zwei urdeutschen Unternehmen trefflich nachweisen: Galten Daimler und Siemens einst als Synonyme für technisch perfekte Produkte ebenso wie für einen unverbrüchlichen Korpsgeist der Belegschaften, so stehen diese Namen heute vor allem für Missmanagement und Korruption.

Beim Stuttgarter Autobauer vernichteten zwei überforderte Vorstandschefs nicht nur ein Aktionärsvermögen von rund 100 Milliarden Euro, sondern auch die in über 100 Jahren geschaffene Daimler-Kultur. Längst haben die Mercedes-Männer und -Frauen begriffen, dass es den gescheiterten Konzernlenkern Edzard Reuter und Jürgen Schrempp nicht um das Wohl des ihnen anvertrauten Unternehmens ging, als sie aus der ältesten Autofabrik der Welt erst einen »integrierten Technologiekonzern« und danach eine »Welt-AG« zimmern wollten, sondern um ihren Ruhm und ihr persönliches Einkommen. Da beide Konzepte von der Belegschaft erhebliche Opfer verlangten, ohne dass dadurch die Arbeitsplätze sicherer geworden wären, kehrte sich das legendäre Wir-Gefühl der Daimler-Leute um in eine von Wut und Enttäuschung geprägte Ohne-mich-Stimmung.

Schaffen und Anschaffen

Kaum ein anderes Unternehmen in Deutschland kam in den letzten Jahren so oft mit der Justiz in Konflikt wie Europas größter Autokonzern. Mal ging es um illegale Graumarktgeschäfte, mit denen sich ungetreue Vertriebsleute die Taschen füllten, mal um Insidertransaktionen mit Daimler-Aktien, mal um die verbotene Lieferung von schweren Lkws in den Iran, mal um Schmiergeld aus dem Irak.

Statt zum »Schaffen«, wie die Schwaben sagen, gingen nicht wenige Angestellte »zum Daimler« vor allem zum Anschaffen. Ein früherer Vertriebsmanager zum Beispiel hielt es für normal, einen Mitarbeiter zum Bau des Ferienhauses seiner Freundin abzukommandieren. Mindestens 15-mal flog der Daimler-Mann auf Firmenkosten nach Mallorca, ehe die Revisionsabteilung dahinterkam. Und wo sich die Chefs nach Kräften bedienen, mochten die kleineren Lichter nicht zurückstehen: Im Werk Bremen, wo die C-Klasse sowie die Sportwagentypen SL und SLK gefertigt werden, bekam ein halbes Dutzend Führungskräfte Besuch vom Staatsanwalt, weil sie ihre Häuser und Wohnungen auf Kosten der Firma herausgeputzt hatten.

Daimlers Schmierdienst war der amerikanischen Börsenaufsichtsbehörde SEC weltweite Ermittlungen wert. Großaufträge – etwa von Regierungen und Behörden – wurden nach den Erkenntnissen der SEC-Fahnder regelmäßig mit Geschenken erkauft. Die Ergebnisse der Nachforschungen waren so brisant, dass sich der Konzern zur Zahlung von 400 Millionen US-Dollar bereit erklärte und mehr als 20 der Korruption verdächtige Mitarbeiter in die Wüste schickte. Letzte Opfer der globalen Säuberungsaktion wurden der Geschäftsführer einer Bus-Tochterfirma – sowie ein im Bereich Asien tätiger hochrangiger Manager. Nicht viel anders als bei Daimler ging es bei Siemens zu. Seit der Konzernvorstand zuließ, dass die Handysparte vom taiwanesischen Käufer BenQ in die Insolvenz geschickt wurde sich von Tausenden Mitarbeitern des Com-Bereichs trennte, während er gleichzeitig seine eigenen Bezüge um 30 Prozent anhob, hängt in München der Haussegen schief. Die über 470 000 Köpfe zählende »Siemens-Familie« ist in sich zerstrittener denn je, und die immer neuen Skandale um Korruption und schwarze Kassen erschütterten das Vertrauen der Kunden.

Wer hätte denn gedacht, dass im deutschesten aller deutschen Unternehmen Zustände herrschten wie auf einem maghrebinischen Bazar? Auftraggeber wurden systematisch geschmiert; Geld, das dem Fiskus wie den Aktionären zustand, wurde in geheime Kassen gelenkt. Um die Spuren solcher Transaktionen zu verwischen, waren Boten mit millionenschweren Geldkoffern in ganz Europa unterwegs: Auf zunächst 420 Millionen Euro taxierte die mit der Untersuchung beauftragte Anwaltskanzlei Debevoise & Plimpton das Volumen der zur Bestechung eingesetzten Mittel allein im Com-Bereich, doch im Lauf der Ermittlungen stießen die Rechercheure auch in den anderen Konzernteilen auf gut getarnte Geldverstecke. Wie gut die geheimen Kassen tatsächlich bestückt waren, wird wohl nie ganz genau geklärt werden.

Bezeichnenderweise waren es nicht die deutschen Justizbehörden, die dem Treiben der Siemens-Manager auf die Schliche kamen. Die Aufdeckung des größten Skandals in der jüngeren deutschen Wirtschaftsgeschichte ist hartnäckigen Strafverfolgern aus Italien, Liechtenstein und der Schweiz zu verdanken, die ihre deutschen Kollegen mit detaillierten Informationen versorgten.

Hundertfünfzig Kripobeamte, 50 Steuerfahnder und 22 Staatsanwälte durchkämmten im November 2006 die Konzernzentrale am Wittelsbacher Platz in München sowie den Energiebereich in Erlangen und zahlreiche Privathäuser in Oberbayern und Österreich. Dabei ging es nicht nur um die flächendeckende Korruption bei der Beschaffung von Aufträgen für den Konzern, sondern auch um den Verdacht, dass sich einzelne Siemens-Angestellte mit dem Geld aus den schwarzen Konten die eigenen Taschen füllten.

Eine Zelle für den Vorstand

Ins Visier der Fahnder geriet beinahe das gesamte Führungs-
gremium, nachdem ein ehemaliger Chefbuchhalter seine Vorgesetzten belastet hatte. Exvorstand Thomas Ganswindt, zuständig für den Com-Bereich, verbrachte ein paar Nächte im
Gefängnis; gegen rund ein Dutzend ranghohe Siemens-Manager wurde ermittelt. Derweil gestanden zwei ehemalige Bosse
der Kraftwerkssparte vor dem Landgericht Darmstadt, dass sie
zwischen 1999 und 2002 zwei Geschäftsführer des italienischen
Energiekonzerns Enel mit insgesamt 6,6 Millionen Euro bestochen hatten, um an Aufträge im Wert von 450 Millionen Euro zu
kommen. Ein dritter Siemens-Mann war zuvor bereits in Italien
zu 23 Monaten Gefängnis auf Bewährung verurteilt worden.
    Der Konzern ließ seine ungetreuen Angestellten nicht im Re-
gen stehen und zahlte ihnen üppige Abfindungen. Allein der ehemalige Finanzchef Andreas Kley bekam 1,7 Millionen Euro. Die
Null-Toleranz-Parolen, die der Konzernvorstand ausgab, wirkten
vor diesem Hintergrund wenig glaubwürdig.
    Wie im Süden Europas waren die Siemens-Schmierer auch
im Norden aktiv. Norwegische Polizisten durchsuchten in Oslo
die Büros der Sparte Gebäudetechnik, weil sie verbotene Preis-
absprachen vermuteten. Bis in den Fernen Osten reichte das
Korruptionsnetz, das die Drahtzieher der Com-Sparte gespon-
nen hatten: So stießen die hauseigenen Fahnder auf zahlreiche
Belege, die darauf hindeuteten, dass auch ein Großauftrag der
vietnamesischen Post mit Bakschisch unterfüttert worden war.
    Den Siemens-Angestellten gingen die Augen auf, als sich he-
rausstellte, dass der Konzern auch noch – ähnlich wie VW – Betriebsräte gekauft hatte. Allerdings drehten sich die Ermittlungen
an den Siemens-Standorten München und Erlangen nicht um
die Dienste brasilianischer Gunstgewerblerinnen, sondern um
eine ganze Gewerkschaft: Mitte der 1980er-Jahre hatte der ehemalige Erlanger Betriebsratsvorsitzende und spätere Unternehmensberater Wilhelm Schelsky die Arbeitsgemeinschaft unab-

hängiger Betriebsangehöriger (AUB) gegründet und sie bald zu einer mächtigen Arbeitnehmerorganisation aufgebaut. Und damit diese konzernfreundliche IG-Metall-Konkurrenz nicht auf verlorenem Posten um Mitglieder und Betriebsräte kämpfte, wurde sie nach den Ermittlungen der »Soko Amigo« von Siemens mit über 50 Millionen Euro üppig alimentiert.

Neben dem Zentralvorstand Johannes Feldmayer wanderte auch Gewerkschaftsmaulwurf Schelsky – ein Sohn des berühmten Soziologen Helmut Schelsky – wegen des Verdachts auf Untreue und Steuerhinterziehung ins Gefängnis. Der Arbeitnehmervertreter von Siemens' Gnaden leistete sich ein Ferienhaus in der kanadischen Provinz Ontario, eine Villa im Ostseebad Lubmin, eine Segelyacht sowie teure Golftrainer – und nebenbei finanzierte er auch noch Deutschlands erfolgreichste Damen-Handballmannschaft.

Der Skandal zog immer weitere Kreise und beschädigte den guten Ruf des Konzerns. Nicht zuletzt aus Angst vor harten Sanktionen durch die US-amerikanische Börsenaufsichtsbehörde SEC warfen schließlich die beiden obersten Angestellten des Konzerns das Handtuch. Aufsichtsratspräsident Heinrich von Pierer, in dessen Amtszeit als Vorstandschef sowohl die flächendeckende Korruption als auch der Kauf der konzernfreundlichen AUB fiel, musste zum Rücktritt gezwungen werden.

Der Sturz des einst einflussreichsten deutschen Managers riss seinen Nachfolger an der Konzernspitze mit: Obwohl Klaus Kleinfeld keine persönlichen Verfehlungen nachgewiesen werden konnten und seine Leistungen den Kurs der Siemens-Aktie beflügelt hatten, verlor er im Aufsichtsrat den Rückhalt und verzichtete auf eine Verlängerung seines Vertrags. Entgeistert fragten sich die führungslos gewordenen Siemens-Angestellten: In was für einem Unternehmen arbeiten wir eigentlich?

Ein Milchwerk wird gemolken

Mit ihren Zweifeln stehen die Siemensianer nicht allein, denn kriminalitätsfreie Zonen haben in der deutschen Unternehmenslandschaft mittlerweile Seltenheitswert. In Hamburg ermittelte die Kripo gegen 100 Mitarbeiter des Siemens-Konkurrenten Philips, die im Verdacht standen, Einkäufer der Media- und Saturn-Märkte bestochen zu haben. In Essen, Dortmund, Bremen und Hamburg stellte die Polizei in Warenhäusern des Karstadt-Quelle-Konzerns Beweismittel für einen groß angelegten Betrug sicher. Sportartikeleinkäufer wurden verdächtigt, mit verschiedenen Lieferanten überhöhte Preise abgesprochen und teure Geschenke gefordert zu haben. In Frankfurt gab ein ehemaliger Manager der Sparkassentochter Deka Immobilien Investment vor Gericht zu, dass er zwischen 1999 und 2003 von Architekten und Projektentwicklern 470 000 Euro Schmiergeld kassiert hatte. Im Allgäu sollen Mitarbeiter ein Genossenschaftsmilchwerk Hawangen gemolken haben: Dies jedenfalls behauptete eine Buchhalterin, die mit gefälschten Schecks und Scheinrechnungen 600 000 Euro auf die Seite gebracht hatte, im Kripoverhör. Teure Biomilch wurde angeblich mit normaler Milch verwässert, zudem wurden Steuern in Millionenhöhe hinterzogen.

Amigos im unmöglichen Möbelhaus

Richtig bunt trieben es die in Deutschland für die Planung und den Bau neuer Einkaufszentren zuständigen Mitarbeiter des schwedischen Möbelhauses Ikea. Von Grundstücksbesitzern, Architekten und Baufirmen ließen sie sich jahrelang mit Geschenken und verdeckten Provisionen in Millionenhöhe verwöhnen. Auch dieser Fall kam, wie die meisten Korruptionsskandale, nur deshalb ans Licht, weil sich einer der Beteiligten ungerecht behandelt fühlte: In diesem Fall war es eine Frau – die seit über 20 Jahren bei der Ikea-Verwaltung in Hofheim-Wallau beschäftigte langjährige Geliebte des wichtigsten Drahtziehers im Netzwerk der Korruptis –, die kurz vor Weihnachten 2004 in einem Brief an den damaligen Frankfurter Oberstaatsanwalt Schaupensteiner beschrieb, wie das Do-it-yourself-System in dem »unmöglichen Möbelhaus« funktionierte. Geschäftspartner wie die bayerische Baufirma Max Bögl oder der Düsseldorfer Projektentwickler Contecno lieferten demnach von jedem Ikea-Auftrag regelmäßig zwischen 1 und 1,5 Prozent der Bausummen bei den Amigos ab, schlugen die verdeckte Provision aber auf die offiziellen Rechnungen drauf.

Im August 2005 filzten Schaupensteiners Beamte gleichzeitig Dutzende Büros und Privatwohnungen im gesamten Bundesgebiet. Die Ermittlungen wegen Bestechlichkeit und Untreue richteten sich gegen sieben Mitarbeiter der Bauabteilung Ikea Property und gegen 58 weitere Verdächtige in den beteiligten Bau- und Handwerkerfirmen. Hauptverdächtiger war der ehemalige Geliebte der Briefschreiberin – Chef einer Unterabteilung und beschäftigt mit dem Innenausbau der Ikea-Märkte. Nachdem die Fahnder seine mit mehreren Millionen Euro gespickten Konten in Liechtenstein wie im schweizerischen Sankt Gallen aufgespürt hatten, erhängte er sich im September 2005 in seiner Zelle in der Justizvollzugsanstalt FrankfurtHoechst. Ikea bezifferte den entstandenen Schaden auf 15 Millionen Euro und möchte allein von der Baufirma Max Bögl 6,5 Millionen Euro zurückhaben.

Traurige Fälle wie dieser bilden nur die zufällig sichtbar gewordene Spitze eines Eisberges, der weit in die Tiefen der Unternehmenslandschaft hineinreicht. Wenn sich die Manager schon nicht mehr um Gesetze und Moral scheren, fallen eben auch bei den Mitarbeitern die Hemmungen. In vielen Betrieben bestimmen Gefühle wie Frust, Angst und Wut die Stimmungslage der Angestellten und je nach Gelegenheit auch ihr Handeln. Wo die Chefs keine anerkannten Leitbilder mehr sind, sondern wie Kriminelle von Staatsanwälten gejagt werden, ist sich jeder selbst der Nächste. Angestellte, die für sich keine Perspektive im Unternehmen sehen, nehmen mit, was sie bekommen können. Wer die 50 überschritten und kaum noch Chancen auf dem Stellenmarkt hat, kassiert eben die Lieferanten ab. Der Traum vom Haus unter Palmen – mit einem gut genährten Schwarzgeldkonto lässt er sich vielleicht erfüllen.

Einem anderen Phänomen ist der Wiener Kriminalpsychologe Thomas Müller auf der Spur: dem gewalttätigen Ausrasten am Arbeitsplatz: Workplace Violence nennt der als Profiler bekannt gewordene Autor des Buches »Gierige Bestie – Erfolg, Demütigung, Rache« die sich häufenden Wutanfälle überforderter und enttäuschter Angestellter. Jedes zweite Unternehmen in Deutschland war im letzten Jahr Schauplatz solcher Gewaltakte; den Schaden schätzt Müller auf einen dreistelligen Millionenbetrag.

Leistungsgerechte Bezüge – leistungslose Bereicherung

Ob raffiniert oder gewalttätig – die Muster der Straftaten subalterner Angestellter sind von den Ermittlern meist unschwer zu enttarnen. Etwas anders sieht die Sache bei den Topmanagern aus. Die – häufig juristisch vorgebildeten – Firmenlenker pflegen im Normalfall strikt darauf zu achten, dass sie keine gesiebte Luft zu atmen bekommen. Deshalb muss alles mit rechten Dingen zugehen, wenn sie ihre Unternehmen fleddern. Ein probates Instrument zur Plünderung der Firmenkassen sind zum Beispiel die so aktionärsfreundlich klingenden »leistungsorientierten Bezüge«.

Besonders die Aktienoptionsprogramme werden so gekonnt gestrickt, dass die Aufsichtsräte, wenn sie die Vorlage abzeichnen, meist keinen blassen Schimmer von den finanziellen Konsequenzen haben. Da sich die Folgekosten über mehrere Jahre hinstrecken, tauchen sie vorsichtshalber auch in keiner Bilanz auf. Vordergründig sollen die Optionen die Vorstände dazu motivieren, den Aktienkurs ihres Unternehmens in die Höhe zu treiben, tatsächlich leisten sie in den meisten Fällen leistungsloser Bereicherung Vorschub.

Obwohl es kein Geheimnis ist, dass die Aktienkurse nicht nur von den betriebswirtschaftlichen Zahlen, sondern oft noch mehr von äußeren Einflüssen wie der Zinspolitik der Notenbanken, der Weltkonjunktur oder der allgemeinen Stimmungslage an den Börsen abhängen, lassen sich Vorstände und Aufsichtsräte auf solch undurchsichtige Vergütungsmodelle ein, weil ihnen – erstens – nichts Besseres eingefallen ist und weil sie – zweitens – bei der Ausgestaltung der Konditionen viel Spielraum haben: Merkwürdig nur, dass dieses Spiel am Ende immer eine Menge Geld auf den Konten der Manager und Löcher in der Firmenkasse hinterlässt.

Gut illustrieren lässt sich das am Beispiel der Deutschen Bank: Im Jahr 2000 bewilligte der Aufsichtsrat seinen Topmanagern 16 Millionen Bezugsrechte (Optionen) auf Deutsche-Bank-Aktien. Der Basiskurs, ab dem die Optionen einen Wert darstellten, betrug 98 Euro. Statt zu steigen, begann die Bank-Aktie jedoch kurz darauf abzuschmieren. Bis zu ihrem Verfallsdatum waren die Optionen nicht mehr wert als ein Stück Altpapier. Da ein Deutschbanker aber immer gewinnt – egal, was kommt –, musste etwas passieren: Prompt änderte die Bank die Spielregeln: Sie schraubte den Basispreis von 98 auf 65 Euro herunter und gab an ihre teuren Angestellten sogenannte Share Appreciation Rights heraus: Diese netten Papierchen garantierten den Inhabern der Optionen die Differenz zwischen den beiden Basispunkten.

Im Klartext: die Banker kassierten einen hohen zweistelligen Millionenbetrag, obwohl sie an der Börse erfolglos geblieben waren. Man kann so etwas auch als Anleitung zur Selbstbedienung betrachten. Alles ganz legal, versteht sich. Nicht viel anders handelten die Manager von DaimlerChrysler. Bereits im ersten Halbjahr 2007 musste der Autokonzern an seine Führungskräfte 230 Millionen Euro für eingelöste Aktienoptionen ausschütten. Allein die Optionen des erfolglosen Exchefs Jürgen Schrempp sind rund 50 Millionen Euro wert.

Auf das Fußvolk aber kam durch den permanenten Umbau der internen Bankstrukturen jede Menge Stress zu, und einige

Tausend mussten sich mit dem Gedanken vertraut machen, dass sie bald auf der Straße stehen würden.

Bananenrepublik Deutschland?

Überforderung und Zukunftsängste der Angestellten sind nach Ansicht von Fachleuten wie dem jüngst zur Bahn gewechselten Frankfurter Oberstaatsanwalt Wolfang Schaupensteiner und der Bielefelder Kriminologieprofessorin Britta Bannenberg eine der Ursachen für die besorgniserregende Zunahme der Wirtschaftsdelikte. In ihrem Buch »Korruption in Deutschland – Porträt einer Wachstumsbranche« stellen die Autoren fest, dass Durchstechereien in deutschen Unternehmen mittlerweile »so normal wie die tägliche Fahrt im Auto« geworden sind.

Den Schaden, den Wirtschaftskriminelle in der Bundesrepublik anrichten, schätzt Schaupensteiner auf atemberaubende 350 Milliarden Euro im Jahr. Zum Vergleich: Die gesamten Einnahmen des Bundes beliefen sich im Jahr 2006 auf vergleichsweise bescheidene 223 Milliarden Euro. Britta Bannenberg glaubt, dass kaum ein Betrieb sauber blieb: »In neun von zehn Unternehmen werden Sie fündig, in mehr oder weniger großem Umfang.«

Einen schwachen Trost für die betroffenen Unternehmen hält die Technische Universität Darmstadt bereit: Jens Hoffmann von der Arbeitsstelle für forensische Psychologie entwickelte einen Testfragebogen, mit dessen Hilfe die Integrität von Bewerbern gemessen werden kann.

»Eine Person mit niedrigen Integritätswerten«, doziert Hoffmann, »ist anfälliger für problematisches Verhalten. Die Palette möglicher Vergehen reicht von unerlaubten Fehlzeiten, Beschädigung von Firmeneigentum über Diebstahl bis hin zu Veruntreuung, Betrug und Korruption.«

Der Psychologe ist überzeugt, mit seinem PIT (Psychologischer Integritätstest) die Schadensquote in den Betrieben senken zu können: »Er eignet sich für alle Arbeitsbereiche und

Hierarchieebenen.« Mit dem Durchtesten sollte man vielleicht bei den Vorständen der 30 Dax-Konzerne beginnen.

Um keine Missverständnisse aufkommen zu lassen: Nicht alle Angestellten stehen unter Generalverdacht. Die große Mehrheit geht mit friedlichen Absichten ins Büro und will nichts weiter als in Ruhe ihre Arbeit erledigen. Die rapide Zunahme der Korruptions- und Betrugsfälle indes vergiftet in vielen Unternehmen das Klima. Immerhin belegt Deutschland im Worldwide Corruption Index des Meinungsforschungsinstituts Gallup vom Dezember 2006 unter 101 Staaten Rang 48, gleichauf mit Mexico, Mali und Mosambik.

Mitarbeiter, die sich nicht an Zustände wie in einer Bananenrepublik gewöhnen möchten, sollten verdächtige Vorgänge tunlichst der Geschäftsleitung melden. Sind Vorgesetzte involviert, empfiehlt es sich, die nächsthöhere Instanz zu informieren oder auch die Strafverfolgungsbehörden einzuschalten.

Die größte Ermittlungskapazität in Wirtschaftssachen haben die Schwerpunktstaatsanwaltschaften München, Bochum und Frankfurt. Bei Korruptionsverdacht ist eine gute Anlaufadresse auch die Organisation Transparency International mit Sitz in Berlin. Wenn schon die Manager nicht in der Lage sind, für Recht und Ordnung in den Unternehmen zu sorgen, dann könnten dies die ihnen unterstellten Angestellten besorgen: als eine Art »Aufsichtsrat von unten« vielleicht.

6 | Zu Tode gesiegt

Die Schlacht ist verloren, und der große, hagere Mann mit der schlohweißen Mähne weiß es: Heribert Fieber ist Gewerkschafter aus Überzeugung. Sein halbes Leben verbrachte er bei Siemens. Als Betriebsrat kämpfte er für die Verbesserung der Arbeitsbedingungen, als dessen Vorsitzender stemmte er sich gegen die Kahlschlagpläne des Managements. Man wollte ihn loswerden, doch ein Betriebsratsvorsitzender ist geschützt. Sein PC wurde ausgespäht, aus vertraulichen E-Mails der Verdacht konstruiert, er habe Kündigungsschutzklagen manipuliert. Zwei Jahre dauerten die Ermittlungen, dann wurden sie aus Mangel an Beweisen eingestellt.

Heribert Fieber ist nicht mehr bei Siemens, aber immer noch in der Gewerkschaft. Beim Softwareproduzenten SAP wünschen ihm manche die Pest an den Hals. Der Münchner mit der reichhaltigen Erfahrung im Grabenkrieg ist schuld, dass sie dort jetzt auch einen Betriebsrat haben. Dreißig Jahre lang schlugen alle Versuche fehl, die klugen Köpfe im einzigen deutschen Hightechkonzern von Weltformat mit dem hehren Gedankengut der IG Metall zu infiltrieren. Bis jemand auf die Idee kam, den ausgemusterten Siemens-Mann nach Walldorf zu entsenden. SAP geht es deshalb zwar nicht besser, aber der letzte weiße Fleck auf der Konzernlandkarte der IG Metall ist getilgt.

Wir sitzen in einem italienischen Café in den Münchner Asamhöfen und philosophieren über Manager, Macht und Moral. Irgendwie wirkt der Mann im Pensionsalter hilflos, obwohl er lospoltert, als wolle er den ganzen Siemens-Konzern in Grund und Boden stampfen. Oder zumindest dessen oberste Chefs: »Was die mit uns gemacht haben ...« – er ringt um Worte – »...das ist

143

eine riesengroße Sauerei!« Was er sagt, könnte auch von Werner Neugebauer stammen, dem bayerischen Bezirksvorsitzenden, oder von Jürgen Peters, dem härtesten aller Hardliner in der härtesten aller Gewerkschaften. Man müsse ihnen zeigen, was eine Harke ist. Man dürfe sich nicht einschüchtern lassen. Man müsse zusammenhalten. Und so weiter ...

Die Schlacht ist verloren, und der Mann weiß es. Er ist klug, und er hat Erfahrung. 11,8 Millionen Mitglieder zählte der DGB 1991, jetzt sind es nur noch 6,5 Millionen. Jeden Monat kehren 30 000 Arbeitnehmer den Gewerkschaften den Rücken. Jetzt geht es nur noch um den geordneten Rückzug.

Weshalb ausgerechnet SAP einen Betriebsrat braucht? Er verdreht die Augen: Auch die haben Probleme. Längst nicht alle dort sind Millionäre. Der Konzern investiert zu viel in Indien und Kalifornien, zu wenig in Deutschland. Wir müssen unsere Standards sichern. Sagt er ...

Einem alten Gewerkschafter die Augen zu öffnen ist schwieriger, als einem Siemens-Manager das Bestechen abzugewöhnen. Der Mensch und seine Befindlichkeit sind für ihn das Maß aller Dinge, der Mensch als Arbeitnehmer selbstverständlich. Er muss sich ständig verteidigen: gegen das Kapital und seine Ansprüche, gegen »die« vor allem, die in den Chefbüros, die für alles Unheil Verantwortlichen.

Warum redet niemand vom Dienen? Vom Dienst am Kunden, Dienst an der Firma, Dienst am Nächsten?

Im Land der Angestellten hat Dienen keine Konjunktur. Hier geht es um Rechte und um Berechtigtes. Berechtigt ist, was die Gewerkschaft will: mehr Lohn für weniger Arbeit. Mehr Mitsprache, mehr Sicherheit, mehr Zukunft: von allem mehr.

Wir Zu-kurz-Gekommenen haben Ansprüche, und die Gewerkschaften sind unsere Anspruchsverwalter: Sie sollen für uns retten, was nicht mehr zu retten ist. Aber sind sie denn noch selbst zu retten?

In der Bevölkerung haben sie an Ansehen verloren und in der Politik den Rückhalt. Basta-Kanzler Gerhard Schröder ließ sie links liegen, Lächel-Kanzlerin Angela Merkel lässt sie ins Leere laufen. Jetzt suchen sie eine neue Heimat, und der rote Oskar macht ihnen gern den Herbergsvater.

Heribert Fieber ist keiner von den Betonköpfen. Bei Siemens hatte er es mit intelligenten Leuten zu tun, bei SAP sind sie nicht nur intelligent, sondern auch noch reich: polyglotte Bestverdiener von der Sorte Global Player. Was sollen die mit der guten alten IG Metall anfangen? Auf dem Walldorfer Campus die Stechuhr einführen?

Die Rezepte von früher greifen nicht mehr

Der große Mann mit dem schlohweißen Schopf kneift die Augen zusammen. Er hat einen Etappensieg errungen, immerhin: Obwohl 91 Prozent der SAP-Belegschaft der Meinung waren, ein Betriebsrat sei so überflüssig wie ein Trojaner in der SAP-NetWeaver-Plattform, schaffte er es doch.

Der alte Gewerkschafter kennt das Gesetz: Ganze drei von 14 000 deutschen und 38 400 international Beschäftigten reichten für die Klage vor dem Arbeitsgericht, und Heribert Fieber brachte das Trio zusammen. Notgedrungen wählten im Juni 2006 rund 65 Prozent der SAPler insgesamt 37 Räte. Fiebers Sieg schmeckte freilich bitter, denn nur drei der Gewählten kamen von der Gewerkschaftsliste »Pro Betriebsrat«, die übrigen sind unabhängig. Ver.di und IG Metall übten sich in Bescheidenheit.

Von den einst mächtigen Gewerkschaften haben Deutschlands Angestellte nicht mehr viel zu erwarten. Zu groß ist der Druck der Globalisierung, zu beweglich das Kapital, als dass sich das alte Kräfteverhältnis wiederherstellen ließe. Die Rezepte von früher greifen nicht mehr, und neue sind ihnen bisher nicht eingefallen. So hilflos, wie der deutsche Fiskus dem Steuerdumping der Oasenländer zuschaut, so blind navigieren die Gewerkschaften durchs grenzenlose Meer der Arbeitnehmerinteressen.

Stark ist in der globalen Wirtschaft nur, wer überall die gleichen Bedingungen durchsetzen kann. Exxon und Microsoft sind dazu imstande, vielleicht auch noch Daimler, Siemens und VW, aber weder die Bundesregierung noch die IG Metall: Solange deren Befugnisse an den Staatsgrenzen erlöschen, sind sie auf den guten Willen anderer angewiesen – bisher endeten noch alle Versuche des DGB, die hohen deutschen Sozialstandards den Gewerkschaften in Süd- und Osteuropa schmackhaft zu machen, mit einem höflichen Lächeln.

Vom deutschen Sozialgipfel aus führen alle Wege in die gleiche Richtung: abwärts. Wie soll man auch einem Schlachter aus Krakau beibringen, dass es besser sei, arbeitslos zu bleiben, als einen Job in einem deutschen Schlachthof anzunehmen, wenn ihm dieser Job so viel einbringt, wie ein polnischer Universitätsprofessor verdient?

So sehr sich weitblickende Gewerkschafter um internationale Bündnisse der Arbeitnehmerorganisationen bemühen – wenn es ernst wird, ist den Kollegen vor Ort das Hemd stets näher als die Hose.

Als der Flugzeugbauer Airbus sein Sanierungskonzept vorlegte, das Einschnitte auf beiden Seiten des Rheins vorsah, stritten sich deutsche und französische Gewerkschafter mit Inbrunst über die Frage, wer die produktiveren Mitarbeiter vertrete und die meisten Opfer bringen müsse.

Nicht anders war es beim VW-Konzern, wo die Arbeiter des Brüsseler Werkes ihren deutschen Kollegen Wortbruch vorwarfen, weil diese bereit waren, zur Sicherung ihrer Arbeitsplätze länger zu arbeiten.

Vor diesem Hintergrund dürfte der Versuch der amerikanischen Stahlarbeitergewerkschaft USW, mit den britischen Kollegen von Amicus und TGWU (Transport and General Workers' Union) zu fusionieren, um so den Grundstein für eine globale Arbeitnehmerorganisation zu legen, ähnlich ausgehen wie das Hornberger Schießen.

Nicht ihre Unfähigkeit schwächt die heimischen Arbeitnehmervertreter, sondern ihre Tüchtigkeit. Weil sie es in den vergangenen Jahrzehnten verstanden, der stärksten Volkswirtschaft Europas einen sozialen Kurs aufzuzwingen, wirken sie in Zeiten des schrankenlosen Kapitalismus wie paralysiert.

Machtverlust, Heuchelei und Disziplinlosigkeit

Aus den Kraftsprüchen ihrer Wortführer hört man das Pfeifen im Wald: Wenn die Herren Sommer (DGB), Bsirske (Ver.di) oder Peters (IG Metall) damit drohen, »die Republik lahmzulegen« oder »dafür zu sorgen, dass die Stimmen der Arbeitnehmer wieder Gehör finden«, dann heißt das nur, dass die Republik längst zur Tagesordnung übergegangen ist, während die Gewerkschaften an ihren eigenen Problemen würgen.

Es sind ähnliche Probleme, wie sie die deutschen Unternehmen plagten; die Probleme reifer, reicher Organisationen, in denen sich Bequemlichkeit, Egoismus und Korruption breitmachten. Während jedoch die Unternehmen unter dem Druck des internationalen Wettbewerbs wieder eine bessere Kondition gewannen, steht den Gewerkschaften die Fitnesskur noch bevor. Sie leiden an Machtverlust, Disziplinlosigkeit, Käuflichkeit, Heuchelei und interner Konkurrenz.

Machtverlust: Seit Anfang der 1990er-Jahre legten die Nettoeinkommen der deutschen Arbeitnehmer kaum mehr zu, während Selbstständige und Beamte ihre Bezüge teils kräftig aufstocken konnten. Selbst im guten Wirtschaftsjahr 2006 reichte es nur für einen durchschnittlichen Nettozuwachs der Angestellten von 1,5 Prozent. Kein gutes Zeugnis für die Arbeitnehmerheroen.

Ein drastisches Beispiel für ihren Machtverlust lieferte der Streik im öffentlichen Dienst vom Frühjahr 2006. Ver.di-Chef Frank Bsirske sah in der Forderung der Länder und Gemeinden nach einer Verlängerung der durchschnittlichen wöchentlichen Arbeitszeit ihrer Angestellten von 38,5 auf 40 Stunden die willkommene Gelegenheit für eine Kraftprobe: Zwei Monate lang türmten sich auf deutschen Straßen die Müllsäcke, ehe die Tarifpartner wieder zueinanderfanden.

Weil Niedersachsens Finanzminister Hartmut Möllring als Verhandlungsführer der Arbeitgeber hart blieb, mussten Müllmänner und Krankenschwestern am Ende doch ein wenig länger arbeiten, denn die Bevölkerung zeigte wenig Verständnis für einen »Streik um 18 Minuten am Tag« (so die *Bildzeitung*). Von den brutto 2,9 Prozent Gehaltserhöhung, die Ver.di erkämpft hatte, blieben den Beschäftigten nach Abzug von Steuern und Abgaben kaum mehr als 1,5 Prozent übrig. Hat sich der Streik gelohnt? Ver.dis Kassen sind leer, das Image ist ramponiert ...

Ähnlich ging der Machtkampf bei der Telekom aus, wo Ver.di Zehntausende gut versorgte Mitarbeiter zum Protestieren auf die Straße schickte, um deren Auslagerung in eine Beschäftigungsgesellschaft zu verhindern. Nach dem Willen von Telekom-Chef René Obermann sollten sie dort vier Stunden pro Woche länger arbeiten und Gehaltseinbußen von elf Prozent hinnehmen, da in vergleichbaren Jobs bei der privaten Konkurrenz weit weniger bezahlt werde. Vier Stunden mehr und 6,5 Prozent weniger lautete am Streik-Ende der mühsam ausgehandelte Kompromiss.

Mit einem zweifelhaften Ergebnis endete auch der von der IG Metall organisierte Ausstand im Nürnberger AEG-Werk. Vierzig Tage lang harrten die Streikposten bei klirrender Kälte aus, ehe der Widerstand zusammenbrach. Der schwedische Mutterkonzern Elektrolux wich kein Jota von seinen Plänen ab, das Werk zu schließen und die Produktion nach Osteuropa zu verlagern. Die Gewerkschaftsfunktionäre aber klopften sich auf die Schultern, weil sie es geschafft hatten, für die entlassenen Arbeitnehmer eine etwas höhere Abfindung herauszuschlagen, als der Konzern freiwillig angeboten hatte. Sehen so Erfolge aus?

Auch die 2007 von der IG Metall erstrittenen Tariferhöhungen haben einen bitteren Nachgeschmack. Von der 4,1-prozentigen Steigerung dürfte bei vielen Beschäftigten nur ein Teil ankommen, da die Unternehmen das schon 2002 vereinbarte Entgeltrahmentarifabkommen (ERA) dazu nutzten, ihre Mitarbeiter reihenweise abzustufen.

Disziplinlosigkeit: Wenn Arbeitsplätze in Gefahr geraten, dann pfeifen die Betriebsräte vor Ort immer« häufiger auf die Parolen der Prinzipienreiter aus den Gewerkschaftszentralen. Als der niedersächsische Elektrogerätehersteller Stiebel Eltron drohte, die Produktion von Kunststoffen und Wärmepumpen von Holzminden und Eschwege in die Slowakei auszulagern, bot der Betriebsrat das Entgegenkommen der deutschen Mitarbeiter an, falls die geplanten Investitionen im Lande blieben. Nach schwierigen Verhandlungen wurde in Holzminden eine Stunde, in Eschwege eine halbe pro Woche länger gearbeitet. Im fernen Hannover tobte IG-Metall-Bezirksleiter Hartmut Meine:»Da kämpft man seit Jahren gegen Bosse, die Errungenschaften streichen wollen. weil die Kosten dafür angeblich die Firma erdrücken – und dann gibt in Holzminden der Betriebsrat mal eben die 35-Stunden-Woche her.«

Nicht viel anders lief es beim Heizkesselbauer Viessmann in Allendorf an der Eder und beim Autozulieferer Brose im fränkischen Coburg: Die Macht der Gewerkschaftsbosse scheiterte an den betrieblichen Realitäten.

Jeder vierte Betrieb in Deutschland mit mehr als 20 Beschäftigten hat bereits Sondervereinbarungen getroffen, die von den gültigen Flächentarifverträgen abweichen. Selbst die IG Metall als widerborstigste Gewerkschaft musste bei der Tarifrunde 2004 in Pforzheim die »Kröte der Arbeitgeber« (Verhandlungsführer Hartmut Meine) in Gestalt weitreichender Öffnungsklauseln schlucken, weil sie sonst die Kontrolle über ihre Mitglieder verloren hätte: 1100 Unternehmen machten bereits Gebrauch davon. Konzerne wie Daimler und VW sicherten sich die Möglichkeit, Teile ihrer Produktion ins Ausland zu verlagern, kleinere Unternehmen kürzten der Belegschaft das Urlaubs- und Weihnachtsgeld. Die Tariflandschaft gleicht heute einem Flickenteppich. Gleicher Lohn für gleiche Arbeit – das war einmal.

Käuflichkeit: Die Skandale um gekaufte Betriebsräte bei VW und Siemens offenbarten nicht nur menschliche, sondern auch systembedingte Schwächen. Mit den Wohlfühlprogrammen für die Arbeitnehmervertreter versuchten die Konzerne, die Widrigkeiten der paritätischen Mitbestimmung zu umschiffen. Die in den 1970er-Jahren erkämpfte Errungenschaft, die den Gewerkschaften eine in der Welt einmalige Machtbasis bescherte, erweist sich im globalen Kapitalismus immer deutlicher als Investitions- und Wachstumsbremse: Welcher ausländische Investor will schon, wenn er ein deutsches Unternehmen im Visier hat, im Aufsichtsrat mit Gewerkschaftern diskutieren? Investiert wird deshalb woanders.

Nach den Regeln der Kunst eingeseift

Seit dem Jahr 1976 dürfen die Arbeitnehmer von Kapitalgesellschaften mit mehr als 2000 Beschäftigten genauso viele Vertreter in den Aufsichtsrat entsenden wie die Kapitalseite. Wesentliche Fragen der Unternehmensführung wie die Schließung von Betriebsteilen, die Gründung von Tochtergesellschaften oder die Übernahme anderer Unternehmen bedürfen demnach ihrer Zustimmung. Der Vorsitzende, der stets von der Kapitalseite gestellt wird, hat bei Pattsituationen zwar eine Doppelstimme und kann theoretisch die Arbeitnehmerbank überstimmen, doch in der Praxis kam das äußerst selten vor.

Hatten die Vorstände mitbestimmter Unternehmen früher versucht, die lästigen Mitregenten aus der Arbeitnehmerschaft einzuschüchtern und vom Informationsfluss abzuschneiden, so sind sie inzwischen dazu übergegangen, ihre Gegenspieler nach allen Regeln der Kunst einzuseifen: Nicht nur in Wolfsburg und München kungelt das Management, oft zulasten der Aktionäre, mit den Belegschaftsvertretern.

Im Volkswagen-Konzern hatte der für Personalfragen zuständige Vorstand Peter Hartz die Aufgabe, den mächtigen Betriebsratsvorsitzenden Klaus Volkert und mit ihm die ganze Riege der IG-Metall-Vertreter im Aufsichtsrat auf die Investitionspläne des damaligen Vorstandschefs Ferdinand Piëch einzustimmen. Wie ihm dies gelang, ist in den einschlägigen Medien hinreichend dokumentiert worden: Volkert wurde mit Sonderzahlungen von insgesamt 1,95 Millionen Euro bedient, seine brasilianische Geliebte erhielt Scheinaufträge über 400 000 Euro, weitere Betriebs- und Aufsichtsräte ließen es sich nach den Ermittlungen der Staatsanwälte auf Kosten des Konzerns gut gehen.

Als die Kungelei durch Ermittlungen gegen Helmuth Schuster – einen ehemaligen Manager der VW-Tochtergesellschaft Škoda – ans Licht kam, beeilten sich Arbeitgeber wie Gewerkschaften, den peinlichen Fall herunterzuspielen. Schuster, Volkert und Hartz kamen vor Gericht und wurden als das dargestellt, was sie gerade nicht sind: als bedauerliche Einzelfälle in einer ansonsten intakten Unternehmenslandschaft.

Nichts ist intakt, wenn Konflikte hinter verschlossenen Türen mit Geld zugekleistert werden. Bei Siemens war diese Methode spätestens seit Mitte der 1980er-Jahre beliebt: Den Ermittlungen der Staatsanwälte zufolge fing der Elektrokonzern damals an, die von dem ehemaligen Siemens-Betriebsrat Wilhelm Schelsky geleitete AUB (Arbeitsgemeinschaft unabhängiger Betriebsangehöriger) mit Geld zu versorgen. Unternehmensfreundliche Betriebsräte sollten die Abgesandten der IG Metall in Schach halten, und dies scheint auch ganz gut gelungen zu sein: Die Brachialkur, die der Vorstand unter Klaus Kleinfeld dem Traditionskonzern verordnete, wäre ohne stillschweigende Duldung der Arbeitnehmervertreter kaum durchzusetzen gewesen. Insofern haben sich die zweistelligen Millionenbeträge, die der AUB aus Siemens-Kassen zuflossen, durchaus gelohnt.

Einladung zum Schmieren

Wie Peter Hartz im Fall VW unterstellten die Staatsanwälte dem für die Zahlungen an AUB zuständigen Siemens-Vorstand Johannes Feldmayer, er habe den Konzern geschädigt und die Wahl der Betriebsräte auf unzulässige Weise beeinflusst. Vorwurf Nummer eins ergibt keinen Sinn, denn der Konzern bekam ja eine Gegenleistung für sein Geld. Vorwurf Nummer zwei bestätigt den Reparaturbedarf am Betriebsverfassungsgesetz: Wenn Betriebsräte in der Lage sind, wirtschaftlich notwendige Maßnahmen der Vorstände zu blockieren, dann sollte zumindest über § 119 BetrVG nachgedacht werden: »Die paritätische Mitbestimmung lädt zum Schmieren ein wie Ostern zum Naschen«, erkannte der stellvertretende FDP-Chef Rainer Brüderle.

Tatsächlich behindert die im Gesetz verankerte Macht der Arbeitnehmervertreter den Strukturwandel von der alten Industrie- zur modernen Wissensgesellschaft. Sie lieferte den Gewerkschaften die Basis für ihre Blockadepolitik und zwingt die Unternehmensleitungen, sich auf strafrechtlich vermintes Gebiet zu begeben: Neben Siemens und VW bewegten sich nahezu alle mitbestimmten Unternehmen auf gefährlichem Terrain.

Bei BMW und DaimlerChrysler genießen die Betriebsratsvorsitzenden Privilegien wie Vorstandsmitglieder. Sie verfügen über eigene Büros mit zahlreichen Assistenten und Sekretärinnen, lassen sich in teuren Dienstwagen chauffieren und dürfen auch schon mal die firmeneigenen Jets benutzen. Post-Chef Klaus Zumwinkel bewilligte den Arbeitnehmern mehr freigestellte Räte als gesetzlich vorgesehen und konnte deshalb zügig Arbeitsplätze abbauen. Bahn-Chef Hartmut Mehdorn sponserte die von der DGB-Gewerkschaft Transnet angeregte Lobbyorganisation »Allianz für die Schiene« und machte sich so Transnet-Chef Norbert Hansen gewogen. Der ehemalige DaimlerChrysler-Vorsteher Jürgen Schrempp gab den Betriebsräten überflüssige Beschäftigungsgarantien und durfte deshalb seinen Job länger behalten, als dem deutsch-amerikanischen Autokonzern guttat. Die Kumpanei von Managern und Betriebsräten zulasten der Aktionäre hat System und entspricht so gar nicht dem, was der Gesetzgeber einst wollte.

Heuchelei: Bei den Marktplatzreden von Gewerkschaftsfunktionären wie Michael Sommer oder Jürgen Peters schwillt der Beifall immer dann besonders an, wenn von den Bossen die Rede ist, »die sich die Taschen füllen«. Mit Inbrunst pflegen die Arbeiterführer die »Gehaltsorgien« von Topmanagern wie Josef Ackermann (Deutsche Bank), Dieter Zetsche (DaimlerChrysler) oder Jochen Zeitz (Puma) zu geißeln, als ob diese das Ergebnis der Stellenkürzungen in den betreffenden Unternehmen wären. Dabei verschweigen die Redner geflissentlich die Tatsache, dass sie und ihresgleichen die Selbstbedienungsmodelle des Managements abgesegnet haben. Überall saßen Gewerkschafter in den Aufsichtsräten, stellten meist den Stellvertreter des Vorsitzenden und waren in den wichtigsten Ausschüssen vertreten. Entweder schliefen sie bei der Beschlussfassung über die Vergütung des Vorstands, oder sie erkannten die finanzielle Tragweite der Vorlage nicht. In beiden Fällen hätten sie damit ihre Inkompetenz bewiesen.

Eine dritte Möglichkeit ist aber auch nicht auszuschließen: In den Aufsichtsräten heulen sie mit den Wölfen, vor ihren Mitgliedern blöken sie mit den Schafen. Vorgemacht hat ihnen den Spagat Klaus Zwickel, Peters Vorgänger an der Spitze der IG Metall, der die 60-Millionen-Mark-Abfindung des ehemaligen Mannesmann-Chefs Klaus Esser abzeichnete und sich hinterher an nichts mehr erinnern konnte.

Mit gespaltener Zunge redet auch Ver.di-Chef Frank Bsirske über Mindestlöhne. Während er sich auf politischer Bühne für eine gesetzlich verordnete Lohnuntergrenze für alle Beschäftigten von 7,50 Euro pro Stunde starkmacht, schließen seine Verhandlungsführer vor Ort laufend Verträge in der Tabuzone ab. Mehr als 60 Tarife, vom Friseurhandwerk in Brandenburg über das Bewachungsgewerbe in Schleswig-Holstein bis hin zum öffentlichen Dienst in den neuen Bundesländern, sehen Stundenlöhne von weniger als 7,50 Euro vor. Die schizophrene Haltung des Ver.di-Chefs geht mittlerweile auch manchem Kollegen auf die Nerven. Bei der IG Metall, der IG Chemie und bei Transnet fürchtet man um die Tarifhoheit, wenn der Staat die Lohngrenze zieht.

Konkurrenz: In den Betrieben ist von der einst starken Einheitsfront des Deutschen Gewerkschaftsbundes nicht mehr viel übrig geblieben. Bei den alle vier Jahre stattfindenden Betriebsratswahlen entscheiden sich die Belegschaften immer öfter für Kandidaten, die nicht aus dem DGB-Stall kommen. Im Frühjahr

2006 gingen zwar in über 100 000 Betrieben rund 81 Prozent der Beschäftigten zur Wahl, doch nur noch knapp jeder zweite gewählte Kandidat war ein DGB-Mitglied.

Neben der von Siemens gesponserten AUB mit ihren 31 000 Mitgliedern und 19 000 Betriebsräten macht dem DGB vor allem der Christliche Gewerkschaftsbund Deutschlands (CGB) zu schaffen. So unterlief etwa die Christliche Gewerkschaft Metall den Tarif der IG Metall, indem sie mit der Mittelstandsvereinigung Zeitarbeit einen eigenen Vertrag abschloss. Prompt geißelte DGB-Chef Michael Sommer die Folgen des Pakts der christlichen Konkurrenz mit der ungeliebten Branche als »Armutsrisiko der Beschäftigten«.

Auch in den Aufsichtsräten machen die christlichen Arbeitnehmervertreter den DGB-Kollegen die Posten streitig. Im mächtigen Gremium des Allianz-Konzerns zum Beispiel sitzen zwar die Vertreter der nicht dem DGB angehörenden Angestelltenverbände DHV und DBV, aber keiner von Ver.di. Als sich Frank Bsirskes Organisation einklagen wollte, blitzte sie vor dem Oberlandesgericht München ab. Ihr Urteil begründeten die Richter mit der Auffassung, es scheine »sachgerecht zu sein, wenn langjährige Mitarbeiter aus dem Konzern und nicht Gewerkschaftsfunktionäre in den Aufsichtsrat bestellt werden«.

Den Alleinvertretungsanspruch der DGB-Gewerkschaften untergraben zunehmend auch die Interessenvertreter einzelner Berufsgruppen wie der Marburger Bund (Ärzte), die Vereinigung Cockpit (Piloten), die Gewerkschaft der Flugsicherung (Fluglotsen) und die Gewerkschaft Deutscher Lokomotivführer (GDL). Weil deren Klienten Schlüsselstellungen besetzt halten, gelingen ihnen in Tarifverhandlungen meist bessere Abschlüsse als der Konkurrenz vom DGB, was dem Betriebsfrieden selten zuträglich ist. Im Sommer 2007 streikte das im DGB organisierte Bahnpersonal für eine siebenprozentige Lohnforderung, doch für die Lokführer verlangte die Einzelgewerkschaft GDL bis zu 31 Prozent mehr Geld.

Sogar die Belegschaften einzelner Unternehmen zeigen den Gewerkschaften die kalte Schulter. Die Angestellten der Techniker-Krankenkasse gründeten mit »fairTK« eine eigene Organisation und handelten einen speziellen Haustarif heraus. Gar nicht zu reden vom dbb (Beamtenbund und Tarifunion) mit seinen 1,275 Millionen Mitgliedern, darunter etwa 360 000 nach Tarif bezahlte Angestellte.

Schlimmer als der finsterste Kapitalist

Nicht nur die Globalisierung ist schuld am Machtverlust des DGB und seiner acht Einzelgewerkschaften. Einen nicht unerheblichen Teil ihrer Demontage besorgten sie selbst. Überfordertes, weil nach den falschen Kriterien ausgesuchtes Führungspersonal untergrub die Glaubwürdigkeit bei den Mitgliedern wie in der Bevölkerung. Unvergessen sind die Skandale um die Gewerkschaftsunternehmen Neue Heimat, Coop und Bank für Gemeinwirtschaft, die das einst stattliche Vermögen der Arbeitnehmerorganisation dahinschmelzen ließen. Größenwahn und Missmanagement einzelner Funktionäre wie Werner Vietor, Bernd Otto oder Walter Hesselbach vernichteten Milliardenbeträge, die aus den Taschen der Mitglieder stammten.

Ihren letzten großen Coup landeten die Missmanager aus der Gewerkschaftsholding BGAG bei der Allgemeinen Hypothekenbank Rheinboden (AHBR): Unter ihrem Vorsitzenden Horst Alexander Spitzkopf verzockte das einst als grundsolide geltende Pfandbrief- und Immobilieninstitut bei fehlgeschlagenen Zinsgeschäften mit Finanzderivaten mehrere Milliarden Euro. Ende 2005 war die ehemalige Gewerkschaftsbank nach einem neuerlichen Jahresverlust von über einer Milliarde Euro konkursreif und konnte nur noch mit einer ordentlichen Mitgift aus dem Einlagensicherungsfonds der deutschen Banken an den US-Finanzinvestor Lone Star losgeschlagen werden.

Manches spricht dafür, dass die Gewerkschaftsbosse seither nicht viel dazugelernt haben. Ein ewiges Ärgernis ist das eklatante Missverhältnis zwischen ihrem Auftreten in Tarifverhandlungen und der Art, wie sie mit ihren eigenen Leuten umgehen.

Während sie die Wirtschaft mit immer neuen Forderungen nach höheren Gehältern, kürzeren Arbeitszeiten und mehr Sozialkomfort für die Beschäftigten überziehen, führen sie sich gegenüber ihren 11 000 Angestellten oft schlimmer auf als der finsterste Kapitalist. So gestehen die gewerkschaftlichen Arbeitgeber ihren Angestellten bis heute keine Tarifverhandlungen zu – manche forderten selbst mitten im Konjunkturaufschwung Nullrunden oder kürzten gar die vereinbarten Altersbezüge. Besonders prekär scheinen die Zustände bei der Vereinigten Dienstleistungsgewerkschaft Ver.di zu sein, die 2,3 Millionen Angestellte vertritt. Vorsitzender Frank Bsirske zählt zu den lautstärksten Sozialreformern der Nation, doch seiner eigenen Mannschaft verlangt er manches ab, das er fremden Unternehmen nie durchgehen lassen würde. Erst einen Tag bevor der Vorstand im September 2006 beschloss, die betrieblichen Altersrenten für den Großteil seiner 3500 Beschäftigten zu kürzen, wurde der Betriebsrat informiert. Hier gab es keine Verhandlungen und kein Mitspracherecht, sondern nur die knappe Mitteilung, der Beschluss, die Altersbezüge »zu verändern«, sei »aus wirtschaftlichen Gründen« erfolgt.

Tatsächlich laviert Deutschlands zweitgrößte Einzelgewerkschaft seit Jahren am Rand des finanziellen Abgrunds entlang. Schon 2005 betrug das Defizit in der Ver.di-Bilanz 90 Millionen Euro, und da waren die Kosten von etwa 70 Millionen Euro, die der achtwöchige Streik im öffentlichen Dienst vom Frühjahr 2006 verursacht hatte, noch gar nicht erfasst.

Die finanzielle Misere ist nicht nur gewerkschaftstypischer Misswirtschaft, sondern auch der deutschen Wiedervereinigung geschuldet. Nach der Wende strömten den Gewerkschaften Millionen neuer Mitglieder zu, und im Überschwang ihres Erfolgs gingen die Funktionäre in die Vollen. Im Osten wurde eine kostspielige Infrastruktur aufgebaut, der Personalbestand kräftig aufgestockt. Doch der Zustrom versiegte bald, und mit dem Zusammenbruch der DDR-Wirtschaft hagelte es plötzlich massenhaft Austritte. Bis zum Jahr 2009 dürfte der Fehlbetrag in der Ver.di-Bilanz auf 190 Millionen Euro angeschwollen sein.

Angesichts der klammen Kassen knausert der Vorstand bei den Gehältern der an mehrere Nullrunden gewöhnten Ver.di-Angestellten. In sogenannten Betriebsvereinbarungen werden Gehälter und Arbeitsbedingungen zwischen Vorstand und Betriebsrat festgelegt – doch dies ist ein ungleicher Kampf. Betriebsräte dürfen nicht streiken, Gewerkschaften schon. Kommt es zu keiner Einigung, wird eine Art Schiedsgericht angerufen. Auch hier haben die Beschäftigten schlechte Karten, denn der Vorsitzende der Kommission steht der Gewerkschaft nahe.

Zwangsdarlehen abgepresst

Was der DGB bei anderen Unternehmen mit Kampfmaßnahmen beantworten würde, nimmt er für sich und seine acht Einzelgewerkschaften ganz selbstverständlich in Anspruch: Entmachtung der Betriebsräte, Einschränkung des Streikrechts, Verweigerung von Tarifgesprächen.

Unzufriedene Mitarbeiter gründeten 1994 den Verband der Gewerkschaftsbeschäftigten (VGB), um ihre Interessen gegenüber dem Arbeitgeber besser durchsetzen zu können. Obwohl der Verband über 500 Mitglieder gewinnen konnte, wird er von den Gewerkschaftsbossen geschnitten. Bis heute missachtet der DGB-Vorstand sogar ein Urteil des Bundesarbeitsgerichts von 1998, in dem dem VGB ein Anrecht auf gewerkschaftliche Organisation bescheinigt wird.

VGB-Funktionäre wie der frühere Vorsitzende Helmut Wagner und sein Nachfolger Martin Lesch fühlen sich schnöde behandelt. Wagner, ehemaliger Rechtssekretär bei der DGB Rechtsschutz GmbH, wurde zuerst auf Teilzeit gesetzt, dann verlegte man seinen Arbeitsort von Altötting ins entfernte Rosenheim. Nach einem durch Vergleich beendeten Arbeitsgerichtsverfahren schied er verbittert aus. Sein Nachfolger an der Spitze des VGB bekam seit zwei Jahren keine Gehaltserhöhung mehr.

Die Not war bei Ver.di so groß, dass die Gewerkschaft ihren Mitarbeitern ein Zwangsdarlehen abpresste. Auf Vorschlag des

Gesamtbetriebsrats behielt sie im Jahr 2004 fünf Monate lang von jeder Gehaltszahlung fünf Prozent ein. Frühestens im Jahr 2008 sollte das Geld zurückgezahlt werden. Erst als zahlreiche Ver.dianer vor Gericht zogen und einen Pressewirbel veranstalteten, rückte der um sein Image besorgte Vorstand die Kohle wieder heraus. Inzwischen geht die klamme Gewerkschaft auch den Alten ans Portemonnaie: Um bis zu 500 Euro im Monat kürzte sie ihren Mitarbeitern die in der Vergangenheit erworbenen Rentenansprüche, neu eingestellte bekommen gar keine Betriebsrente mehr. Auch beim DGB ist strikter Sparkurs angesagt. Mitarbeiter des DGB-Bildungswerks müssen damit rechnen, dass ihnen die Gehälter bis 2010 sukzessive um bis zu 18 Prozent gekürzt werden. Eine solche Personalpolitik nach Gutsherrenart beschäftigt immer mal wieder die Arbeitsgerichte. So klagte der Diplompolitologe Jan Altmann-Schevitz in Hamburg, weil er sich von Ver.di ausgebeutet fühlte: Für 2000 Euro brutto im Monat durfte das langjährige Gewerkschaftsmitglied 60 Stunden die Woche schuften. Als er den ausstehenden Arbeitsvertrag einforderte, der eine wöchentliche Arbeitszeit von 40 Stunden vorsah, warf ihm sein Chef »Teilzeitmentalität« vor. Kaum hatte Altman-Schevitz den Betriebsrat informiert, erhielt er die Kündigung: »Der Fall enthüllt exemplarisch die Doppelzüngigkeit der Gewerkschaften«, empörte sich das *Manager Magazin*.

Als Unternehmer gescheitert, als Arbeitgeber von zweifelhaftem Ruf, als Interessenvertreter auf dem Rückzug – schlimmer kann es für die Gewerkschaften eigentlich kaum noch kommen. Die einst mächtige Arbeitnehmerorganisation, die der Republik 50 Jahre lang den Stempel aufdrückte, ist nur noch ein Schatten ihrer selbst. Bis heute hat sie weder den Konkurs des Sozialismus noch die Öffnung der Märkte in Osteuropa und Asien verkraftet.

Brüder des Kapitals

Seit dem Zusammenbruch des Sowjetreichs ringen die westeuropäischen Gewerkschaften um ein neues Selbstverständnis. Doch nirgendwo ist ein Ersatz für den brüchig gewordenen Kitt des sozialistischen Gedankenguts in Sicht. Die herrschende Funktionärskaste – Männer und Frauen jenseits der 50 – hegt und pflegt die Tradition. Mit Trillerpfeifen und roten Fahnen proben die Plebejer den Aufstand, als säßen sie nicht längst in den Aufsichtsräten. Auf ihren Tagungen reden sie sich mit »Genosse« und »Genossin« an, als hätten sie nicht längst Chauffeure mit Dienstwagen der Oberklasse. Und am Ende singen sie mit Inbrunst »Brüder, zur Sonne, zur Freiheit…«, als wären sie nicht längst Brüder des Kapitals.

Anders als etwa die Workers' Unions in den USA, wollten sich die deutschen Gewerkschaften nie als reine Zweckbündnisse zur Durchsetzung ihrer Forderungen verstehen; stets umwehte sie der Geist von Marx und Engels. Und noch heute, wenn ihre Funktionäre wieder einmal »mehr soziale Gerechtigkeit« einfordern und die Folgen »eines entfesselten Raubtierkapitalismus« beklagen, dann tun sie das auf dem Fundament eines ideologisch gefestigten Weltbilds.

Zu diesem Weltbild gehört die Vorstellung, »die da oben« müssten von »uns da unten« notfalls mit Gewalt zur Raison gebracht werden. »Da oben« sitzt selbstverständlich immer »das Kapital«, »dort unten« malochen die geknechteten Werktätigen.

Dass die größten Brocken des Kapitals mittlerweile aus den Altersruhegeldern von Millionen Werktätigen bestehen, blenden die Funktionäre ebenso gerne aus wie die Tatsache, dass es »die« Werktätigen längst nicht mehr gibt. Die vielschichtige Berufswelt der Gegenwart hat wenig mit dem Industriezeitalter gemein, in dem die Gewerkschaften eine nützliche Rolle spielten und aus der sie noch heute ihre Legitimation ableiten. Ein schlüssiges Konzept für die moderne Wissensgesellschaft aber blieben sie bisher schuldig.

Bürgernahes Kontrastprogramm

Mit den Sachwaltern des Proletariats wollten sich die Angestellten nie gemein machen. Ihre Rolle war die des Mittlers zwischen den Klassen. Kraft ihrer Ausbildung, ihres Wissens und Könnens wähnten sie sich dem Direktorium näher als dem Maschinensaal; in ihrem Lebensstil kopierten sie das Bürgertum und hielten Distanz zu den »Werktätigen«, obwohl sie, objektiv betrachtet, dazugehörten. Ihre stille Sehnsucht, so zu leben wie die ob ihrer Macht und ihres Besitzes bewunderten Kapitalisten, hinderte sie daran, ihre Forderungen mit dem gleichen Nachdruck zu vertreten, wie dies die Arbeiterführer ohne Skrupel taten.

So gründeten sie frühzeitig ihre eigene Gewerkschaft, die freilich nie die Bedeutung und die Macht der Arbeitervertretungen erlangte. Deutschlands Angestellte wollten keinen Umsturz und keinen Kampf der Klassen, sondern lediglich »dazugehören«. Ihr Organisationsgrad blieb stets geringer als etwa jener der Metallarbeiter, und sie verteilten sich je nach Branchenzugehörigkeit auf verschiedene Einzelgewerkschaften.

In der ÖTV (Öffentliche Dienste, Transport und Verkehr) gaben die Angestellten des Bundes, der Länder und der Kommunen den Ton an, in der HBV (Handel, Banken und Versicherungen) versammelten sich Einzelhandels-, Bank- und Versicherungsangestellte, in der NGG (Nahrung, Genuss, Gaststätten) hauptsächlich Verkäuferinnen und Bedienungen. Alle diese Gewerkschaften gehörten dem DGB an und profitierten deshalb von der Schlagkraft seiner Speerspitzen, zu denen neben der IG Metall auch die ÖTV mit ihren zuletzt 1,5 Millionen Mitgliedern zählte.

Einen eigenen Weg schlug die Deutsche Angestellten-Gewerkschaft (DAG) ein, die 1949 in Stuttgart-Bad Cannstatt mit anfangs 215 000 Mitgliedern gegründet wurde. Mit einem bürgernahen Kontrastprogramm zum linkslastigen DGB wollte sich die DAG als Sammelbecken der Büroberufe präsentieren, und anfangs gelang ihr das auch ganz gut. Immerhin schaffte sie es, für ihre Klientel eine von den Arbeitern unabhängige Sozialversicherung durchzusetzen, die Bundesversicherungsanstalt für Angestellte. Mit der Deutschen Angestellten-Akademie (DAA) stellte sie eines der bedeutendsten Berufsfortbildungswerke der Nachkriegszeit auf die Beine.

Doch nie erreichte die DAG die Schlagkraft der Arbeiterbewegung, und in der Entwicklung der Gehälter blieben die Büromenschen häufig hinter den Metallertarifen zurück. Neiderfüllt mussten DAG-Mitglieder mit ansehen, wie die ungleich mächtigere ÖTV in den 1970er-Jahren die Nation in Sippenhaft nahm und zweistellige Gehaltserhöhungen durchdrückte. Von da an verlor die DAG, die zeitweilig rund 500 000 Mitglieder zählte, ständig an Einfluss, bis sie schließlich im Jahr 2001 in der DGB-Gewerkschaft Ver.di aufging. Schluss war es nun mit dem Sonderweg; für Deutschlands Angestellte sprach ab sofort Ver.di-Vorsteher Frank Bsirske, und was er zu sagen hatte, jagte manch bravem Bürger Gänsehautschauer über den Rücken.

Rezepte und Rhetorik der Gewerkschaftsbosse entstammen einer verblichenen Epoche. Statt offensiv die Schwachstellen von Wirtschaft und Gesellschaft bloßzulegen und vernünftige Konzepte zu deren Weiterentwicklung vorzulegen, beschränkten sie sich darauf, den Status quo zu verteidigen. Ob es um den Flächentarifvertrag ging oder um die 35-Stunden-Woche, um die »Pinkelpause« bei Daimler oder um die 18 Minuten im öffentlichen Dienst – sie bissen sich fest im Stellungskrieg um Privilegien und versäumten es, ihren Mitgliedern Perspektiven für eine ungewisse Zukunft zu vermitteln.

Allerdings sind sie um ihre Aufgabe auch nicht zu beneiden: Je tiefer die Angst vor dem sozialen Abstieg sich in die Köpfe der Beschäftigten eingräbt, desto schwieriger wird es für die Gewerkschaftsführer, ihren Laden zusammenzuhalten. Das Spektrum der Meinungen, Stimmungen und Vorurteile, die sich unter dem Dach des DGB versammeln, ist breiter denn je. Spätmarxisten sehnen sich nach einer »alternativen« Gesellschaft, in der es allen besser, aber keinesfalls unterschiedlich gut gehen soll. Betriebswirtschaftlich gebildete Pragmatiker möchten aus dem DGB eine Art Unternehmensberatung für die Deutschland AG machen – eine Idee, die einiges für sich hat. Die meisten Funktionäre aber denken wie ihre Mitglieder hauptsächlich an die eigene Karriere.

Rückwärts gepolte Protestmaschine

Die Dogmatischste unter den deutschen Gewerkschaften ist nach wie vor die IG Metall, wo Klassenkämpfer alten Schlages die Richtung bestimmen und Sozialutopisten von einer anderen Gesellschaft träumen. Ihr Gegenpart ist die pragmatische IG Chemie, die geräuschloser operiert, aber oft bessere Ergebnisse erzielt. Als schwierigster Fall gilt das Ver.di-Konglomerat, in dem sich 13 Fachbereiche versammeln – von der Abfallwirtschaft über Banken, Bildung und Medien bis hin zu Post, Telekommunikation und Verkehr. Mit Kraftsprüchen und allgemeinverbindlicher Protestrhetorik versucht Frank Bsirske, die unterschiedlichen Interessen seiner Klientel auf einen Nenner zu bringen. Ob es um die Frauenquote geht oder um das ökologische Bewusstsein, ums Erziehungsgeld oder die Pendlerpauschale – eine donnernde Protestparole zu rechten Zeit stellt für gewöhnlich den gewerkschaftlichen Frieden her.

Mehr als, bestenfalls, ein paar Prozent mehr Gehalt bei der nächsten Tarifrunde haben Deutschlands Angestellte von solchen Anführern nicht zu erwarten. Antworten auf existenzielle Fragen vor allem der jüngeren Generation bleiben die Gewerkschaften bis heute schuldig. Die Segmentierung des Arbeitsmarkts, die Aufspaltung der Gesellschaft in eine Minderheit von qualifizierten Gewinnern und eine Mehrheit von Verlierern, das Verlangen der Wirtschaft nach mehr Flexibilisierung, die Zukunft der Angestelltenberufe – all das sind Themen, die von den Gewerkschaften, wenn überhaupt, nur restriktiv behandelt werden. Stets ist von drohenden Gefahren die Rede, von Einschnitten in soziale Besitzstände, von Angriffen des »Kapitals« auf hart erkämpfte Rechte – nie von den Chancen, die die globale Wirtschaft bietet, und von den Anstrengungen, die es erfordert, diese Chancen zu nutzen. Aus dem einstigen Bildungswerk der Angestellten ist eine rückwärts gepolte Protestmaschine geworden.

Dabei weiß keine Organisation in Deutschland über die realen Verhältnisse in den Unternehmen so gut Bescheid wie der DGB. Dessen Vertreter sitzen in ungezählten Aufsichtsräten; über die Betriebsräte erfährt er alles, was er wissen will. Leider sind seine Funktionäre an diesem Wissen kaum interessiert. Was nicht in ihr Weltbild passt, wird ignoriert. Mit markigen Sprüchen kann man sich profilieren, mit vernünftigen Ideen macht man sich verdächtig. Wie manchen Politikern geht es den Gewerkschaftsbossen nicht um die Lösung von Problemen, sondern um ihre Versorgung.

Würden sie sich einbinden lassen in die Lösung betrieblicher oder struktureller Probleme der Wirtschaft, so die Befürchtung vieler Funktionäre, verlören sie ihre Rolle als Gegenpol des Managements und könnten womöglich gar für Fehlentwicklungen haftbar gemacht werden. Unfähige Unternehmer und taktlose Manager garantieren ihre Zukunft. Solange die Beschäftigten unzufrieden sind, geht es den Gewerkschaften gut.

In dieses Bild passt das Jahr für Jahr sich wiederholende Ritual der Tarifverhandlungen: Obwohl spätestens nach Vorlage der letzten Bilanz der Verteilungsspielraum der Unternehmen feststeht und man sich hinter verschlossenen Türen leicht auf die entsprechenden Prozentzahlen einigen könnte, brauchen die um ihre Wiederwahl bangenden Funktionäre den großen Zirkusauftritt. Also brüstet man sich, droht dem Gegner fürchterliche Prügel an – und einigt sich, natürlich erst nach stundenlangen Nachtsitzungen, auf ein Ergebnis, das jeder Grundschüler schon am Jahresanfang hätte ausrechnen können.

Hoffen auf die Billiglöhner

Hoffnung für die vom Erfolg verwöhnten und vom sozialen Abstieg bedrohten deutschen Arbeitnehmer kommt heutzutage nicht mehr aus der DGB-Zentrale, sondern aus dem Osten: Je schneller die Billiglöhner zwischen Warschau, Prag und Bukarest ihre Gehälter steigern können, desto eher lässt der Druck aufs deutsche Wohlstandsniveau nach. »Gleichen Lohn für gleiche Arbeit« fordern nämlich nicht nur die deutschen Gewerkschaften, sondern inzwischen auch die zum VW-Konzern zählenden 28 000 Angestellten der Škoda-Werke im tschechischen Mladá Boleslav (deutsch: Jungbunzlau).

Sie wollen so viel verdienen wie ihre Kollegen in Wolfsburg, und die Chancen, dass sie das auch irgendwann schaffen, stehen nicht schlecht: Im April 2007 trotzten sie mit der Drohung, per Streik den Produktionsverbund des Mutterkonzerns lahmzulegen, der Geschäftsleitung Gehaltserhöhungen von 17 Prozent ab. Inzwischen verdient ein Škoda-Arbeiter mit etwa 750 Euro im Monat zwar noch immer nur etwa ein Viertel des Gehalts eines VW-Werkers, doch das Erhöhungstempo liegt in Osteuropa drei- bis fünfmal so hoch wie im Westen.

Ähnlich ist die Lage in Asien. Inder und Chinesen, die in den Boomzentren ihrer Länder arbeiten, konnten in den letzten Jahren zweistellige Zuwächse erzielen; in Shanghai und Bangalore gar verdoppelten sich manche Gehälter binnen Jahresfrist. Allerdings sind die Unterschiede zwischen gesuchten Spezialisten und einfachen Arbeitern gewaltig und das erreichte Einkommensniveau noch weit entfernt vom deutschen Angestelltenparadies.

Heribert Fieber hält nichts von derlei Ideen. Keine Handbreit Boden will der listige Gewerkschaftsstratege freiwillig preisgeben. Die Gewerkschaft sollte sich jedoch, meint er beim zweiten Cappuccino in den Münchner Asamhöfen, besser um die Opfer der Globalisierung kümmern. So, wie er sich selbst bei Siemens der entlassenen Kollegen annahm. Wehmut glänzt in seinen Augen. Die Schlacht bei Siemens hat er verloren, bei SAP wird es wohl zu gar keiner mehr kommen. Es ist Zeit aufzubrechen.

7 | Der unaufhaltsame Aufstieg

Man nannte sie Kramerjungfer oder Kramerknecht, und ihre Privilegien waren überschaubar: Die Angestellten in den mittelalterlichen Handelsgesellschaften der Fugger, Welser oder Hirschvogel hatten viele Pflichten und wenige Rechte. Wenn sie nicht mit spitzem Federkiel Menge und Wert der eingehenden Stoffballen, Gewürze oder Metalle zu notieren hatten, mussten sie die Lagerräume sauber halten oder fürs Wohl der Fuhrknechte sorgen. An sechs Tagen die Woche wurde gearbeitet, oft zehn bis zwölf Stunden täglich. Der Lohn war karg, dafür gab es Kost und Logis gratis. In den engen Gesindekammern wohnten Knechte und Mägde gemeinsam unterm Dach des Patrons. Wer aufmuckte, flog raus und hatte drakonische Strafen zu fürchten. Kündigungsschutz war ein unbekanntes Wort.

Nur wenigen gelang ein Aufstieg wie dem Augsburger Matthäus Schwarz, Sohn eines Weinhändlers, der im Herbst 1516 von der Firma Jakob Fugger und Gebrüder Söhne als einfacher Buchhalter zur Probe eingestellt wurde. Das bedeutendste Unternehmen der damaligen Zeit betrieb Bankgeschäfte ebenso wie Bergbau und handelte mit allem, was Gewinn versprach. Das Netz seiner Faktoreien und Niederlassungen reichte von Almadén in Südspanien bis Nowgorod in Russland, von Neapel bis London. Wer in der Zentrale am Augsburger Weinmarkt arbeiten durfte, der zählte zur Elite im mittelalterlichen Business.

Von der Goldenen Schreibstube aus regierte Jakob Fugger seinen Weltkonzern mit strenger Hand, und der junge Matthäus Schwarz wurde bald sein Assistent. Schon damals zeigte sich, worauf es bei einer Angestelltenkarriere ankam. Wie viele spätere Firmenchefs legte Jakob, genannt der Reiche, auf Herkunft und äußere Erscheinung seiner engeren Mitarbeiter genauso Wert wie auf unermüdlichen Fleiß, einen schnellen Verstand, erstklassige Fachkenntnisse und internationale Erfahrung. Am wichtigsten aber war ihm deren unbedingte Loyalität. Matthäus Schwarz entsprach den Anforderungen in allen Belangen. Seine Familie war bekannt in Augsburg – einer seiner Großonkel bekleidete sogar das Bürgermeisteramt –, er sah gut aus, verfügte über angenehme Manieren und kleidete sich überaus elegant. Seine Fachkenntnisse hatte er in Venedig, dem damaligen Welthandelszentrum, so vervollkommnet, dass er sich den Augsburger Kollegen überlegen dünkte. An der Seite des reichsten Mannes der Welt wurde er allerdings eines Besseren belehrt. Mit gespielter Bescheidenheit notierte er in sein Tagebuch, dass er nur »ein wenig mehr konnte als gar nichts. Das verdross mich im Herzen, und [ich] schämte mich vor mir selbst, dass ich dem Buchhalten all so weit nachgezogen und hätte es besser in Augsburg gelernt«.

Tatsächlich entwickelte sich Matthäus Schwarz zum ersten Großmeister des betriebswirtschaftlichen Rechnungswesens in Deutschland. Nach dreimonatiger Probezeit stellte ihn Jakob Fugger fest ein und gab ihm den Titel »Hauptbuchhalter«. Mehr durfte er nicht erwarten; die Beteiligung abhängig Beschäftigter am Stammkapital war im Frühkapitalismus nicht vorgesehen. Dennoch konnte er zufrieden sein. Aus dem Hauptbuchhalter wurde im Lauf der Jahre so etwas wie der Generalmanager des Fuggerkonzerns. Keiner unter den vielen Tausend Angestellten der Firma war so gut über die Geschäfte im Bilde wie der »Kleidernarr«, der später mit seiner »Musterbuchhaltung« nicht nur ein betriebswirtschaftliches Standardwerk, sondern auch noch ein viel beachtetes Kostümbuch herausgab.

Seinen Mitarbeitern im Augsburger Kontor erläuterte er hin und wieder die Hohe Schule von Soll und Haben: »Das Buchhalten ist eine wirkliche, kurzweilige und schön erdachte Kunst.«

Nach dem Tod des Prinzipals im Jahr 1525 nahm seine Bedeutung weiter zu, denn Jakobs Nachfolger Antoni Fugger war jung, unerfahren und auf den Rat des Hauptbuchhalters angewiesen.

Karrieren wie diese gehören zum Kanon der Angestellten-
legenden, und das Prinzip »Aufstieg« prägt die Kaste bis heute.
Allerdings war es ein langer und mühsamer Weg, der aus dem
Halbdunkel der mittelalterlichen Kontore in die lichten Höhen
des modernen Wohlfahrtsstaates führte. Der Dreißigjährige
Krieg beendete die erste Blüte der europäischen Privatunterneh-
men, und in den folgenden Jahrhunderten des Absolutismus gab
es für die Bediensteten in der privaten Wirtschaft nicht allzu viel
zu tun.

Mit »Privatbeamten« fing es an

Die Fürstenhäuser beanspruchten die Früchte der Unternehmen für sich, die Kleinstaaterei behinderte den Handel mit Gütern aller Art. Die Unterschicht bestand aus Tagelöhnern, Mäg-
den, Bauern, Soldaten und Handwerksburschen, die städtische
Mittelschicht aus Händlern, Handwerkern und wenigen Bil-
dungsbürgern, die Oberschicht aus adeligen Grundbesitzern, Of-
fizieren und Höflingen. Dazwischen machte sich, besonders im
Königreich Preußen, eine wachsende Zahl von Beamten breit,
die den künftigen deutschen Staat zu verwalten hatten.

Die Kaste der Bürokraten zeichnete sich durch Ehrgeiz, Bildung und Fleiß ebenso aus wie durch ihre sprichwörtliche Kor-
rektheit – Tugenden, wie sie sich die Gründer der ersten Industrieunternehmen im 19. Jahrhundert auch von ihren Angestellten
erwarteten. Solange die Betriebe eines Werner von Siemens,
August Borsig oder Alfred Krupp klein und überschaubar waren, genügten zu ihrer Verwaltung wenige Werkstattleiter, Buchhalter, Schreiber und Boten. Nicht zuletzt durch staatliche Aufträge wuchsen sie bald zu stattlichen Großunternehmen heran,
und zwischen den Arbeitern und den Chefs machten sich die
»Privatbeamten« breit.

Obwohl die Angestellten heute die größte Gruppe der Arbeitnehmer bilden – 1987 übertraf ihre Zahl erstmals jene der Arbei-

ter – ist der Begriff »Angestellter« ebenso unbestimmt wie seine Herkunft. Als »angestellt« gilt heutzutage jeder, der seine Arbeitskraft an einen Arbeitgeber verkauft und dafür ein monatlich ausbezahltes Gehalt bezieht. Er oder sie kann in einem Büro arbeiten oder in der Produktion, kann Telefonistin sein oder Werkmeister, Auszubildender oder Vorstandsvorsitzender – alle sind sie Angestellte.

Dem Zeitgeist entsprechend haben die Unternehmen den Unterschied zwischen Arbeitern und Angestellten aufgehoben. Schon aus wirtschaftlichen Gründen bekommen die Arbeiter ihren Lohn am Monatsende ebenso aufs Konto überwiesen wie die Büroleute. Eine Trennungslinie verläuft noch zwischen »gewöhnlichen« und »leitenden« Angestellten. Gewöhnliche Angestellte stehen unter dem Schutz des Betriebsverfassungsgesetzes, das ihnen zahlreiche Rechte einräumt. Die wichtigsten sind der Schutz vor willkürlicher Kündigung, das Recht auf Bezahlung nach Tarif, die Lohnfortzahlung im Krankheitsfall, eine gesetzliche und betriebliche Altersversorgung sowie, über den Betriebsrat, ein Mitspracherecht bei Entscheidungen über wichtige betriebliche Belange.

Leitende Angestellte genießen diesen Schutz nicht. Wer andere Mitarbeiter einstellen oder entlassen und über Teile des Betriebskapitals disponieren darf, muss seine Interessen gegenüber dem Arbeitgeber selbst vertreten. Dies ist den leitenden Angestellten in der Vergangenheit recht gut gelungen, denn ihre Gehälter – vornehm spricht man hier von Bezügen – entwickelten sich seit Jahren besser als die zwischen Arbeitgeberverbänden und Gewerkschaften ausgehandelten Tarife.

Zu Beginn der Industrialisierung in Deutschland war der Begriff »Angestellter« fast genauso unbekannt wie jener des »Managers«. Die Gründer und Inhaber der Unternehmen leiteten die Geschäfte, in den Fabrikhallen – die anfangs eher Werkstätten glichen – malochten die Arbeiter, in den Büros die Schreiber, Buchhalter und Boten. Erst nach und nach etablierte sich zwischen Prinzipal und Arbeiterschaft eine wachsende Schicht besser ausgebildeter Angestellter, die anfangs »Privatbeamte«

hießen. Gut illustrieren lässt sich dies am Beispiel der am 12. Oktober 1847 in Berlin gegründeten Telegraphen-Bauanstalt Siemens & Halske.

Das Drei-Klassen-System eingeführt

Die Keimzelle des heutigen Siemens-Konzerns war anfangs nicht mehr als eine etwa 150 Quadratmeter große Werkstatt in einem heruntergekommenen Hinterhofgebäude der Schöneberger Straße 19, unweit des Anhalter Bahnhofs gelegen. Im darunterliegenden Erdgeschoss bezog der eine Firmenchef – der Artillerieoffizier Werner von Siemens – mit seiner Familie Quartier, im Stockwerk darüber richtete sich der andere – der Uhrmachermeister und Maschinenbauer Johann Georg Halske – häuslich ein. Zehn Arbeiter werkelten an allerlei Apparaten, die der genialische Tüftler Siemens ersonnen hatte – darunter eine Presse, mit der man Kupferkabel nahtlos mit einem Isoliermantel aus Guttapercha umhüllen konnte.

Obwohl das erwartete Geschäft mit den Zeigertelegraphen und der Verlegung der entsprechenden Leitungen nur langsam in Gang kam, beschäftigte die junge Firma dank immer neuer Siemens-Erfindungen nach drei Jahren bereits 50 Leute. Weil die Werkstatt zu eng geworden war, zog sie im Sommer 1851 in ein größeres Haus in der Markgrafenstraße 94 um. Aus der Manufaktur wurde allmählich ein Industriebetrieb, in dem man so ziemlich alles herstellte, was das stürmisch wachsende Gebiet der Elektrotechnik erforderte.

Erst als Siemens seine eigene Telegrafenentwicklung zugunsten des Apparates seines amerikanischen Konkurrenten Samuel Morse aufgab, kam er ins Geschäft mit den Fernverbindungen. Ein Großauftrag des russischen Zaren, der eine Telegrafenleitung zwischen seinem Regierungssitz Sankt Petersburg und der Schwarzmeerhalbinsel Krim wünschte, beschleunigte das Wachstum der jungen Firma. Wenig später folgte ein noch bedeutenderer Auftrag: Siemens & Halske sollten eine 11 000

Kilometer lange Leitung zwischen London und der indischen Hafenstadt Kalkutta legen.

Im Jahr 1872 beschäftigte der Betrieb bereits 580 Leute, und auf jeweils zehn Arbeiter kam ein »Beamter«. Der ehemalige Offizier Siemens nahm die Staatsbediensteten als Vorbild für seine Angestellten und übertrug das hierarchische System des Militärs auf die Firma. An die Spitze der Bediensteten stellte er seinen Schulkameraden und Offizierskollegen Wilhelm Meyer, der als Oberingenieur die Tagesgeschäfte führte. Ihm unterstellt waren der Buchhalter Haase und der Werkstattleiter Weiß, die wiederum die Materialverwalter, Werkstattschreiber, Zeichner, Kassierer, Registratoren, Boten und mehrere Meister beaufsichtigten. Das Drei-Klassen-System setzte sich in der Werkstatt fort, wo zwischen Hilfsarbeitern, Facharbeitern und stellvertretenden Meistern (Vorarbeitern) unterschieden wurde.

Der Bruch, der die Werktätigen in Deutschland schärfer voneinander trennte als in den meisten anderen Industriestaaten, zeichnete sich schon damals ab. Die Angestellten, die bei Siemens noch bis in die 1960er-Jahre des vergangenen Jahrhunderts Beamte hießen, arbeiteten mit täglich 7,5 Stunden anderthalb Stunden weniger als die Arbeiter, erhielten anstelle des wöchentlichen Lohns ein monatlich ausbezahltes Gehalt und manche von ihnen obendrein noch eine Gewinnbeteiligung. Bereits im Jahr 1874, als Arbeiter noch täglich entlassen werden konnten, hatten sie Anspruch auf individuell geregelte Kündigungsfristen und durften 14 Tage Jahresurlaub nehmen. Arbeiter hingegen kamen erst 35 Jahre später in den Genuss eines einwöchigen, nur teilweise bezahlten Jahresurlaubs.

Während ein Facharbeiter im Jahr etwa 300 Taler verdiente, kam ein Werkstattschreiber auf 425, ein Kassierer auf 600 Taler. Buchhalter Haase bezog ein Grundgehalt von 700 und obendrein eine Tantieme von 1577 Talern. Das Fixum des Prokuristen Meyer betrug 2000 Taler, dazu erhielt er eine Prämie von weiteren 3151 Talern. Insgesamt verdiente er so viel wie 17 Arbeiter. Siemenschef Klaus Kleinfeld hingegen kassierte mit 4,5 Millionen Euro die Jahresbezüge von 100 Angestellten.

»Diese ewigen Betrügereien ...«

Werner von Siemens und sein Kompagnon erkannten bereits
vor 150 Jahren die Notwendigkeit, ihre besten Mitarbeiter am
Ertrag der Firma teilhaben zu lassen, während heute, nach einer
Studie des Wirtschafts- und Sozialwissenschaftlichen Instituts
(WSI) der Hans-Böckler-Stiftung, nur etwa acht Prozent der deutschen Unternehmen erfolgsabhängige Prämien an die Angestellten zahlen.

Bei Siemens & Halske verdienten die Beamten nicht nur mehr
als die Arbeiter, ihre Bezüge wuchsen auch kontinuierlich mit
der Dauer der Betriebszugehörigkeit. Während also ein Beamter am Ende seines Berufslebens das höchste Einkommen hatte,
ging es bei den Arbeitern ab dem 40. Lebensjahr finanziell bergab.
Von den pauschalen Wochenlöhnen der Anfangsjahre war die
Firma nämlich bald abgerückt: Mit zunehmender Größe der Belegschaft ging man erst auf Tages-, dann auf Stundenlöhne über
und zahlte schließlich nach Akkord.

Dies begünstigte die jungen, leistungsfähigen Arbeiter und
benachteiligte die älteren, etwas langsameren Kollegen. Für die
Firma aber hatte der Akkordlohn zwei Vorteile: Erstens musste
nur die tatsächlich geleistete Arbeit bezahlt werden, zweitens
nahm das Arbeitstempo zu. Da es keine Beschäftigungsgarantie
und keine Kündigungsfristen gab, konnte man die Kopfstärke der
Belegschaft rasch der Auftragslage anpassen – ein Grad an Flexibilität, den die Unternehmen heute gerne wieder hätten. Gearbeitet wurde von 6.00 bis 12.00 Uhr sowie, nach einer einstündigen
Pause, von 13.00 bis 18.00 Uhr, also neun Stunden am Tag.

Die nahe liegende Frage, weshalb der scharf kalkulierende Unternehmer Siemens seinen Beamten eine überdurchschnittliche
Fürsorge angedeihen ließ, erklärt sich am ehesten aus seiner
Herkunft. Ähnlich wie der preußische Staat wollte sich der ehemalige Offizier die Loyalität seiner Beamten durch deren pfleg-
liche Behandlung erkaufen. »Die Beamten bleiben bei uns, weil
sie aus Erfahrung wissen, dass wir niemand entlassen, wenn er

nichts verschuldet hat, selbst wenn wir nichts für ihn zu tun haben«, schrieb er am 14. Mai 1858 an seinen Bruder Wilhelm.

Da er nach eigenem Eingeständnis vom Rechnungswesen nicht viel verstand, war er beim Einkauf des fehlenden Sachverstands großzügiger als bei Arbeitern und Technikern, deren Leistungen er sehr genau zu beurteilen wusste. Frühzeitig zahlte er den Beamten Zuschüsse zu Krankheits- und Kurkosten, legte aber stets Wert darauf, dass die Zusatzleistungen freiwillig gewährt wurden und die Empfänger keinen Rechtsanspruch darauf hatten. Kaufmännisches und technisches Führungspersonal war Mitte des 19. Jahrhunderts knapp in Deutschland. Die noch nicht geeinte Nation befand sich im Aufbruch. Mit dem Zollverein kam der Handel in Schwung; Erfindungen wie der Gussstahl, die Dampfmaschine, die Eisenbahn und der Dynamo ließen die Industrie erglühen. Es gab jedoch noch keine Lehranstalten, in denen Ingenieure und Kaufleute in hinreichender Zahl ausgebildet werden konnten. Die ersten Lehrstühle für Elektrotechnik entstanden 1876 am Polytechnikum Dresden und 1882 an den Technischen Hochschulen von Berlin und Stuttgart. Die erste Handelshochschule wurde 1895 in Leipzig eingerichtet. Werner von Siemens sah denn auch »im Beamtenpersonal die Achillesferse« für das weitere Wachstum seines Unternehmens.

Nachdem Johann Georg Halske, dem die finanziellen Abenteuer seines Kompagnons öfters den Schlaf raubten, 1867 aus der gemeinsamen Firma ausgeschieden war, sah sich der jetzige Alleininhaber mehr denn je auf seine Beamten angewiesen. Und da er sich häufig auf Reisen befand, um Aufträge einzuholen oder mit Kollegen technische Ideen zu diskutieren, kam er ihnen manchmal ein wenig spät auf die Schliche. Bereits in den Aufbaujahren plagte die Firma Siemens nämlich ein Problem, an dem sie bis heute leidet: »Diese ewigen Betrügereien sind doch gräulich und müssen uns sehr vorsichtig machen«, schrieb Werner von Siemens am 4. November 1863 an seinen Bruder Carl.

174

Erfindungen gehören der Firma

Ungetreue Beamte, die sich an der Firma bereicherten, machten ihm ebenso zu schaffen wie solche, die sich für wertvoller hielten, als es ihrem Gehalt entsprach. Ständigen Ärger gab es zum Beispiel mit einem jungen Mann, der sich 1867 erst als Zeichner bewarb und dann, nachdem man ihn wegen mangelnder Erfahrung abgelehnt hatte, als einfacher Arbeiter in der Werkstatt anfing. Dieser Friedrich Franz Heinrich Philipp von Hefner-Alteneck entpuppte sich schon bald als ein Techniker der Sonderklasse. Im Blitztempo fand er Lösungen für die tausenderlei Probleme der London-Kalkutta-Leitung, und nebenbei machte er mit einem neuartigen Glockensignalwerk und dem ersten Lokomotiventachometer den Eisenbahnbetrieb sicherer. Fünf Jahre nach seinem Eintritt in die Firma wurde er im Alter von erst 27 Jahren Assistent des Oberingenieurs Carl Fischer und wenig später Chefkonstrukteur.

Dieser zweitbeste Techniker des Hauses Siemens nach dem Firmeneigner selbst mochte nicht einsehen, weshalb seine eigenen Erfindungen allein mit seinem Gehalt abgegolten werden sollten, während der Firmenchef Millionen daran verdiente. Der Dosenschreiber, der Buchstaben in Morsezeichen verwandelte, oder der noch heute gebräuchliche Trommelanker für Elektromotoren und Generatoren waren tatsächlich äußerst wertvolle Ideen, doch Werner von Siemens, der das Reichspatentgesetz vom 4. Juli 1877 wesentlich beeinflusst hatte, beharrte darauf, dass alle Mitarbeitern ihre gesamte Leistungskraft in den Dienst der Firma zu stellen hatten, einschließlich originärer Erfindungen. Nach Auffassung des Chefs war also allein die Firma berechtigt, Ideen ihrer Mitarbeiter zum Patent anzumelden. Den eigentlichen Erfinder gedachte sie »auf eine ihr passende Weise« zu entschädigen.

Der Konflikt eskalierte, als Hefner-Alteneck drohte, sich selbstständig zu machen. Werner von Siemens begegnete ihm mit einer Doppelstrategie. Einerseits kündigte er ihm härteste Konkurrenz an, falls er den Schritt in die Selbstständigkeit wagen sollte, andererseits lockte er ihn mit einer Tantieme von drei Prozent aus den Gewinnen der Werke in Berlin-Charlottenburg und Sankt Petersburg. Per Brief ermahnte er seinen aufmüpfigen Angestellten: »Sie stehen mit Ihrem ganzen Wissen und Können auf der Basis unserer sechsundzwanzigjährigen Arbeiten, Kenntnissen und Erfahrungen.«

Hefner-Alteneck blieb und erfand für Siemens noch so nette Sachen wie die Luftspulenmaschine, die Differenzialbogenlampe oder die nach ihm benannte Hefnerkerze. Die leistungsgerechte Vergütung sogenannter Arbeitnehmererfindungen stellt bis heute ein nicht ganz zufriedenstellend gelöstes Problem dar und beschäftigt immer mal wieder die Gerichte.

Bismarck und die soziale Frage

Nachdem Preußen Frankreich im Krieg von 1870 besiegt und dem unterlegenen Gegner die für damalige Verhältnisse riesige Summe von fünf Milliarden Goldfrancs abgepresst hatte, verfiel die Nation in einen wahren Gründerrausch. Hunderte neuer Aktiengesellschaften versuchten, ihre meist hoffnungslos überteuerten Papiere einem euphorisierten Publikum schmackhaft zu machen. Darunter waren wenige solide Unternehmen wie die 1871 gegründete Deutsche Bank, und viele windige Veranstaltungen wie der Berliner Vergnügungspark »Flora«. Eine Weile ging alles gut, die Kurse kletterten ohne Ende, dann kam es, wie es kommen musste: Kaum hatte der Abgeordnete Eduard Lasker, Führer der Nationalliberalen Partei im Berliner Reichstag, einen Korruptionsskandal beim Bau der Pommerschen Centralbahn und der Berliner Nordbahn enthüllt, brachen im Mai 1873 die Notierungen auf breiter Front ein. Dem Börsenkrach folgte die Rezession der realen Wirtschaft auf dem Fuß: 61 Banken, 116 Industrieunternehmen und vier Eisenbahngesellschaften gingen bankrott, die Aktienkurse fielen ins Bodenlose, und Millionen Haushalte verloren ihre Ersparnisse. Von den 843 seit 1870 neu an die Börse gebrachten Gesellschaften überlebten kaum mehr als 140.

Die Große Depression hielt an bis 1890, und in dieser Zeit vollzogen sich gesellschaftliche Entwicklungen, die für das Schicksal der Nation bestimmend wurden. Da war zum einen der Hass auf die Juden: Nicht wenige der Bankiers und Börsenspekulanten waren jüdischer Herkunft und wurden nun für das Unglück verantwortlich gemacht. Die Front der Antisemiten reichte von konservativen preußischen Junkern bis hinunter zum »Stehkragenpoletariat« der kleinen Angestellten und Beamten. Die andere dieser Entwicklungen ging als die »soziale Frage« in die Geschichtsbücher ein. Die fast 20 Jahre anhaltende Wirtschaftskrise verunsicherte sowohl die um ihre Ersparnisse gebrachten Bürger als auch die arbeitslos gewordenen Proletarier. Der schon von Karl Marx und Friedrich Engels in ihrem »Kommunistischen Manifest« von 1848 verheißene »Kampf der Klassen« schien täglich näher zu rücken, und die gegnerischen Lager brachten ihre Bataillone in Stellung. Die beiden wichtigsten Arbeiterorganisationen – der 1863 von Ferdinand Lasalle gegründete Allgemeine Deutsche Arbeiterverein und die von August Bebel und Karl Liebknecht 1869 in Eisenach geschaffene Sozialdemokratische Arbeiterpartei – schlossen sich am 25. Mai 1875 zur Sozialistischen Arbeiterpartei Deutschlands zusammen, Keimzelle der heutigen SPD.

Nachdem die »Roten« bei der Reichstagswahl vom 10. Januar 1877 bereits 9,1 Prozent der abgegebenen Stimmen gewonnen hatten, herrschte im bürgerlichen Lager Alarmstufe rot. Vorbei war es mit dem Liberalismus, jetzt gewannen die Anhänger des Protektionismus und einer strammen Ordnungspolitik die Oberhand. Reichskanzler Otto von Bismarck löste den Reichstag auf, bei der Neuwahl setzten sich die Konservativen durch. Nachdem ein geistig verwirrter Handwerker auf der Berliner Prachtstraße Unter den Linden im Mai 1878 auf den Kaiser schoss, ohne ihn zu treffen, nutzte Bismarck diese Gelegenheit zum Handeln: Am 21. Oktober 1878 erließ die Regierung ein »Gesetz gegen die gemeingefährlichen Bestrebungen der Sozialdemokratie«, das mit seinen Versammlungs- und Publikationsverboten einer Kriegserklärung an das arbeitende Volk gleichkam. Viermal wurde dieses berüchtigte »Sozialistengesetz« verlängert – bis zum 30. September 1890.

Lohnarbeiter der besonderen Art

In dieser brisanten Situation kam den Angestellten eine besondere Bedeutung zu. Als Arbeitnehmer hätten sie sich mit den Sozialdemokraten solidarisch erklären können, und zusammen wären die beiden Gruppen stark genug gewesen, die Herrschaft der adeligen Landjunker und Offiziere zu beseitigen. Doch in der Zwei-Klassen-Theorie von Marx war kein Platz für einen dritten Stand zwischen den sich »feindlich gegenüberstehenden Lagern« Bourgeoisie und Proletariat. Der Vordenker des Sozialismus sah in den Angestellten lediglich eine »besondere Sorte von Lohnarbeitern«, und das war ein Fehler, denn er machte es den Kopfarbeitern leicht, sich dem bürgerlichen Lager zuzuwenden.

Schon die ersten Angestelltenverbände wie der 1858 in Hamburg gegründete »Verein für Handlungscommis« grenzten sich ab von den Gewerkschaften, um gemeinsame Sache mit den Arbeitgebern zu machen, und so blieb es bis weit ins 20. Jahrhundert hinein. Statt um den Klassenkampf kümmerten sie sich um Praktisches: Stellenvermittlung und Krankenversicherung waren die populärsten Themen der Angestelltenvereinigungen.

Anders als die Organisationen der Arbeiter, die sich 1890 unter dem sperrigen Titel »Generalkommission der Gewerkschaften Deutschlands« zu einem schlagkräftigen Verband formierten, arbeiteten die Lobbyvereine der Angestellten mehr gegen- als füreinander. Nicht weniger als 232 verschiedene Organisationen vertraten laut einer unveröffentlichten Diplomarbeit von Arnulf Weuster aus dem Jahr 1975 ihre Interessen. Die wichtigsten waren der 1856 gegründete Verein Deutscher Ingenieure (VDI), der 1881 entstandene Verein Deutscher Handlungsgehilfen (VDH), der im selben Jahr gegründete Deutsche Privatbeamten-Verein (DPV) sowie der 1897 entstandene Zentralverband der Handlungsgehilfen und -gehilfinnen (ZdH).

Zum erfolgreichsten Lobbyclub der Angestellten aber entwickelte sich der 1893 in Hamburg gegründete Deutschnationale Handlungsgehilfen-Verein (DHV), der einen stramm antisozialistischen Kurs steuerte. Zusammen mit der Schwesterorganisation, dem Verband der weiblichen Handels- und Büroangestellten (VwA), gewann der deutschnationale Verein bis 1933 über eine halbe Million Mitglieder und wurde zur wohl stärksten Angestelltengewerkschaft der Welt.

Dass die sozialistischen Gewerkschaften die Angestellten so lange unterschätzten, hing auch mit deren geringer Zahl zusammen. Von den 4,1 Millionen Deutschen, die im Jahr 1882 in der Industrie arbeiteten, waren gerade mal 99 000 angestellt. Weitere 142 000 Weißkragen jobbten in Handels- und Verkehrsbetrieben. Mit der anspringenden Konjunktur aber änderte sich das Bild. Der Wirtschaftsaufschwung, der ab Mitte der 1880er-Jahre einsetzte und bis zum Ersten Weltkrieg anhielt, ließ das Heer der Kopfarbeiter überdurchschnittlich anwachsen. Betrug die Angestelltenquote in der Industrie 1882 nur 2,4 Prozent, so schnellte sie in den Boomjahren bis 1907 auf 7,4 Prozent hoch. Rund 14 Millionen Lohnarbeitern standen im Deutschen Reich bereits zwei Millionen Angestellte gegenüber. Davon waren etwa eine Million in Handels- und Dienstleistungsberufen tätig, etwa 700 000 in Industrie und Bergbau, der Rest arbeitete in der Landwirtschaft oder in Kanzleien und Praxen von Freiberuflern.

Pufferzone Neuer Mittelstand

Eine genauere Definition scheiterte am schwammigen Angestelltenbegriff: 1895 zählten beispielsweise die Werkmeister, die zu Beginn der Industrialisierung in den Betrieben eine Schlüsselrolle spielten, zu den Angestellten, zehn Jahre später aber wieder zu den Arbeitern. Angestellte mit Leitungsfunktion hingegen galten 1895 als »selbstständig«, während sie in späteren Statistiken als eigenständige Gruppe auftauchen. Übersichtlicher wurde die Sache erst wieder, als der Reichstag nach fast zehnjähriger Agitation der Verbände am 20. Dezember 1912 das Versicherungsgesetz für Angestellte verabschiedete, das am 1. Januar 1913 in Kraft trat: Wer bei der neu gegründeten Reichsversicherungsanstalt versichert wurde, galt nun als Angestellter, und damit basta.

Dass die Angestellten eine eigene Rentenversicherung bekamen, die sie gegenüber den Arbeitern privilegierte, war den regierenden Adels- und Bürgerschichten ein besonderes Anliegen. Der »neue Mittelstand«, wie der Soziologe Gustav Schmoller 1897 die Angestellten (im Gegensatz zum »alten Mittelstand«, der vorwiegend aus Selbstständigen und höheren Beamten bestand) definierte, sollte die Arbeitnehmerschaft spalten und gleichzeitig als Pufferzone gegenüber den Machtansprüchen der Sozialisten dienen. Der Industrielobbyist und spätere Reichskanzler Gustav Stresemann warnte denn auch im Reichstag vor einer Einheitsversicherung von Arbeitern und Angestellten, weil diese »der Idee des gemeinsamen Klassenkampfs« Vorschub leiste.

Je mehr Köpfe das Heer der Angestellten zählte, desto größer wurde deren Bedürfnis nach Differenzierung und Abgrenzung. Anders als bei den Arbeitern, die der Solidaritätsgedanke einigte, machte sich im Lager der aufstiegswilligen Kaufmannsgehilfen und Sekretärinnen eine verstärkte Gruppendynamik bemerkbar. Kaufmännische wie technische Angestellte entwickelten ihre eigenen, höchst unterschiedlichen Kulturen, und zwischen dem Bodenpersonal in den Büros und der Leitungsebene gab es immer weniger Berührungspunkte.

Deutlich wurde die wachsende Distanz zwischen unten und oben bereits in der »Dienstordnung für die Angestellten der Siemens & Halske AG« von 1897. Darin heißt es: »Die Gesellschaft unterscheidet bei ihren Angestellten 1. Unterbeamte, 2. Hilfsbeamte (Diätare), 3. Beamte. Welcher Klasse von Angestellten der Einzelne angehört, ... wird ihm beim Eintritt oder späteren Änderungen schriftlich mitgeteilt.«

Andere Betriebe gingen dazu über, nur noch das Führungspersonal mit dem begehrten Beamtentitel auszuzeichnen. Der Sammelbegriff für einfache Zeichner, Schreiber, Handlungsgehilfen oder Boten lautete dann schlicht »Angestellter«. Die sich rasch entwickelnde Bürotechnik vertiefte die Gräben: »So erkannten die Gerichte nur jene Stenotypistinnen als Handlungsgehilfinnen an, die bei der Formung des Inhalts der Schriftstücke selbsttätig beteiligt waren«, beobachtete der Soziologe Heinz Potthof. Sehr pauschal fasste Meyers Enzyklopädisches Lexikon anno 1902 den Berufsstand zusammen: »Angestellter ist derjenige, der von einem anderen zur Vornahme einer gewissen Tätigkeit bestellt wird.« Wobei er sich von Arbeitern – so der Sozialforscher Jürgen Kocka – durch folgende Kennzeichen unterschied: »Angestellte verdienten im Durchschnitt, trotz vieler Überschneidungen, mehr als Arbeiter, und zwar fast ausschließlich in Form des Gehalts, nicht als Lohn; viele von ihnen arbeiteten noch in größerer Nähe und mit mehr Kontakten zum Prinzipal oder Unternehmer (besonders im Handelssektor); sie leisteten keine oder zumindest nicht ausschließlich Handarbeit; sie genossen in der Regel größere Arbeitsplatzsicherheit und andere innerbetriebliche Privilegien; sie unterschieden sich in Lebensstil, Konsumverhalten und Karriereerwartungen von den Arbeitern. Nicht als Arbeitnehmer, geschweige denn als Proletarier fühlten sie sich, sondern als Kaufleute, Techniker oder als ›Privatbeamte‹, und als solche wurden sie von den meisten akzeptiert.«

Die politische Einstellung der Angestellten im Kaiserreich ist nie genau untersucht worden, doch dürfte die Mehrzahl für die nationalkonservativen wie die liberalen Parteien oder für das katholische Zentrum gestimmt haben. Sozialdemokratisch wählte nur eine kleine Minderheit, vermutet Jürgen Kocka.

Der Dienst am Vaterland macht arm

Das Wohlverhalten der Angestellten war von Bürgertum und Adel zwar erwünscht und mit allerlei Privilegien belohnt worden, doch es machte sich nur für wenige bezahlt. Als am 1. August 1914 nach 43 Friedensjahren der Erste Weltkrieg ausbrach, waren sich Proletarier, Angestellte und Adel mal ausnahmsweise einig: Der Dienst am Vaterland galt als erste Bürgerpflicht. Doch der deutsche Hurrapatriotismus wich schnell der ernüchternden Erkenntnis, dass der Krieg am Portemonnaie zehrte.

Der Schwenk von der Zivil- zur Kriegswirtschaft kostete zuerst einmal Arbeitsplätze. Herrschte im Monat vor Kriegsbeginn mit einer Arbeitslosenquote von nur 2,7 Prozent praktisch Vollbeschäftigung, so war einen Monat später jeder fünfte Deutsche im erwerbsfähigen Alter arbeitslos. Mit der Industrieproduktion sank auch der Lebensstandard. Da es noch keine staatliche Arbeitslosenversicherung gab, mussten die Gewerkschaften ihre beschäftigungslosen Mitglieder versorgen.

Die Angestellten waren zwar weniger betroffen, dafür ging es ihnen wirtschaftlich schlechter. Um die Kosten des Krieges zu finanzieren, drehte die Notenbank den Geldhahn auf. Fast alle Güter des täglichen Bedarfs wurden teurer. Die Gewerkschaften reagierten mit hohen Lohnforderungen und setzten diese auch durch, während die zersplitterten Angestelltenverbände die Staatsraison über die materiellen Interessen ihrer Mitglieder setzten. So konnten die Arbeiter in den kriegswichtigen Betrieben ihre Nominallöhne von Kriegsbeginn bis Juli 1917 nahezu verdoppeln; in den übrigen Unternehmen stiegen sie immerhin um 40 Prozent. Die Angestellten aber brachten es im selben Zeitraum nur auf dürftige 18 Prozent Zuwachs.

In dem vom Kriegsverlauf enttäuschten »neuen Mittelstand« setzte sich allmählich die Einsicht durch, dass härtere Mittel bis hin zum Streik ergriffen werden mussten, wenn man nicht als Verlierer aus dem Verteilungskampf hervorgehen wollte. Die Interessenvertreter der Angestellten bündelten ihre Kräfte in Arbeitsgemeinschaften, einige schlossen sich sogar der Arbeiterbewegung an. Vor allem der von Siegfried Aufhäuser, dem ehemaligen Geschäftsführer des »Bundes der technisch-industriellen Beamten«, im Jahr 1920 gegründete Allgemeine Freie Angestelltenbund (AfA-Bund) entwickelte sich zum verlässlichen Gewerkschaftspartner. Der Statusdünkel der Büromenschen kapitulierte vor den ökonomischen Realitäten. Zum ersten Mal wurde den Angestellten bewusst, dass sie sich in ihrer finanziellen Abhängigkeit kaum von den Blaukitteln unterschieden.

Je länger sich der Krieg hinzog und je aussichtsloser er wurde, desto mehr verschlechterte sich die Stimmung im Volk. Streiks waren an der Tagesordnung, doch sie richteten sich nicht gegen die Arbeitsbedingungen, sondern gegen die Fortsetzung des Völkermordes und waren damit, juristisch betrachtet, illegal. Die Regierung aber hatte nicht mehr die Kraft, das Recht durchzusetzen. Noch bevor am 11. November in einem Eisenbahnwaggon im Wald von Compiègne bei Paris das Waffenstillstandsabkommen zwischen den Alliierten und dem Reich unterzeichnet wurde, revoltierten in Kiel die Seeleute der Kriegsmarine, und überall im Land übernahmen Arbeiter- und Soldatenräte die Staatsgewalt.

Ein US-Dollar kostete 40 Milliarden

Das Ende der Monarchie nach dem verlorenen Ersten Weltkrieg brachte für die Arbeiter und Angestellten keine Verbesserung. Im Gegenteil: Die Kriegsheimkehrer machten ihnen die Arbeitsplätze streitig, und die Versorgung mit Lebensmitteln, Seife, Brennmaterial und den übrigen Gütern des täglichen Bedarfs wurde immer kritischer. Vor allem die berufstätigen Frauen litten am Frieden. Während des Krieges hatte sich die Zahl der weiblichen Angestellten auf 1,5 Millionen verdreifacht, und vielen war ein beruflicher Aufstieg, etwa von der Hausgehilfin zur Sekretärin in einem Rüstungsbetrieb, gelungen. Doch nun hatten sogenannte Demobilisierungsausschüsse die Macht, Frauen, deren Männer Geld verdienten, nach Hause zu schicken.

Obwohl die Verdienste bis zum Jahr 1923 nominell kräftig zulegten, schrumpfte ihre Kaufkraft auf etwa 40 Prozent der Vorkriegszeit zusammen. Die ungeheuren Reparationsforderungen der Siegermächte – Frankreichs Revanche für Bismarcks Diktat von 1870 – beantwortete die deutsche Regierung mit dem Anwerfen der Notenpresse. Weil sie mit der Zahlung der Reparationen in Verzug geriet – gefordert waren 269 Milliarden Goldmark –, besetzten französische und belgische Truppen Anfang 1923 das Ruhrgebiet, und die Republik wehrte sich mit einem

Generalstreik. Nun begann, mit grotesken Folgen, die Phase der Hyperinflation: Das Gehalt, das man am Monatsende aufs Konto überwiesen bekam, war schon nach Tagen – später gar schon nach Stunden – verbraucht, weshalb sich die Angestellten wie die Arbeiter jeden Abend den Tageslohn ausbezahlen ließen. Noch im Sommer 1922 war die höchste Banknote ein 1000-Mark-Schein, doch im November des Folgejahres konnte man bereits mit einem 100-Billionen-Schein (das ist eine Eins mit 14 Nullen) bezahlen. Ein US-Dollar kostete in jenen Tagen rund 40 Milliarden Mark, und die gesamten Kriegsschulden des Kaiserreichs, die 164 Milliarden Goldmark ausmachten, wären nach der Gleichung Mark gleich Mark am Tag der Währungsreform mit 16,4 Pfennigen zu begleichen gewesen.

Die aberwitzige Notenproduktion beschäftigte 30 Papierfabriken, ließ 1783 Druckmaschinen rotieren. 30 000 Menschen verdienten ihren Lebensunterhalt mit der Herstellung von immer mehr Nullen, bis das Papier der Scheine kostbarer war als der aufgedruckte Wert und die Mark nur noch zum Einwickeln taugte.

Während die Hyperinflation die Ersparnisse Millionen Deutscher vernichtete und ihre Gehälter stündlich entwertete, verhalf sie einigen wenigen zu märchenhaftem Reichtum. Wer Sachwerte besaß, konnte diese beleihen und die Kredite mit entwertetem Geld zurückzahlen. Finanzjongleure wie Hugo Stinnes oder Friedrich Flick nutzten die Gunst der Stunde und kauften auf Pump riesige Industriekonglomerate zusammen. Das Spiel funktionierte bis zum 15. November 1923, als die Deutsche Rentenbank das wertlose Papiergeld für ungültig erklärte und die Rentenmark als neues Zahlungsmittel einführte: Für eine Billion Papiermark bekam man eine einzige neue Rentenmark.

Der Linksruck der Büromenschen

Die traumatischen Erlebnisse der Kriegs- und Nachkriegszeit ließen Deutschlands Angestellte näher zusammenrücken. Massenhaft traten Stenotypistinnen und Verkäufer, Buchhalter und Ingenieure den Gewerkschaften bei, sodass Wirtschaftshistoriker wie Günther Schulz einen »Linksruck« der ehedem bürgernahen Büromenschen diagnostizierten. Annähernd 1,5 Millionen Angestellte waren im Jahr 1920 gewerkschaftlich organisiert, und wenn die einzelnen Verbände sich auch in Weltanschauung und politischen Zielen unterschieden, so waren sie sich doch einig in der Forderung nach Tarifverträgen und der Anerkennung des Streikrechts.

Das Bündnis zwischen Kopf- und Handarbeitern ging jedoch nie so weit, dass Angestellten- und Arbeitergewerkschaften miteinander verschmolzen, und es hielt auch nicht lange. Nach der Währungsreform setzte nämlich bei den deutschen Unternehmen die erste große Rationalisierungswelle ein. In den Werkhallen wurden Fließbänder installiert und die Montageprozesse in kleinste Einzelschritte unterteilt (»Fordismus« und »Taylorismus« hießen die Stichwörter), in den Büros hielten Rechen-, Schreib-, Adressiermaschinen Einzug. Alles zusammen führte zu beträchtlichen Personaleinsparungen und damit zu mehr Arbeitslosen. Während das Besitzbürgertum die »Golden Twenties« feierte, schnürte man in den Haushalten der abhängig Beschäftigten die Gürtel enger.

Dass die Mehrheit der Angestellten von einer Allianz mit den Arbeitern nichts mehr wissen wollte, zeigte sich spätestens bei den Wahlen zur Reichsversicherungsanstalt im November 1927. Nicht mehr die sozialdemokratischen Gewerkschaften stellten die meisten Vertrauensleute, sondern – mit 45 Prozent – der nationalkonservative DHV. Die Industrialisierung der Bürotätigkeiten führte nicht zu einer Annäherung an die in der Produktion tätigen Kollegen, sondern – im Gegenteil – zu verstärkter Abgrenzung. Die Kopfarbeiter pochten, auch wenn sie nur Routinejobs verrichteten und oft weniger verdienten als mancher Facharbeiter, auf ihren Status und ließen ihrer Sehnsucht nach bürgerlichen Lebensformen freien Lauf.

Niemand hat das besser beschrieben als der bereits erwähnte Siegfried Kracauer – ein promovierter Ingenieur, der seit 1920 im Feuilleton der *Frankfurter Zeitung* arbeitete. In seinem Klassiker »Die Angestellten« heißt es: »Hunderttausende von Angestellten bevölkern täglich die Straßen Berlins, und doch ist ihr Leben unbekannter als das der primitiven Völkerstämme, deren Sitten die Angestellten in den Filmen bewundern.«

An vielen Einzelbeispielen schildert Kracauer treffsicher den Standesdünkel, die Uniformität und die manchmal trostlose finanzielle Situation der Büroarbeiter zur Zeit der beginnenden Weltwirtschaftskrise.

Hass auf die Reichen und Mächtigen

Nichts fürchteten die geringer bezahlten Angestellten jener Tage mehr als die »Proletarisierung«. So heißt es im Rechenschaftsbericht des DHV: »Das Jahr 1930 und die in dieser Zeit immer heftiger sich auswirkende Wirtschaftskrise verstärkten für uns die Bedrohung, die in der ganzen neueren Wirtschaftsentwicklung liegt, dass nämlich der Beruf und der Stand und damit unsere sich von der Lohnarbeiterschaft unterscheidende Lebensform zerstört wird ...«

Wieder einmal sahen sich die deutschen Angestellten von allen Seiten umzingelt. Ihr Hass galt den Mächtigen und Reichen, weil von deren Tischen immer weniger für sie abfiel, ihr Abscheu richtete sich gegen die Proletarier, weil sie auf keinen Fall so sein wollten wie jene.

Das Debakel begann nicht schlagartig mit dem Kurssturz an der New Yorker Börse, sondern schlich sich langsam heran. Was als »Schwarzer Freitag« in die Wirtschaftsgeschichte einging, hätte besser »Schwarzer Donnerstag« oder auch »Schwarzer Montag« genannt werden müssen, denn an dem berüchtigten historischen Freitag, dem 25. Oktober 1929, hielten sich die Kurse an der New York Stock Exchange noch ganz gut. Der Dow Jones Index, das wichtigste Kursbarometer, legte sogar um 1,5 Punkte zu. Dennoch war das Elend nicht mehr aufzuhalten.

Die Ursachen für den größten Betriebsunfall des modernen

Kapitalismus reichen zurück in die Goldenen Zwanzigerjahre, als die vom Krieg ausgebluteten deutschen Unternehmen dringend Kapital benötigten, um in Fließbänder und Hollerith-Maschinen – auch »Statistik-Klaviere« genannte Lochkartenmaschinen – zu investieren. Die Unternehmen pumpten sich Milliarden Dollar bei den zur größten Wirtschaftsmacht der Welt aufgestiegenen US-Amerikanern, die sich in einen wahren Reichtumswahn hineinsteigerten. Die US-Unternehmen vergrößerten ihre Fabriken, das Volk kaufte und spekulierte, was das Zeug hielt. Der Dow Jones Index, der 1923 noch bei 100 lag, erreichte am 3. September 1929 einen Höchststand von 381 Punkten, und von da an ging es nur noch bergab, ohne dass dies den Spekulanten zunächst bewusst wurde.

Zur ersten Panik kam es am 24. Oktober, einem Donnerstag. Nach ruhigem Beginn des Aktienhandels setzten gegen 11.00 Uhr Ortszeit plötzlich massive Verkäufe ein, und zwei Stunden später waren die Aktionäre um elf Milliarden Dollar ärmer. Noch versuchten Banken und Investmentfirmen dagegenzuhalten, sodass der Verlust am Abend fast wieder eingeholt war; aber die Nerven der Anleger lagen blank. Am darauffolgenden Montag brach der Markt endgültig ein. Viele hatten Aktien auf Kredit gekauft, und nun forderten die Banken die sofortige Rückzahlung. Die Spekulanten mussten ihre Papiere um fast jeden Preis losschlagen. Fast drei Jahre dauerte die Talfahrt der Kurse, bis der Dow Jones im Sommer 1932 mit einem Tiefststand von 41 Punkten den Boden erreichte.

Für Deutschland hatte der Crash von New York deshalb so fatale Folgen, weil die Wirtschaft zu sehr von kurzfristigen Dollarkrediten abhängig war. Im Jahr 1929 betrugen die Auslandsschulden der deutschen Unternehmen 15,7 Milliarden Reichsmark, zum größten Teil in US-Dollars, zu einem kleineren Teil in französischen Francs. Als die amerikanischen Gläubiger ihre Gelder abzogen, wirkte dies, als ob einem auf hohen Touren laufenden Motor plötzlich der Treibstoff ausgegangen wäre.

Die Unternehmen konnten die Löhne und Gehälter nicht mehr überweisen, die Banken die Guthaben ihrer Kunden nicht mehr zurückzahlen. Massenentlassungen und Firmenpleiten ließen die Zahl der Arbeitslosen sprunghaft ansteigen. Waren Ende September 1929 erst 1,4 Millionen Deutsche ohne Job, so wuchs das Heer der Beschäftigungslosen bis zum März 1930 auf 3,5 Millionen an. Am Ende des Schreckensjahres hatten bereits fünf Millionen Menschen keinen Verdienst mehr.

Verzweifelt versuchten Regierung, Notenbank und das private Kreditgewerbe der Krise Herr zu werden, doch die enormen Überkapazitäten der Industrie und die weltweit eingebrochene Nachfrage verhinderten eine nachhaltige Erholung. Als Reichskanzler Heinrich Brüning im Frühjahr 1931 die Reparationslasten als »unerträglich« bezeichnete, war das für französische Gläubiger ein Signal, weitere Gelder aus Deutschland abzuziehen. Als erste der Großbanken geriet die Darmstädter und Nationalbank in Schwierigkeiten, kurz darauf die Dresdner Bank, und am 13. Juli 1931 schlossen sämtliche Geldinstitute für mehrere Tage die Schalter.

Keine Sonderrechte für die Angestellten

Je länger die Krise anhielt und je mehr Menschen ihren Job verloren, desto stärker sehnten sich die Deutschen nach einem Neuanfang. Die Regierungen wechselten von Brüning zu Papen, von Papen zu Schleicher, und bei jeder Neuwahl des Reichstags erhielten die Nationalsozialisten mehr Stimmen. Was sie versprachen, kam bei den Angestellten gut an: Beseitigung der alten Klassenschranken, Einführung des Leistungsprinzips, Ausbruch aus den Fesseln des Versailler Vertrags, kreditfinanzierte Konjunkturprogramme, mehr Beschäftigung und Wiederaufstieg Deutschlands zu alter Größe.

Am 30. Januar 1933, als Präsident Paul von Hindenburg Hitler zum Reichskanzler ernannte, gab es knapp über sechs Millionen Arbeitslose, nur noch jeder dritte erwerbsfähige Deutsche hatte einen Vollzeitjob. Von den etwa 3,5 Millionen Angestellten waren 1,2 Millionen Frauen. Die größte Gruppe unter den Weißkragen stellten mit mehr als zwei Millionen die kaufmännischen

Angestellten. Die Industrie beschäftigte jeweils eine weitere Viertelmillion Bürokräfte, Techniker und Werkmeister.

Aber wenn die Funktionäre der Angestelltenverbände gehofft hatten, die neuen Machthaber würden ihre Privilegien schützen, ja vielleicht sogar erweitern und ihnen noch vor den Arbeitergewerkschaften die Wahrung der Interessen aller Arbeitnehmer anvertrauen, dann hatten sie sich gründlich getäuscht. Mit ihren bekannt perfiden Methoden sorgten die Nazis in kürzester Zeit für die Gleichschaltung von Parteien, Landesregierungen, Gewerkschaften, Wirtschaftsverbänden, Kirchen, Universitäten und allen anderen Organisationen, die Einfluss auf das öffentliche Leben hatten.

Typisch für ihr Vorgehen war die Art, wie sie mit den Gewerkschaften umsprangen. Gleich nach der Machtergreifung kam es zu gewaltsamen Übergriffen auf Funktionäre und Mitglieder. Am 6. und 8. März 1933 überfielen 300 SA-Rabauken die Schule des Allgemeinen Deutschen Gewerkschaftsbunds (ADGB) in Bernau und verschleppten die Schüler. Nahezu gleichzeitig stürmten die braunen Horden mehrere Gewerkschaftshäuser, raubten die Kassen und schlugen auf die dort Beschäftigten ein. Die Führung des ADGB wusste nicht so recht, wie sie auf den Staatsterror reagieren sollte, und schwankte zwischen Anpassung und Widerstand.

Vollends verwirrt schienen die Arbeitervertreter zu sein, als die Nazis einen alten Gewerkschaftswunsch erfüllten und den 1. Mai zum Nationalen Feiertag der Arbeit erklärten. Obwohl es auch Gegendemonstrationen gab, erschienen Zehntausende Gewerkschaftsmitglieder bei den Kundgebungen der Nazi-Organisation NSBO (Nationalsozialistische Betriebszellen-Organisation). Die Show war grandios, doch sie diente nur dazu, den Gegner in Sicherheit zu wiegen. Sturmtrupps aus SA und SS besetzten am nächsten Tag die Gewerkschaftshäuser, beschlagnahmten deren Vermögen und nahmen die Funktionäre in »Schutzhaft«. Der Allgemeine Deutsche Gewerkschaftsbund mitsamt seinem Pendant, dem Allgemeinen freien Angestelltenbund (AfA-Bund), hatte aufgehört zu bestehen.

Nicht viel besser erging es den übrigen Angestelltenverbänden. Den Deutschnationalen Handlungsgehilfen-Verband (DVH) kaperten die Nazis von innen heraus, indem sie ihre Leute an die Spitze hievten. Zum neunten ordentlichen Verbandstag wurden nur linientreue Mitglieder geladen, die dann prompt beschlossen, was der Vorstand vortrug: Der DHV tritt mit sofortiger Wirkung der Deutschen Arbeitsfront (DAF) bei. Auch alle anderen Vereinigungen, ob von Kaufleuten oder Technikern, wurden von der DAF übernommen.

Es gab nur noch »Soldaten der Arbeit«

Die am 10. Mai 1933 gegründete Deutsche Arbeitsfront entwickelte sich unter dem Kommando des ehemaligen NSDAP-Gauleiters Robert Ley zu einer staatlich gelenkten Arbeitnehmerorganisation von gewaltigen Dimensionen. Für ihre 22 Millionen Mitglieder organisierte sie Aktionen wie die Ferieninitiative »Kraft durch Freude« (KdF), veranstaltete »Reichsberufswettkämpfe« und gründete Unternehmen wie das VW-Werk, die Bank Deutscher Arbeit und das Heimstättensiedlungswerk.

Eine Sonderrolle für die Angestellten aber war nicht vorgesehen. Wie alle anderen Werktätigen wurden sie von der DAF auf die Ziele des NS-Regimes verpflichtet, das nach der feindlichen Übernahme der Gewerkschaften seinen Frieden mit den »Soldaten der Arbeit« schließen wollte.

Vorbei war es nun mit Betriebsräten und frei ausgehandelten Tarifen; vom Staat eingesetzte »Treuhänder der Arbeit« übernahmen daraufhin das Kommando, Löhne und Gehälter wurden einheitlich festgesetzt – Arbeitgeber und Arbeitnehmer hatten sich zu fügen.

Und sie fügten sich, denn nach den Jahren der Depression ging es mit der Wirtschaft wieder aufwärts: Dank des auf Pump finanzierten Aufbauprogramms des NS-Regimes stellten die Betriebe wieder mehr Leute ein, sodass die Arbeitslosenzahlen rasch abnahmen, und zwar bei den Arbeitern schneller als bei den Angestellten. Für deren Mittelstandsideologie hatte die DAF keinerlei Verständnis – das Führer- und Gefolgschaftsprinzip galt für alle Arbeitnehmer gleichermaßen. Die braunen Machthaber wollten die gesellschaftlichen Klassen zu einer dem Führer verpflichteten egalitären Volksgemeinschaft zusammenschweißen. Deshalb sollten auch Löhne und Gehälter angeglichen werden – doch das Projekt einer für alle gültigen »Reichslohnordnung« scheiterte letztlich an versicherungsrechtlichen Fragen. Wie Jürgen Kocka nachwies, blieb der Lohn-Gehalt-Abstand bis Kriegsende erhalten. Dennoch gelang es Leys Arbeitsfront, die sozialen Unterschiede zu verringern, indem sie für Arbeiter eine Verlängerung der Urlaubszeiten und einen verbesserten Schutz bei Krankheit durchsetzte.

Bei ihrem Versuch, Einfluss auf das Freizeitverhalten der Arbeitnehmer zu nehmen, stießen die NS-Ideologen allerdings an ihre Grenzen. Die Blaukittel ließen sich nur unwillig aus dem gewohnten Trott herauslocken, während die karrierebewussten Angestellten Bildungs- und Vergnügungschancen besser zu nutzen wussten. Das Urlaubsprogramm KdF etwa war ursprünglich auf den typischen Facharbeiter zugeschnitten, tatsächlich aber nahmen mehr Angestellte als Arbeiter teil – das Gleiche gilt für die Fortbildungsprogramme der »Arbeitsfront«.

Belustigt notierte Sozialforscher Kocka in diesem Zusammenhang: »Das eingelebte Sozialverhalten von Arbeitern und Angestellten war ganz offenbar bei allem propagandistischen und organisatorischen Aufwand, den der NS-Staat betrieb, in derart kurzer Zeit nicht entscheidend zu verändern.« – Zumindest nicht in den zwölf Jahren, die dem Tausendjährigen Reich beschieden waren.

Angst vor dem »Lumpenproletariat«

Kaum hatte Deutschland kapituliert, trafen sich in den drei Westzonen ehemalige Gewerkschafter und Angestelltenfunktionäre, um über den Neuaufbau ihrer Arbeitnehmerorganisationen zu beratschlagen. Galt anfangs noch die Losung »Ein Betrieb – eine Gewerkschaft«, setzten sich schon bald die alten Reflexe durch. Im April 1949 etablierte sich in Stuttgart-Bad Cannstatt mit dem Zusammenschluss der bereits ab 1945 in den drei Westzonen gegründeten Angestelltenverbände die bundesweit tätige Deutsche Angestelltengewerkschaft, die sich bald mit den Arbeitergewerkschaften um Mitglieder balgte.

Auf dem am 12. Oktober 1949 in München stattfindenden Gründungskongress des Deutschen Gewerkschaftsbundes sagte der DAG-Vorstand Wilhelm Dörr: »Ich warne und bitte Sie, die Angestellten vor dem Herabsinken ins Lumpenproletariat zu bewahren.« Zwar einigte man sich auf Fair-Play-Regeln – ein Mitglied sollte nur mit Zustimmung seines Verbandes zum anderen wechseln können –, doch richtig grün wurden sich die beiden Organisationen nie.

Da die Gehälter der Angestellten in den Anfangsjahren der Bundesrepublik langsamer zulegten als jene der Arbeiter, konnten sich ihre Gewerkschaften über mangelnden Zulauf nicht beklagen. Jeder vierte Angestellte war in den frühen 1950er-Jahren Gewerkschaftsmitglied, später nahm der Organisationsgrad wieder ab. Aber das Prestige der Angestellten in der Bevölkerung erreichte schon bald wieder Spitzenwerte: Bei einer Umfrage im Jahr 1952 meinten 59 Prozent, ein Buchhalter mit 300 Mark Monatsgehalt sei angesehener als ein Gießereiarbeiter, der 450 Mark verdiente.

Ein anderes ihrer Statussymbole bekamen die Angestellten am 1. August 1953 zurück: die eigene Rentenversicherung. Nachdem die Vertreter der DAG bei der Wahl zu den Selbstverwaltungsorganen der Sozialversicherung 80 Prozent der Stimmen erkämpft hatten, beschloss der Bundestag die Gründung der Bundesversicherungsanstalt für Angestellte (BfA). Es war jedoch ein Pyrrhussieg, denn die Trennung der Arbeiter- von der Angestelltenversicherung ließ sich auf Dauer schon aus finanziellen Gründen nicht durchhalten.

Je mehr sich Deutschland von einer Industrie- in eine Dienstleistungsgesellschaft verwandelte, desto deutlicher verschoben sich die Gewichte. Die Zahl der Arbeiter nahm langsam, aber stetig ab, jene der Angestellten zu. Waren noch 1950 erst 16 Prozent der Beschäftigten Angestellte und 50,8 Prozent Arbeiter, so lautete 20 Jahre später das Verhältnis 31,1 zu 45,6 Prozent. Auch bei den Einkommen lagen die Angestellten vorn, allerdings schmolz ihr Vorsprung in den ersten zwei Jahrzehnten der Bundesrepublik von 21 auf 17 Prozent zusammen.

Das Angestelltenmodell war insgesamt also das erfolgreichere, und das machte sich auch bei den Rentenkassen bemerkbar. Während die Arbeiterversicherung ständig an Defiziten litt, erwirtschaftete die BfA beachtliche Überschüsse mit der Folge, dass der Gesetzgeber die Deckungsvorschriften änderte und einen Finanzausgleich einführte. So musste die BfA hohe Milliardenbeträge an die Arbeiterversicherung abführen und wurde ihrer Rücklagen beraubt. De facto war die Trennung der beiden Rentenversicherungen schon 1969 beseitigt, auch wenn der formelle Zusammenschluss unter dem Dach der Deutschen Rentenversicherung erst 2005 erfolgte.

Obwohl die Angestellten auf der Siegerstraße marschierten und ihr Lebensmodell allmählich der gesamten Republik überstülpten, blieb ihre eigene Gewerkschaft auf der Strecke. Im Kampf um mehr Geld, kürzere Arbeitszeiten und längere Kündigungsfristen vertrauten die Kopfarbeiter immer stärker auf das Protestpotenzial des DGB und seiner Industriegewerkschaften. Waren Anfang der 1950er-Jahre etwa 627000 Angestellte im DGB und 343000 in der DAG organisiert, so betrug das Verhältnis Ende der 1970er-Jahre 1,6 Millionen zu 487000: Auf ein DAG-Mitglied kamen damals also statistisch mehr als drei DGB-Genossen.

Als sich dann auch noch die einzelnen Angestelltengewerkschaften im DGB zum Dienstleistungskonglomerat Ver.di zusammenschlossen, sahen die DAG-Funktionäre ihre Überlebenschancen schwinden und schlüpften ebenfalls unter das Ver.di-Dach. Was weder im Kaiserreich noch in der Weimarer Republik gelungen war, das fand nun im wiedervereinigten Deutschland des Jahres 2001 seinen Abschluss: Arbeiter und Angestellte stritten fortan Seit' an Seit' um mehr Geld und Privilegien.

Die unsichtbaren Kraftlinien

Über die Verwandlung der ausgebombten, auf Restauration der alten Strukturen bedachten Adenauer-Republik in ein egalitäres Angestelltenparadies ist viel geschrieben worden, und die älteren Leser haben sie am eigenen Leib miterlebt. Viele Trends wirkten zusammen und brachten etwas völlig Neues hervor, das weder mit den Vorstellungen der Marxisten noch mit jenen der bürgerlichen Mitte und schon gar nicht mit den Idealen der alten Eliten übereinstimmte. Das neue Deutschland entwickelte sich unabhängig davon, ob die Regierungen bürgerlich, sozialdemokratisch oder christlich dominiert waren, entlang unsichtbarer Kraftlinien, von denen im Folgenden einige aufgezeigt werden sollen.

Die Kragenlinie verschwindet: Ärgerten sich die Angestellten noch in den 1950er-Jahren über die angeblich schlechtere Bezahlung der »Kopfarbeit« gegenüber der »Handarbeit«, so sorgte die Entwicklung in den Betrieben wie in der Gesellschaft ab den späteren 1960er-Jahren für eine Umkehr der Verhältnisse. Nicht mehr die physische Belastung bestimmte die Höhe des Salärs, sondern die berufliche Qualifikation.

In dem Maße, wie die Industrieunternehmen die Produktionsprozesse automatisierten, schrumpfte die Zahl der Arbeiter, während die von Angestellten besetzten Jobs in der Verwaltung, in der Arbeitsvorbereitung, im Marketing wie im Finanzwesen immer zahlreicher wurden. Ab den 1970er-Jahren begann der Dienstleistungssektor zu expandieren. Banken bauten ihre Filialnetze aus, Versicherungen investierten in den Außendienst, Reisebüros schlossen sich zu Touristikkonzernen zusammen, aus Zeitschriftenverlagen entstanden Medienkonzerne, die Beraterbranche erschloss sich neue Geschäftsfelder, der öffentliche Dienst erweiterte seine Leistungen (Wohngeld, Pflegeversicherung etc.) – und überall wurden Angestellte gebraucht.

Derweil zerbrach in den Produktionsbetrieben die ehedem homogene Struktur der Arbeiterschaft. Die Schicht qualifizierter

Facharbeiter, die für die Bedienung der immer komplexeren Maschinen zuständig war, verfügte nicht nur über ein Ausbildungsniveau wie die Masse der Angestellten, sondern glich sich ihnen auch im privaten Lebensstil an. Arbeiter und Angestellte kauften die gleichen Klamotten, fuhren die gleichen Autos, schlossen die gleichen Bausparverträge ab, wohnten in ähnlichen Häusern und schickten ihre Söhne und Töchter auf die gleichen Schulen.

Die sozialen Gräben verliefen nicht mehr zwischen weißen und blauen Kragen (man bevorzugte bunte Hemden), sondern zwischen Hilfs- und Facharbeitern in der Fabrik und zwischen Sachbearbeitern und leitenden Angestellten im Büro. Die besser Qualifizierten einte der Drang nach sozialem Aufstieg und einem komfortablen Leben, die anderen bildeten das Protestpotenzial.

Die Farben werden neu gemischt: In den Anfangsjahren der Republik war die Sache klar – alter und neuer Mittelstand wählten Schwarz oder Gelb, das Proletariat Rot. Mit dem Ende der Adenauer-Ära aber änderte sich das Bild. SPD-Kanzler Willy Brandt gewann mit den Stimmen beamteter Lehrer und aufgeklärter Angestellter, CDU-Kanzler Helmut Kohl mit denen konservativer Facharbeiter. Jede der beiden großen Volksparteien versuchte im Revier der Konkurrenz zu punkten, bis sich die Parteiprogramme nur noch marginal unterschieden.

Mit teuren Wahlgeschenken machten sie Jagd auf eine Klientel, die die Parteistrategen als »neue Mitte« definierten und hinter der sich niemand anderes verbarg als die schnell wachsende Gruppe der Angestellten. Rechneten ihr die Demoskopen Anfang der 1950er-Jahre erst 3,4 Millionen Köpfe zu, so war sie im Jahr 1982, als Helmut Kohl Kanzler wurde, schon auf zehn Millionen und weitere 20 Jahre später auf 18 Millionen angewachsen: Keine andere Bevölkerungsgruppe verzeichnete eine derartige Dynamik, und keine andere wurde von allen Parteien so umworben wie sie. Auf der Strecke blieben die Gruppen am linken und rechten Rand des politischen Spektrums, die Selbstständigen wie die Unqualifizierten.

Der Unternehmer wird zum Feindbild: Zur Lebenslüge der jungen Republik gehörte die Vorstellung, dass alle Deutschen am 19. Juni 1948, dem Tag der Währungsreform, mit 40 D-Mark Kopfgeld zur rasanten Fahrt ins Wirtschaftswunder aufgebrochen wären. Als sich dann herausstellte, dass Nazi-Größen und Arisierungsgewinnler wie Flick, Horten oder Neckermann erneut den großen Reibach machten, begann sich das Unternehmerbild zu trüben.

Links war schick

So richtig in Verruf gerieten Deutschlands Kapitalisten aber erst, als Studenten anno 1968 zum Sturm auf die Konzerne bliesen: Links war schick, und die Meinungsmacher der Nation ließen keine Gelegenheit aus, Firmenlenker als Ausbeuter und Profitgeier zu denunzieren. Dabei machte es keinen Unterschied, ob es sich um Großindustrielle oder Mittelständler handelte, während die angestellten Manager im Großen und Ganzen ungeschoren davonkamen.

Mit dem Ansehen verloren die Firmeninhaber auch ihre wirtschaftliche Bedeutung. Der schon in den Wirtschaftswunderjahren einsetzende Konzentrationsprozess bei den Unternehmen beschleunigte sich und reduzierte die Zahl der Wettbewerber ganz beträchtlich. In nahezu allen wichtigen Branchen dominierten bald wenige Großkonzerne den Markt. Lag der Anteil der Selbstständigen in den 1950er-Jahren bei rund 16 Prozent, so betrug er Ende der 1970er-Jahre nur noch neun Prozent. Den größten Schwund gab es bei Einzelhändlern und Handwerksbetrieben.

Mehrere Faktoren trugen dazu bei, dass der ehedem »alte« vom »neuen« Mittelstand förmlich überrollt wurde: Die Regulierungswut der Bürokratie erschwerte Neugründungen und erlegte bestehenden Firmen aufwendige Berichtspflichten auf; hohe Unternehmenssteuern verhinderten die Bildung von Eigenkapital; steigende Löhne und Gehälter im Verein mit wachsenden Soziallasten brachten kapitalschwache Firmen in Bedrängnis; der

Strukturwandel und die Einführung neuer Techniken erhöhten das finanzielle Risiko und somit auch die Zahl der Pleiten. Hinzu kam eine ausgeprägte Risikoscheu der jüngeren, gut ausgebildeten Jahrgänge. Manche mittelständischen Unternehmer mussten die Erfahrung machen, dass ihre Söhne und Töchter auf die Nachfolge verzichteten und stattdessen eine Angestellten- oder Beamtenkarriere anstrebten. Manager, die für nichts hafteten als für ihre Beförderung, taugten für diese jungen Aufsteiger offenbar eher zum Idol als von der Pleite bedrohte Unternehmer. Erst als der Börsenboom gegen Ende des Jahrtausends schnellen Reichtum versprach, waren Firmengründer für eine Weile wieder en vogue. Präziser kennzeichnete das Bonmot, wonach sich Abiturienten bereits nach ihren Rentenansprüchen zu erkundigen pflegen, die Stimmung in der Angestelltenrepublik.

Frauen erobern die Büros: Als Deutschland zerbombt darniederlag, fehlten nicht nur 5,138 Millionen gefallene Soldaten, sondern auch noch Millionen von Kriegsgefangenen für den Wiederaufbau. Es war die Zeit der berühmten »Trümmerfrauen«, ohne deren Einsatz die Nation kaum so schnell aus den Ruinen hätte auferstehen können. Doch kaum begannen die Maschinen wieder zu rotieren, sollten sie nach dem Willen von Kirche und Christlich Demokratischer Union zurückkehren an den heimischen Herd. Lieber holte man sich, als Arbeitskräfte knapp zu werden begannen, italienische Gastarbeiter ins Land, als dass die Unternehmen die Reserven im Küchenrevier mobilisiert hätten. Anders als in der DDR spielten Frauen in der westdeutschen Wirtschaft während der Aufbaujahre nur eine Nebenrolle und kamen über einen Anteil von 30 Prozent an den Erwerbstätigen nicht hinaus.

Das Revier der Frauen

Die Liberalisierung der Gesellschaft und die Antibabypille aber veränderten im Lauf der 1960er-Jahre das Frauenbild. Konsumwünsche und der Drang nach Selbstverwirklichung hatten plötzlich Vorrang vor der Mutterrolle, und da traf es sich gut, dass die Wirtschaft mehr Bürojobs denn je anzubieten hatte. Wurden früher hauptsächlich schlecht bezahlte Routinearbeiten in den Betrieben der Textil- und Elektrogeräteindustrie von Frauen erledigt, so bewarben sich nun verstärkt weibliche Bank- und Werbekaufleute, Marketingexpertinnen und sogar Ingenieurinnen um besser dotierte Posten. Nach der Wiedervereinigung schwoll die Frauenquote weiter an und erreichte im Winter 2006 mit 48 Prozent einen vorläufigen Höhepunkt.

Wie sehr sich die Frauenarbeit in den deutschen Unternehmen verändert hat, zeigt der Mikrozensus des Statistischen Bundesamtes: Von den 20,1 Millionen Frauen, die im Jahr 2004 in Deutschland ihr eigenes Geld verdienten, arbeiteten über 13 Millionen oder 65 Prozent in den Büros – bei den Männern hingegen betrug der Angestelltenanteil lediglich 39 Prozent.

Das Büro ist das Revier der Frauen, und Männer, die dies zu vergessen pflegten, wurden mitunter schmerzhaft daran erinnert. Nahezu alle größeren Unternehmen, Behörden und Universitäten führten spezielle Regeln gegen die sexuelle Diskriminierung von Frauen ein, nachdem einige spektakuläre Gerichtsurteile für Verunsicherung gesorgt hatten. Am 18. August 2006 trat das Allgemeine Gleichbehandlungsgesetz (AGG) in Kraft, das sich mit Hingabe dem Mann-Frau-Verhältnis am Arbeitsplatz widmet und den Begriff der sexuellen Belästigung recht weit fasst.

Aufsehen erregten sechs weibliche Angestellte der zur Dresdner Bank gehörenden Investmentfirma Dresdner Kleinwort Wasserstein in London und New York, die ihren Arbeitgeber wegen angeblicher sexueller Diskriminierung auf Zahlung von 1,4 Milliarden US-Dollar verklagten, weil sie sich bei Beförderungen übergangen fühlten. Inzwischen hat sich die Bank mit den Klägerinnen außergerichtlich geeinigt – was nichts anderes bedeuten kann, als dass das Problem mit Geld gelöst wurde.

Obwohl fast jede zweite deutsche Frau mittlerweile berufstätig ist und viele von ihnen über eine genauso gute Berufsausbildung verfügen wie die Männer, erreichten sie nur selten die

Chefetagen in Wirtschaft, Wissenschaft und Politik: Weder die Parolen der Feministinnenbewegung noch die von grünen und roten Politikern verlangten Frauenquoten konnten verhindern, dass Krawattenträger das Rennen um die Spitzenjobs unter sich ausmachten.

Zwar legte die Frauenquote im Management deutscher Unternehmen nach einer Untersuchung des Wirtschaftsinformationsdienstes Hoppenstedt seit 1995 von 8,2 auf 15,4 Prozent zu, doch ins Topmanagement von Großunternehmen dringt nur selten eine Frau vor. Unter 10 000 Vorständen machten die Hoppenstedt-Forscher ganze 300 Frauen aus, was einer Quote von bescheidenen drei Prozent entspricht. Ähnlich sieht es im Wissenschaftsbetrieb aus: Von 100 promovierten Wissenschaftlern sind bereits 39 Frauen, doch den Professorentitel tragen nur 13 von 100, und bei den sogenannten C4-Professoren sind es gar nur acht Prozent.

Frauenrechtlerinnen führen dieses Missverhältnis auf männliche Abwehrstrategien zurück – objektive Untersuchungen kommen aber zu dem Schluss, dass viele Frauen das Karriererennen zugunsten von Familie und Kindern vorzeitig aufgeben.

Das Vordringen der Frauen in die angestammten Männerreservate korreliert mit dem Strukturwandel in der deutschen Wirtschaft: Dominierte einst die industrielle Produktion das ökonomische Geschehen, so ist es heute das Dienstleistungsgeschäft. Der Industrieanteil am Bruttoinlandsprodukt sank seit 1970 von über 37 auf unter 24 Prozent. Noch gravierender war der Bedeutungsverlust der Industrie am Arbeitsmarkt: Nur noch 7,4 von 38 Millionen Beschäftigten arbeiteten zuletzt in den Betrieben der 23 Industriebranchen – das sind 19 Prozent aller Beschäftigten.

Symbiose mit den Selbstständigen

Mit anderen Worten: Vier von fünf Beschäftigten sind heute Angestellte, und nicht die Abgrenzung gegenüber den Arbeitern wird künftig ihren Lebensweg bestimmen, sondern die Symbiose mit den Selbstständigen. Die Risiken der globalisierten Wettbewerbsgesellschaft hat jeder für sich abzufedern – mal allein oder mit Partnern auf freier Wildbahn, mal in einem abhängigen Beschäftigungsverhältnis, immer aber im Bewusstsein einer steten Gefährdung. Folglich werden sich die einstigen Privatbeamten in Ich-AGs verwandeln müssen, da niemand mehr bereit ist, ihnen die Verantwortung für das Gelingen ihres Berufslebens abzunehmen.

Die egalitäre Angestelltenrepublik, die SPD und Gewerkschaften so gerne erhalten möchten, ist also – wie der Münchner Soziologe Ulrich Beck schon 1986 ankündigte – auf dem Weg zu einer offenen Risikogesellschaft, in der soziale Gefährdungslagen den Normalzustand ausmachen.

Wo die Risiken zunehmen, wachsen aber auch die Chancen. Kein festgefügter Ordnungsrahmen, wie er typisch war für die Karrieren von Beamten und Angestellten, begrenzt jetzt noch den sozialen Aufstieg, sondern allein die Energie und Intelligenz, die einer aufzubringen imstande ist.

Die damit einhergehende Individualisierung der Gesellschaft erfreut weder Politiker noch Gewerkschaften – und schon gar nicht die Marketingchefs der Unternehmen: So, wie die Individualisierung die Berechnung der Konsumwünsche erschwert und die absetzbaren Stückzahlen marginalisiert, schwächt sie die auf Stimmen und Mitglieder angewiesenen Großorganisationen und kommt gleichzeitig kleineren, auf wechselnde Stimmungslagen schnell reagierenden Wettbewerbern entgegen.

Unter dem verschärften Druck des globalisierten Wirtschaftsgeschehens wird sich die gute alte Angestelltenrepublik in eine offene Wettbewerbsgesellschaft verwandeln müssen, die den Tüchtigen belohnt, den Faulen und Unfähigen aber nur noch mit dem Nötigsten versorgt. Es wird nicht ohne Kampf abgehen, bis die Republik der Besitzstandswahrer und Umverteiler reformiert ist – doch der Prozess läuft und ist weder aufzuhalten noch umzudrehen.

8 | In der Wagenburg

D as Frühstück gibt es gratis, an fünf Tagen die Woche ist
auch das Mittagessen kostenlos. Dabei handelt es sich
nicht um das übliche Kantinenfutter, sondern um erstklassige
Gourmetmenüs. Alle Maßnahmen zur Gesundheitsvorsorge
zahlt die Firma, inklusive Sauna, Friseur und Physiotherapeut.
Umsonst ist auch der Besuch des mit allen Raffinessen ausge-
statteten Fitnesscenters, des firmeneigenen Kindergartens wie
des Waschsalons. Sogar der Waschservice für die Autos der Angestellten geht auf Rechnung der Firma. Wer nicht gerne Auto
fährt, kommt mit dem kostenlosen Bus-Shuttle zum Arbeitsplatz. Die Gehälter sind Spitze, die meisten der älteren Mitarbeiter haben es längst zu Millionären gebracht. Unnötig zu betonen,
dass auch die sonstigen Sozialleistungen, vom Mutterschaftsgeld
bis zur Altersvorsorge, gehobenen Ansprüchen genügen.

Dieses Angestelltenparadies liegt nicht in München, wo Allianz, BMW und Siemens ihren Sitz haben, sondern in einer Re-
gion, die eher für einen brutalen Umgang mit abhängig Beschäftigten bekannt ist: Soeben wurde der Suchmaschinenbetreiber
Google Inc. aus dem 70 000-Einwohner-Städtchen Mountain
View in Kalifornien zum beliebtesten Arbeitgeber Amerikas gewählt, knapp vor dem Softwarekonzern Microsoft aus Redmond
bei Seattle.

Verwundert mag sich mancher deutsche Gewerkschafter die
Augen reiben: Ausgerechnet bei den Turbokapitalisten, die ihre
Leute nach Belieben heuern und feuern, erfahren Angestellte
eine Fürsorge, die selbst im mitbestimmten VW-Konzern unbekannt ist. Also hat die soziale Wirtschaft doch eine Chance? Also
gibt es eine Zukunft für den wohlversorgten Angestellten? Also

fahren wir, die Verwalter von Arbeitnehmeransprüchen, auf dem richtigen Dampfer?

Nichts wäre verkehrter als ein solcher Schluss. Der Luxus, den die amerikanischen Vorzeigefirmen ihren Mitarbeitern gönnen, fußt weder auf philanthropischem noch auf sozialdemokratischem Gedankengut, sondern auf purem Egoismus. Die Google-Erfinder Larry Page und Sergey Brin wie Microsoft-Gründer Bill Gates betreiben ein Geschäft, in dem es auf die Kreativität und den Einsatz jedes Mitarbeiters ankommt. Um Abwanderungsgelüsten vorzubeugen und Abwerbungen zu erschweren, kultivieren die Denkfabriken ein Betriebsklima, das eher für einen Uni-Campus als für ein knallhart kalkulierendes Unternehmen typisch ist.

Hier sind allerdings auch keine trägen, auf Bequemlichkeit bedachten Büroschläfer am Werk, sondern Hochleistungsathleten, denen der Erfolg ihres Unternehmens über alles geht. Da die wichtigsten Angestellten einen Großteil ihres Salärs in Form von Aktien erhalten, sind sie schon aus Eigennutz an steigenden Gewinnen interessiert. Kein Wunder, dass Microsoft und Google seit Jahren die fähigsten Hochschulabsolventen des Landes zulaufen.

Die Lieblinge der Arbeitnehmer sind seltsamerweise auch die Lieblinge der Börsianer. Obwohl die beiden Wohlfühlfirmen mit 50 000 Beschäftigten und einem Jahresumsatz von 50 Milliarden US-Dollar nur etwa das Geschäftsvolumen des deutschen Bayer-Konzerns erreichen, werden sie an der Börse fast zehnmal so hoch bewertet wie dieser. Die Marktkapitalisierung der vergleichsweise kleinen US-Unternehmen erreichte im Jahr 2006 sagenhafte 450 Milliarden Dollar.

Das Microsoft-Google-Konzept, das in Deutschland allenfalls bei der Walldorfer Softwareschmiede SAP ein Pendant hat, sollte nicht verwechselt werden mit dem Ver.di-IG-Metall-Projekt, das auf den Erhalt überdimensionierter Belegschaften abzielt. Es hat nichts zu tun mit dem Schutz und der Versorgung abhängiger Durchschnittsmenschen, nichts mit sozialer Verantwortung und auch nichts mit der Nivellierung der Gesellschaft, sondern setzt, im Gegenteil, auf höchste Effizienz und maximalen Gewinn. Microsoft beispielsweise trennt sich jedes Jahr von rund 6,5 Prozent seiner insgesamt 38 000 US-Angestellten. Nach welchen Kriterien ausgesiebt wird, erläuterte Steve Ballmer, der fürs operative Geschäft zuständige Konzernchef, vor britischen Geschäftsleuten: »Dabei geht es nicht um die Frage, ob die Leute gut genug sind. Die eigentliche Frage lautet: Kann es einer besser?«

Der Job wird zum Risikofaktor

Wo es um die Auswahl der Besten geht, ist den Firmen nichts zu teuer. Auch in Deutschland locken Unternehmensberater, Anwaltskanzleien, Softwarehäuser oder Investmentbanken besondere Talente mit Einstiegsgehältern an, die bis zu 100 000 Euro im Jahr ausmachen können. Das alles ist aber keine Bestätigung für eine rosige Angestelltenzukunft, sondern eher für das Gegenteil. Die Unternehmen werden sich, wie die ganze deutsche Gesellschaft, weiter auseinanderdividieren. Den Leistungsfähigen stehen alle Türen offen, von den anderen verabschiedet man sich.

Die Revolution kam auf leisen Sohlen. Binnen weniger Jahre unterhöhlte sie das Fundament der alten, auf Gleichheit und Konsens ausgerichteten Bundesrepublik, ohne dass es jemand so richtig mitbekam. Ihr Name: leistungsabhängige Bezahlung.

Seit die Unternehmen dazu übergegangen sind, das pauschale Einheitsgehalt abzuschaffen und ihre Angestellten nach höchst differenzierten Vergütungsmodellen zu entlohnen, ist im vereinigten Deutschland nichts mehr so, wie es einst war. Die homogene Schicht der mittleren Angestellten – Stütze der Staatsfinanzen und Stabilisierungsanker im politischen Kräftespiel – zerbröselte unter dem Druck der Kapitalmärkte.

»Deutschland ist in Europa das Land, in dem schon heute am stärksten leistungsabhängig bezahlt wird«, bestätigt Petra Knab-Hägele von der Managementberatung Towers Perrin. Nicht nur die Einkommen entwickeln sich jetzt unterschiedlicher als früher, auch die Einstellung der Deutschen zu ihrem Job hat sich verändert. Er ist nicht mehr verlässlicher Garant für wachsenden Wohlstand, sondern ein Risikofaktor und wird deshalb ständig infrage gestellt: Kann ich woanders mehr verdienen? Wie gut sind meine Aufstiegschancen? Was bleibt mir im Alter?

Ging es bis Anfang der 1990er-Jahre mit den Gehältern und dem Wohlstandsniveau der breiten Masse kontinuierlich aufwärts, so ist seither Stagnation angesagt. Zwar legten die Bruttoeinkommen der Angestellten noch um 25 Prozent zu, doch nach Abzug der Teuerungsraten ergab sich bis Ende 2006 unterm Strich ein Minus. Der Durchschnittsangestellte konnte sich für sein Gehalt im Jahr 2006 weniger kaufen als 1995.

Etwas besser schnitten die »Leitenden« ab – deren Bezüge erhöhten sich um 30 Prozent. Im Jahr 2006 verdiente eine deutsche Führungskraft nach Angaben der Vergütungsberatung Kienbaum durchschnittlich 105 000 Euro im Jahr und damit 25 000 Euro mehr als elf Jahre zuvor. Bedeutender als der Einkommensvorsprung, den die Besserverdiener herausholten, ist jedoch die stärkere Differenzierung innerhalb der privilegierten Kaste: Die fixen Gehälter schrumpfen, die variablen Bestandteile werden größer. Rund 21 Prozent der gesamten Bezüge waren beim mittleren Management abhängig vom Erreichen bestimmter Unternehmensziele, und dieser Trend wird sich verstärken: »Je besser der Job, desto größer wird der variable Gehaltsanteil«, bestätigt Kienbaum-Berater Christian Näser.

So kann ein Softwareentwickler in einem guten Jahr 150 000 Euro kassieren, im nächsten aber vielleicht nur 100 000, ein Bankdirektor bei einem Institut 200 000 Euro nach Hause tragen, bei einem anderen aber 250 000. Fürchteten die Personalchefs einst um den Betriebsfrieden, wenn sie bei der Festlegung der Gehälter zu sehr von der Norm abwichen, so fühlen sie sich inzwischen frei in der Gestaltung der Konditionen: »Akzeptiert wird das System der Leistungsbeurteilung, wenn es transparent ist, dem Mitarbeiter echte Handlungsspielräume gibt und Möglichkeiten zur Korrektur lässt«, urteilt Dieter Frey, Professor für Wirtschaftspsychologie an der LMU München.

Beim Softwarekonzern SAP ermittelt ein Computer die Leistung eines jeden der 40 000 Beschäftigten nach Faktoren, die teilweise von der Geschäftsleitung vorgegeben werden, teilweise auf Zielvereinbarungen zwischen Mitarbeitern und Vorgesetzten beruhen. Erreicht der Mitarbeiter ein solches Ziel, gibt es einen Bonus, dessen Höhe ebenfalls vorher festgelegt wurde.

Angestellte bestimmen, was der Chef verdient

Etwa die Hälfte der Firmen misst nach einer Erhebung der Unternehmensberatung Stern Stewart & Co. den Wert ihrer Angestellten an deren Beitrag zum Bilanzgewinn – einem Posten, der freilich einigen Gestaltungsspielraum enthält. Damit die Mitarbeiter nicht zu kurz kommen, wird häufig genau definiert, wie diese Zahl zu ermitteln ist. Ein Viertel macht den Bonus von der erzielten Kapitalrendite abhängig, das restliche Viertel verlässt sich auf Kennzahlen wie den Economic Value Added (EVA).

Da sich bei vielen Tätigkeiten der Beitrag zum Betriebsergebnis nur schwer ermitteln lässt, kommt es hier auf die Leistungsbeurteilung durch den Vorgesetzten an – was dessen Macht natürlich stärkt. Um Missbrauch zu verhindern, haben fortschrittliche Unternehmen wie die Roland-Berger-Unternehmensberatung die 360-Grad-Beurteilung eingeführt: Hier werden die angestellten Berater nicht nur vom Vorgesetzten, sondern auch von ihren Kollegen benotet, und die Partner müssen sich dem Urteil ihrer Untergebenen stellen. In einem solchen Betrieb ist sich niemand seines Ranges sicher; der berufliche Status muss Jahr für Jahr neu erkämpft werden.

Noch weiter ging die Softwarefirma Mensch und Maschine in Weßling bei München: In dem 300-Mann-Unternehmen, das hauptsächlich Maschinenbaufirmen mit CAD-(Computer Aided Design-)Programmen beliefert, kennt nicht nur jeder Mitarbeiter die Gehälter aller anderen – die Belegschaft stimmt auch noch darüber ab, wie viel jeder verdienen soll. Sogar Adi Drotleff, der Gründer, Großaktionär und Vorstandsvorsitzende, unterwirft sich dem Votum seiner Leute, und der Erfolg gibt ihm recht: In den vergangenen zehn Jahren vervierfachte sich der Umsatz seines Unternehmens auf zuletzt 170 Millionen Euro.

Nach einer Kienbaum-Studie von 2006 erhalten in Deutschland 93 Prozent aller Geschäftsführer von Firmen mit bis zu 100 Mitarbeitern leistungsabhängige Bezüge, in Großbritannien sind es 84, in der Schweiz 81, in Spanien 71 Prozent. Mit Jahresgehältern von durchschnittlich 274000 Euro verdienen die deutschen Chefs auch mehr als ihre europäischen Kollegen.

Dafür verwandelte sich der feste Arbeitsplatz in der Beletage immer häufiger in einen Schleudersitz. Selten zuvor wurden so viele Geschäftsführer und Vorstände gefeuert wie in den letzten beiden Jahren. Nahezu jeder sechste Vorstandschef in Europa musste 2006 seinen Schreibtisch räumen, ermittelte die Unternehmensberatung Booz Allen Hamilton. In Deutschland schrumpfte die Verweildauer der Bosse auf 4,7 Jahre zusammen; das kürzeste Verfallsdatum trugen sie in der Telekom-Branche.

Was für die Chefs gilt, ist in den unteren Rängen längst angekommen. Unter dem Druck der globalisierten Märkte haben sich die Unternehmen in Cash-Maschinen verwandelt, in denen die Mitarbeiter wie Zahnräder perfekt zusammenwirken müssen. Hält ein Kandidat nicht, was man sich von ihm verspricht, ist er schneller draußen, als er bis drei zählen kann. Die Hektik des Marktgeschehens überträgt sich auf das Personal: Die Fluktuation nimmt zu, die Betriebstreue ab. Alter, Erfahrung und erreichte Position zählen immer weniger, die Leistung steht im Mittelpunkt. Weil der Erfolg in der Wirtschaftswelt immer mehrere Väter hat, kommt es darauf an, ihn als Erster für sich zu reklamieren. Lautsprecher und Faktenfälscher haben Konjunktur und die Chefs das Problem, behauptete von echten Leistungen zu unterscheiden.

Wer nicht ständig seine Wichtigkeit betont, läuft Gefahr, bei Beförderungen und Gehaltserhöhungen übergangen zu werden. Die erhöhte Schlagzahl in den Betrieben sorgte für mehr Transparenz und Gerechtigkeit, aber sie zerstörte das Gemeinschaftsgefühl und leistete der Hochstapelei Vorschub. Drängler, Angeber und Ellbogenmenschen bestimmen das Geschehen, die stillen Könner bleiben auf der Strecke.

Die erste und die zweite Klasse

Auch wenn das Leistungs- und Gehaltsgefälle in den Betrieben immer steiler, die Unterschiede zwischen den Angestellten immer größer werden – so eint sie doch die Angst vor denen, die draußen stehen: Der Vorstand zittert vor dem Berater, den der Aufsichtsrat beauftragte; der Abteilungsleiter fürchtet den Freiberufler, den der Vorstand engagierte; der Sachbearbeiter sorgt sich um seinen Job, seit ihm eine Leiharbeitskraft gegenübersitzt.

Die Zwei-Klassen-Gesellschaft – einst Schreckensutopie der Jusos – ist in den deutschen Betrieben des Jahres 2007 längst Realität. Die erste Klasse sitzt in unbefristeten Vollzeitjobs und genießt vollen Kündigungsschutz mitsamt den übrig gebliebenen Sozialschmankerln. Die zweite sitzt zwar in denselben Büros, hat aber von allem weniger: weniger Geld, weniger Rechte, weniger Schutz. Die Unterprivilegierten malochen härter, maulen weniger und sind, so scheint es, auch noch zufriedener. Das kann, vermuten Arbeitspsychologen wie der Münchner Dieter Frey, auf Dauer nicht gut gehen.

Wie die Siedler im Wilden Westen igeln sich die verbliebenen Arbeitsplatzbesitzer ein in ihrer Wagenburg, um den Ansturm der Wilden abzuwehren. Wenn es brenzlig wird, füttern sie den Vorstand mit falschen Daten oder versuchen, den Mittelbau des Managements auf ihre Seite zu ziehen. Hilft das alles nicht, muss der Betriebsrat ran. Zur Not verbünden sie sich auch mit den Blaukitteln draußen an den Werkbänken in der Hoffnung, der Vorstand werde es nicht wagen, sich mit der mächtigen IG Metall oder einer anderen Großgewerkschaft anzulegen.

So kam es bei der Deutschen Telekom zur offenen Feldschlacht, als der ehemalige Staatskonzern auf einen Schlag 50 000 gut versorgte Mitarbeiter von der ersten in die zweite Klasse versetzen wollte. Andere Unternehmen gingen geschickter vor: Beim VW-Konzern schaffte es der viel geschmähte Personalvorstand Peter Hartz bereits im Jahr 2001, der IG Metall die Zustimmung zu seinem Modell »5000 für 5000« abzuringen. Der Konzern versprach, den neu entwickelten VW Touran in Deutschland produzieren zu lassen, wenn er dafür Mitarbeiter zweiter Klasse einsetzen durfte: Jeder der 3800 neu eingestellten Mitarbeiter – die meisten waren zuvor arbeitslos gewesen – verdienten in der eigenes dafür gegründeten Konzerntochter Auto 5000 anfangs 5000 Mark (ca. 2500 Euro) im Monat und damit rund 20 Prozent weniger als die Kollegen, die nebenan den VW Golf und andere Modelle montierten. Seither hat die Gewerkschaft ein paar Mitglieder und der Konzern eine Cash-Cow mehr.

Die Zwei-Klassen-Gesellschaft spaltet auch den Chemie- und Pharmakonzern Bayer in Leverkusen, seit er seine Infrastrukturabteilungen in die mit dem Lanxess-Konzern gemeinsam betriebene Tochtergesellschaft Bayer Industrie Services GmbH & Co. OHG (BIS) auslagerte. Rund 6000 Mitarbeiter betreiben einen ausgedehnten Chemiepark an den Standorten Leverkusen, Dormagen und Krefeld-Uerdingen und versorgen die dort angesiedelten Unternehmen mit allerlei Hilfsdiensten, von der Belieferung mit Energie und Rohstoffen bis hin zur Bewachung. Die BIS-Angestellten verdienen zwar genauso viel wie ihre Kollegen bei Bayer, sie müssen jedoch zweieinhalb Stunden pro Woche länger arbeiten und bei künftigen Gehaltserhöhungen kürzertreten. Der Konzern verspricht sich auf diese Weise Einsparungen von 125 Millionen Euro jährlich.

Nicht eine, sondern gleich ein ganzes Bündel von Mitarbeiterklassen leistet sich die einst für ihre opulenten Gehälter berühmte Deutsche Lufthansa. Nur noch die Stammbelegschaft der im Konzern »Lufthansa Classic« genannten Hauptlinie wird first class bezahlt, der Rest muss mehr oder weniger große Abstriche hinnehmen. Piloten und Begleitpersonal der Tochtergesellschaften Eurowings oder Condor verdienen weniger als die Kollegen in den Lufthansa-Jets, und nochmals geringer sind die Gehälter bei Franchisepartnern wie Lufthansa Regional.

Die schlechtesten Karten im fein gestaffelten Tarifwerk des Konzerns, dessen 95 000 Mitarbeiter zum Grundgehalt noch eine erfolgsabhängige Komponente beziehen, haben Neueinsteiger: So zahlte die Condor frisch eingestellten Flugbegleitern ab 2003 nur noch ein Grundgehalt von 1250 Euro, während ältere Kollegen mit mindestens 1600 Euro rechnen durften. Langjährige Stewards und Stewardessen der Classic-Linie hingegen brachten es mit sämtlichen Zuschlägen und Spesen schon mal auf netto 3500 bis 4000 Euro im Monat.

Malochen bis zum Umfallen

Gut versorgte Altgediente und sparsam entlohnte Novizen, privilegierte Stammbelegschaften und geknechtete Hilfskräfte – das Prinzip der Gehaltsklassengesellschaft gilt mittlerweile bei der Post wie bei BMW, beim Halbleiterhersteller Infineon wie beim Textilhändler C & A. Ob die Unterprivilegierten im Osten tätig sind oder bei Subunternehmen, ob sie befristet angestellt werden oder von Zeitarbeitsfirmen kommen – stets sorgen sie für Druck im anderen Lager: »Mit 500 Leiharbeitern halte ich 30 000 Organisierte der IG Metall in Schach«, brüstete sich das fürs Personal zuständige Vorstandsmitglied eines Dax-Konzerns.

Wenn es bisher nicht zu gewalttätigen Auseinandersetzungen zwischen den Angestellten der zwei Welten kam, dann wohl deshalb, weil jede Seite hinreichend mit sich selbst beschäftigt ist. Wer drinsitzt im Blue Train der Unbefristeten, der klammert sich an seinen Schreibtisch und will bloß nicht unangenehm auffallen. Manche malochen bis zum Umfallen, akzeptieren die exotischsten Arbeitszeiten und schleppen sich krank ins Büro, obwohl sie eigentlich das Bett hüten sollten.

Gehetzte Vieljobber entdeckten die Unternehmensberater von Kienbaum und Redakteure des Fachblatts *Harvard Businessmanager* vor allem in den oberen Etagen des Managements deutscher Firmen. Diese Leute, das ergab eine Umfrage vom Frühjahr 2006, arbeiten mindestens 60 Stunden die Woche und behaupten auch noch, Spaß zu haben, während sie gleichzeitig eingestehen, dass ihre »Work-Life-Balance« ein wenig außer Kontrolle geraten sei. Was sie treibt, beschrieb eine junge Investmentbankerin mit dem Pseudonym Emely 13 auf der Internetseite des *Manager Magazins* so: »Ich finde es okay, dies für einige Jahre zu machen, da ich auf diesem Wege eine gute Position und Wissen erarbeiten kann.«

Schlimmer dran sind die krankhaften Vielarbeiter: Bis zu einer Million Deutsche gelten bereits als gefährdete Workaholics, schätzt Jan Kuhnert, Vorsitzender des Fachverbandes Personalmanagement beim Bundesverband deutscher Unternehmensberater. Schon gibt es Selbsthilfegruppen nach Art der Anonymen Alkoholiker, in denen die Arbeitssüchtigen versuchen, von ihrem Laster loszukommen. Fachleute wie der Psychologe Peter Berger von der Hardtwaldklinik im hessischen Bad Zwesten warnen vor der Ausbreitung der Sucht, die zur Gefahr für Leib und Leben werden kann. Sechs bis acht Wochen dauert eine Therapie in der Hardtwaldklinik, wo die Patienten von ihrer Arbeitswut befreit werden.

Das Phänomen ist nicht auf Deutschland beschränkt. In Japan, wo sich Jahr für Jahr Hunderte Angestellte wegen Überforderung das Leben nehmen, nennt man den völligen Burn-out »Karoshi«. In Frankreich erschütterten fünf Selbstmorde beim Autokonzern Renault und drei beim staatlichen Stromversorger EDF Anfang 2007 die Grande Nation, denn als Ursache vermuteten die Staatsanwälte tödlichen Stress am Arbeitsplatz – ein Skandal im Land des Laissez-faire, in dem ein gepflegtes Dinner bislang einen höheren Stellenwert hatte als die pünktliche Abwicklung des laufenden Auftrags.

Downshifting – ein exklusives Vergnügen

Die Gegenbewegung ließ nicht lange auf sich warten, denn längst nicht alle Angestellten fanden Gefallen am verschärften Rattenrennen: In den Medien häuften sich Berichte über prominente Aussteiger, die auf Vielfliegerstatus und Spitzengehalt pfiffen, um sich in der Toskana dem Töpfern zu widmen oder in der Uckermarck ein kleines Hotel zu eröffnen. »Raus aus dem Hamsterrad«, titelte dazu der *Spiegel*, und der amerikanische Managementguru Charles Handy gab dem Ganzen das richtige Etikett: »Downshifting« – herunterschalten – hieß ab sofort die Verweigerungshaltung gewesener Karrieristen.

Auf die von TNS Infratest im Auftrag des *Spiegel* gestellte Frage: »Haben Sie schon mal überlegt, in einen Job zu wechseln, der weniger Geld, aber mehr Lebensqualität bringen würde?«, antworteten im März 2007 von 1000 befragten Bundesbürgern 340 spontan mit »Ja«.

Die Hoffnung der Draußengebliebenen, dass die müden Platzhalter bald ihre Schreibtische räumen würden, erfüllte sich bislang nicht. Downshifting blieb das exklusive Vergnügen einiger weniger Privilegierter, der Rest zog den Verteidigungsring enger.

Die wirkliche Befindlichkeit der Angestellten zu ermitteln ist ein schwieriges Unterfangen. Kaum einer antwortet offen – aus Angst, das Missfallen von Vorgesetzten zu erregen. Als das Internationale Institut für empirische Sozialökonomie (INIFES) im Auftrag der von Bund, Ländern, Arbeitgebern und Gewerkschaften gemeinsam finanzierten »Initiative neue Qualität der Arbeit« 7444 Beschäftigten einen 16-seitigen Fragebogen ins Haus schickte mit der Bitte, ihre derzeitigen Arbeitsbedingungen zu bewerten, da fielen die Antworten höchst widersprüchlich aus: Zwar gaben 55 Prozent an, sie hätten in den letzten vier Wochen oft mit Freude gearbeitet, und 58 Prozent meinten, sie seien auf die eigene Arbeit stolz gewesen – doch gleichzeitig klagten 62 Prozent, dass sie nie oder selten Anerkennung für ihre Arbeit fanden, und 48 Prozent gaben zu, dass sie sich mit ihrem Unternehmen nie oder selten verbunden fühlten. Dieser Befund bestätigt im Wesentlichen auch die Gallup-Umfrage vom April 2007, aus der hervorging, dass die meisten der deutschen Angestellten in ihrem Job frustriert vor sich hin werkeln und keinerlei emotionale Bindung zu ihrem Arbeitgeber entwickeln.

Was die Angestellten daran hindert, ihre volle Kraft und Konzentration in den Dienst der Firma zu stellen und sich Gedanken über Verbesserungen des Arbeitsprozesses zu machen, ist nicht eindeutig festzustellen. Nach Meinung der Beschäftigten sind es Vorgesetzte, die nicht zuhören, die für ihre Leute nur Tadel, aber kein Lob übrig haben, und Geschäftsleitungen, die über die Köpfe der Mitarbeiter hinweg über deren Schicksal entscheiden. Alles Quatsch, meint dazu der US-Wirtschaftsprofessor und Firmenchef Lawrence Kersten: »Warum muss ein Job sinnstiftend sein – reicht es nicht, wenn er gut bezahlt wird?« Diese Meinung teilen offenbar viele deutsche Personalchefs.

Müde vom ständigen Umorganisieren

Zumindest die Hochschulabsolventen verlangen ein wenig mehr. Neben einem guten Gehalt und der Aussicht auf eine planmäßige Karriere würden sie sich gern mit einem prominenten Firmennamen schmücken, geile Produkte entwickeln und Macht ausüben. Dies jedenfalls ergibt sich aus den Jahr für Jahr neu erhobenen Umfragen zum beliebtesten Arbeitgeber des Landes. Obwohl die Autoindustrie ihre schönste Zeit hinter sich hat und als Klimakiller gebrandmarkt ist, sitzen BMW, Porsche und Audi seit Jahren im Olymp der akademischen Berufseinsteiger. Allenfalls die als mächtige Strippenzieher eingeschätzten Unternehmensberater McKinsey und Boston Consulting vermögen es mit der Benzinfraktion aufzunehmen. Die eingeschränkte Weltsicht der Nachwuchselite erklärt ein wenig, weshalb die deutsche Wirtschaft in wichtigen Zukunftsbranchen, von der Biotechnik bis zur Software, so wenig zu bieten hat.

Die lustlose Verweigerungshaltung, mit der die Masse der Angestellten ihre Arbeitgeber bestraft, bescherte den nach Aufträgen dürstenden Soziologen ein neues Tätigkeitsfeld: die sogenannte Commitment-Forschung. Diese will herausfinden, wie man aus renitenten Faulpelzen hoch motivierte Bürosklaven machen kann. Außer ein paar Umfragen, die zu einem verbesserten Freizeitprogramm einiger Unternehmen beitrugen, ist dabei aber nicht viel herausgekommen. Den wenigsten Unternehmen gelang es, die Interessen ihrer Angestellten mit den eigenen zu synchronisieren. Wenn auf Betriebsversammlungen in den Reden der Chefs der klassische Satz gesagt wird (»Wir rudern doch alle im selben Boot«), kommt allenfalls ein wenig Heiterkeit auf, aber keine Begeisterung. Tatsächlich traut man einander nicht über den Weg, denn die nächste Krise kommt bestimmt. Zu tief sind die Wunden, die in den Jahren der Restrukturierung geschlagen wurden, zu groß ist das Misstrauen der Belegschaften in die Versprechungen ihrer Vorgesetzten, als dass sich die Schlagzahl auf Knopfdruck erhöhen ließe.

Deutschlands Angestellte sind müde vom ständigen Umorganisieren, frustriert über die unsichere Zukunft, genervt von flexiblen Arbeitszeiten, unzufrieden mit stagnierenden Einkommen. Die meisten von ihnen wollen nichts weiter als ein bisschen mehr Geld, einen sicheren Job und einen freundlichen Chef. Sie hassen es, angeschnauzt zu werden, ständig neue Aufgaben gestellt zu bekommen und Englisch parlieren zu müssen. Sie freuen sich über jede kleine Aufmerksamkeit und haben Angst vor der wachsenden Konkurrenz, dem sozialen Abstieg, dem Rausschmiss. Denn da draußen vor dem Tor, da drängeln sich Tausende Bewerber mit tollen Lebensläufen, Diplomen, Fremdsprachenkenntnissen und internationaler Erfahrung. Sie sind jünger, schöner, besser ausgebildet und – jedenfalls der Papierform nach – tüchtiger. Wie soll man da gelassen bleiben?

Bluffen und Blenden

Die Eingeschlossenen in der Luxusburg können ja nicht ahnen, dass es sich bei den Eroberern draußen vor dem Tor um einen Haufen Weicheier in Eisenrüstung handelt. Das Bluffen und Blenden lernt man heute schon in der Grundschule; Obersekundaner beherrschen die Präsentation mit Powerpoint und Laserstick so gekonnt wie ältere Jahrgänge das Drehen eines Joints.

Auf den Inhalt kommt es nicht mehr an, die Show ist alles. Schularbeiten holt man sich nach Bedarf aus dem Netz, die Lösung jeder Matheaufgabe ist wohlfeil.

Lehrer, die mit schlechten Noten drohen, bringt man mit Hilfe des elterlichen Rechtsanwalts zur Raison, und den Schulverweis bügelt der Alte Herr mit einer Spende weg. Kein Wunder, dass der Lehrkörper klein beigibt und die Herren und Damen Schüler mit Kuschelnoten verwöhnt. Abitur-Durchschnittsnoten von 2,1 und besser riefen bereits die Universitätsrektoren auf den Plan, die sich um die Hochschulreife des akademischen Nachwuchses Sorgen machen.

Null Problemo also für die Angreifer, die ihre Sozialkompetenz aus dem Bewerbungsratgeber beziehen, das verpatzte Diplom durch eine eidesstattliche Verlustanzeige ersetzen und den begehrten MBA-Titel auf dem Akademikerstrich einkaufen. Etwa zwei Millionen Mal setzte der Berliner Diplompsychologe und Telefonseelsorger Jürgen Hesse seine diversen Bewerbungshandbücher ab, die er mal solo, mal im Duett mit Kompagnon Hans Christian Schrader verfasste. Kaum weniger erfolgreich war das Autorenpaar Tom Ullrich und Jan Dietrich mit seinem »ultimativen Testknacker«. Dank solcher Lektüre erscheinen die Bewerber nicht mehr alkoholisiert in Schmuddeljeans zum Einstellungsgespräch, sondern sitzen aufrecht und adrett gewandt dem Personaler gegenüber, schwadronieren gekonnt über ihre Vergangenheit und vermeiden beim unausweichlichen Fragebogen jeden Fehler.

Die Klone auf der Bewerberbank haben nur einen Fehler: Sie sind nicht, was sie sich darzustellen bemühen. Jede dritte Bewerbung ist geschönt, behauptet der Düsseldorfer Wirtschaftsdetektiv Klaus Kocks, nachdem er im Auftrag des TV-Magazins *BIZZ* 5000 Einsendungen auf ihren Wahrheitsgehalt hin untersucht hatte. Urlaubsreisen wurden zu Studienaufenthalten umfunktioniert, Ferienjobs zu Praktika veredelt, Lücken in den Lebensläufen kunstvoll geschlossen.

»Ein bisschen Tricksen ist erlaubt«, beschwichtigt der Karriereberater Christian Püttjer aus Bredenbek, der mit seinem Partner Uwe Schnierda den Ratgeber »Eine Bewerbungsmappe mit Profil – für Bewerber mit Zickzack-Lebensläufen« verfasste. Selbst bei den akademischen Rangabzeichen ist mit Zickzack zu rechnen, denn längst nicht jede Uni, die ein Diplom verleiht, ist eine. In ihrem Bestseller »Die Bluff-Gesellschaft« listete die Münchner Autorin Bärbel Schwertfeger Dutzende zweifelhafter Institute auf, die schöne Titel gegen Geld hergeben.

Arbeitgeber fördern die Doktorspiele, indem sie ihre Anforderungen so hoch wie möglich schrauben. Schon beim Kampf um eine Lehrstelle stehen Hauptschüler auf verlorenem Posten, wenn sie gegen Realschüler mit Mittlerer Reife oder gar Abiturienten antreten müssen. Bereits um mäßig bezahlte Sachbearbeiterjobs raufen sich jede Menge überqualifizierter Hochschulabgänger, und wenn man die Stellenangebote in Tageszeitungen wie der *Frankfurter Allgemeinen* oder der *Süddeutschen Zeitung* durchblättert, schwirrt einem bald der Kopf ob all der exotischen Arbeitsplatzbeschreibungen und der Voraussetzungen, die der Bewerber mitbringen soll: Da werden »Exchange Adiminstratoren«, »Manager Corporate Real Estate«, »Purchaser«, »Account Manager« oder »Senior Consultants« gesucht anstelle schlichter Verkäufer von EDV-Anlagen, Immobilienverwalter, Einkäufer oder Kundenbetreuer.

Die simple Tätigkeit verbirgt sich hinter einem Wust kunstvoll gedrechselter Worthülsen, und ebenso abgehoben sind die Anforderungen. Bewerber sollen nach dem Abschluss an einer (Elite-)Universität mehrere Jahre im Ausland verbracht, vielfältige berufliche Erfahrungen gesammelt, Spezialkenntnisse in mindestens drei Programmiersprachen erworben und obendrein gesellschaftliches Engagement bewiesen haben. Aber sie sollten möglichst nicht älter als 30 sein.

Bosse mögen keine Schlaumeier

Wer rein will in den Karpfenteich der Festangestellten muss sich nicht nur aufplustern wie ein Pfau, sondern meist auch schlechtere Bedingungen akzeptieren als sein Vorgänger. Nur wenige Unternehmen lassen die Chance, angesichts massenhafter Bewerbungen die Einstiegsgehälter zu drücken, ungenutzt verstreichen. Sofern die Jungen nicht gerade zu den umworbenen »high potentials« zählen, verdienen sie weniger und müssen sich einiges mehr gefallen lassen als die geschassten Alten.

In den Händen egoistischer Vorgesetzter sind sie erst mal Knetmasse, die so lange zurechtgebogen wird, bis sie passt. Das fängt mit der Aufgabenstellung an und hört mit der Arbeitszeit nicht auf. Bosse mögen keine Pfeifen, aber noch weniger mögen sie Schlaumeier – oder solche, die sich dafür halten. Gehorsam und willig hat der Novize genau jene Dreckarbeiten zu erledigen, für die sich sein Häuptling zu schade ist. Und wenn er ihm dann auch noch bei den kleinen Schweinereien, ohne die man im Geschäftsleben nun mal nicht klarkommt, Deckung gibt –, dann erst ist er als »einer von uns« akzeptiert. Stellt er sich allerdings zu geschickt an, zählt er bald zur Risikoklasse (könnte ja sein, dass er bereits an unserem Stuhl zu sägen beginnt). Nichts treibt unsere Führungskräfte mehr um als die Sorge vor einem besseren Untergebenen.

Damit die Jungen nicht auf dumme Gedanken kommen, zeigt man ihnen zuerst einmal, wo der Bartel den Most holt. Das kann zum Beispiel eine Projektgruppe sein, wo die Festangestellten mit Aushäusigen um den Auftrag konkurrieren müssen. Schaffen sie es, ist Maloche angesagt: Der Ablieferungstermin wird so knapp angesetzt, dass »Feierabend« aus dem Wortschatz fliegt.

Unorthodoxe Arbeitszeiten, das belegt eine Studie der Hans-Böckler-Stiftung vom Frühjahr 2007, werden für immer mehr Angestellte zur Normalität. Von 9.00 bis 17.00 Uhr im Büro – das war gestern. Heute muss der abhängig Beschäftigte rund um die Uhr verfügbar sein, oder wenigstens den größten Teil davon. Nur noch etwa 13 Prozent der Beschäftigten in deutschen Betrieben arbeiten im gewohnten 35-Stunden-Wochenrhythmus, dagegen haben rund 40 Prozent »extrem flexible« Arbeitszeiten.

Die Ursachen sind vielfältig: In Produktionsbetrieben müssen die Maschinen rund um die Uhr laufen, damit sie sich amortisieren, im Dienstleistungsgeschäft bestimmt der Kunde den Arbeitsrhythmus, in international operierenden Unternehmen fängt der Tag frühmorgens in Tokio an und hört erst nach 24 Stunden auf, wenn in Los Angeles die Sonne untergeht. Per Handy, Laptop und Organizer ist jedermann zu jeder Zeit einsatzbereit.

An der Zeitschranke scheitern vor allem ältere Angestellte. Männer und Frauen, deren Partner ebenfalls berufstätig sind und die sich die Betreuung der Kinder teilen, haben schlechte Karten im täglichen Rennen gegen die Zeit. Wenn sie Wert auf ein intaktes Familienleben legen, gerät ihre Work-Life-Balance schnell aus dem Ruder. Sie werden ersetzt durch junge Singles, denen es egal ist, ob sie nächtens in der Disco rumhängen oder etwas für ihre Karriere tun. Die Zwei-Klassen-Gesellschaft trennt nicht nur Stamm- von Randbelegschaften, sondern auch die Jungen von den Alten und die Flexiblen von den Sesshaften.

Großfahndung nach den Entlassenen

Wettbewerb ist aber keine Einbahnstraße: Das musste in letzter Zeit so manches Unternehmen erfahren, das mit seinen Angestellten allzu selbstherrlich umgesprungen war. Als die Konjunktur wieder anzog und massenhaft Aufträge hereinflatterten, da fehlte es plötzlich an den erfahrenen Alten, von denen man sich erst wenige Monate zuvor getrennt hatte.

Kein Problem, dachte der Personalleiter und schaltete ein paar Stellenanzeigen. Wundersamerweise aber gab der Markt nichts her. Zumindest jene Spezialisten, die man dringend brauchte, waren auf die Schnelle nicht aufzutreiben. Als sich der Personaler in der Branche umhörte, wusste er auch, warum. Nicht nur sein Unternehmen suchte – alle anderen taten es auch. Erst jetzt begriff er, welch Segen eine langfristige Personalpolitik sein kann.

Firmen, die zuvor die letzte Personalreserve wegrationalisiert und sich einen Ruf als Leuteschinder erworben hatten, hielten vergebens nach Verstärkung Ausschau. Jetzt waren jene im Vorteil, die noch über ein ausbaufähiges Potenzial verfügten und für ihre humanen Arbeitsbedingungen bekannt waren. Firmen wie der Maschinenbauer Festo im schwäbischen Esslingen, der stets Wert auf einen ausgeglichenen Altersmix legte: »Die Jungen bringen neues Fachwissen von der Uni mit«, begründet Personalchef Peter Speck die vorausschauende Politik seines Hauses, »und die Älteren haben die Erfahrung.« Im Gegensatz zu manchem Konkurrenten – im Frühjahr 2007 suchten allein die Maschinenbauer dringend 23 000 Ingenieure – hatte Festo kein Problem mit dem Ausbau seiner Kapazitäten.

Nur wenige Unternehmen in Deutschland betreiben, wie Festo, BMW oder Lufthansa, eine langfristig angelegte Personalpolitik. Wenn sie könnten, würde die Mehrheit wohl das amerikanische Hire-and-Fire-Prinzip einführen: einstellen, wenn der Laden brummt, und entlassen, sobald das Auftragspolster nachgibt. Wie sehr die Personaler kurzfristigen Moden folgen, zeigt eine Studie des Instituts für Sozialökonomische Strukturanalysen in Berlin, aus der hervorgeht, dass in 40 Prozent der deutschen Unternehmen kein Mitarbeiter über 50 beschäftigt wird. Dabei ist längst erwiesen, dass die Älteren im Schnitt bessere Arbeit leisten und – weil sie weniger Fehler machen – auch produktiver sind als die Jüngeren.

Seit dem Jahr 2006 sind die Älteren auch wieder mehr gefragt. Da auf die Baby-Boomer-Generation die geburtenschwachen Jahrgänge folgten, fehlte es in vielen Betrieben an erfahrenen Fachkräften. Die Zahl der offenen Stellen schnellte rapide hoch, und die Firmen fingen an, ihre ausgemusterten »Silver Workers« zurückzuholen. Dabei halfen Vermittlungsdienste wie der SES (Senioren Experten Service) aus Bonn oder der ED (Erfahrung Deutschland) aus Mannheim, sofern die Unternehmen nicht über eigene Netzwerke verfügten. Am besten vorbereitet auf die »Renaissance der Alten« (so der *Spiegel*) hatte sich der Stuttgarter Bosch-Konzern, der schon 1999 mit der BMS (Bosch Management Support GmbH) eine Art Auffanglager für Rüstige gründete. Im Adresspool des Unternehmens sind Hunderte ehemaliger Boschianer registriert, vom einfachen Arbeiter bis zum Spitzenmanager, die sich nach Bedarf reaktivieren lassen.

Um die Stars der schönen neuen Arbeitswelt – Ingenieure, Informatiker, Softwarearchitekten, Biotechniker, aber auch Controller und Verkäufer – reißen sich die Unternehmen schon heute, und viele von ihnen werden ihre Konditionen verbessern müssen, wenn sie nicht zurückfallen wollen im Wettlauf um die Talente. Google und Microsoft machen vor, wie die Pflege des Humankapitals aussehen kann.

Tatsächlich sind Unternehmen, die ihr Geschäft mit hochwertigen Produkten und Dienstleistungen machen, gut beraten, wenn sie auf eine möglichst lange Verweildauer ihrer Angestellten Wert legen: Einer Studie der ILO (International Labour Organization) zufolge erreicht die Produktivität eines Mitarbeiters erst nach einer Betriebszugehörigkeit von 13,6 Jahren den Höhepunkt. Dabei handelt es sich um einen Mittelwert aus der durchschnittlichen Produktivität von sechs Branchen aus 13 europäischen Ländern in der Zeit von 1992 bis 2006. Die auf kurzfristige Renditesteigerung ausgelegte Personalpolitik der meisten deutschen Unternehmen verhindert also, dass die Angestellten ihr Bestes geben können: Wer nach drei bis vier Jahren den Betrieb verlässt, ist vom Zenit seiner Leistungsfähigkeit noch weit entfernt.

Warum die »Greencard« floppte

Für die Masse der Mittelmäßigen aber werden die Zeiten ungemütlicher. Die erste Klasse der unbefristeten Vollzeitbeschäftigten verliert laufend Passagiere. Von den heute etwa 18 Millionen Festangestellten dürften in zehn Jahren vielleicht noch zehn bis zwölf Millionen übrig bleiben, der Rest hat befristete Jobs, arbeitet in Teilzeit oder hält sich mit freiberuflicher Tätigkeit über Wasser. So löst sich der homogene Block der deutschen Angestellten auf in eine Vielzahl unterschiedlicher Beschäftigungs- und Verdienstmodelle. Die Differenzierung nach Qualifikation und Einkommen wird zunehmen, der Abstand zwischen Arm und Reich, zwischen Minder- und Hochqualifiziert wächst in dem Maße, wie das Wirtschaftsgeschehen an Komplexität gewinnt.

221

Hoffnung für die Normalos der jüngeren Jahrgänge kommt aus der demografischen Entwicklung. Weil in Deutschland zu wenige Babys geboren werden und die Leute immer länger leben, nimmt das Angebot an Arbeitskräften ab. Hält der Trend an, gibt es im Jahr 2020 rund drei Millionen Arbeitssuchende weniger als heute. Die Wirtschaft aber will weiter wachsen und ist deshalb auf jeden verfügbaren Kopf angewiesen.

Konkurrenz droht den Durchschnittsangestellten aus dem Ausland. Wie schon in den 1950er-Jahren fordern Arbeitsmarktexperten der Unternehmerverbände von der Bundesregierung eine aktive Einwanderungspolitik. Anders als damals, sollen jetzt keine Hilfsarbeiter aus Italien, sondern Ingenieure, Mathematiker und Softwareentwickler aus Indien angeworben werden. Die von Exkanzler Gerhard Schröder favorisierte »Greencard« geriet zum Flop, nachdem es dem Arbeitnehmerflügel in der SPD gelungen war, die Bedingungen für Zuwanderer zu verschärfen.

Nur wer einen Arbeitsvertrag vorweisen kann, der ihm ein Jahresgehalt von wenigstens 85 500 Euro garantiert – dem Doppelten der Beitragsbemessungsgrenze –, erhält eine unbefristete Arbeits- und Aufenthaltserlaubnis. Kein Wunder, dass im Jahr 2005 nur 1400 Ausländer mit einer Greencard den Weg in deutsche Betriebe fanden, während gleichzeitig 145 000 arbeitswillige Bundesbürger ihr Glück in der Fremde suchten. In seiner heutigen Form ist das Zuwanderungsgesetz ein Abschreckungsgesetz, das es kleineren und mittleren Betrieben nahezu unmöglich macht, ihren Bedarf an Fachkräften zu decken, die in Deutschland nicht aufzutreiben sind.

Die Vehemenz, mit der die Besitzstandswahrer ihr schrumpfendes Terrain verteidigen, gibt eine Ahnung davon, wie sehr die sozialen Spannungen in den nächsten Jahren zunehmen werden: Die Erste Klasse wehrt sich gegen die zweite, die Jungen verdrängen – jedenfalls bis zum erwähnten demografischen Knick – die Alten, die einheimischen Arbeitskräfte wollen keine Konkurrenz aus dem Ausland. So werden die Abgestellten zum Problem der Angestellten.

9 | Die Zukunftsarbeiter

Die Zukunft der Angestellten heißt Ilka Jeschke. Sie war 53, als ihr der Stuhl vor die Tür gestellt wurde, Chefsekretärin mit 30-jähriger Berufserfahrung in der Medienbranche, vielseitig einsetzbar und doch plötzlich entbehrlich. Hundertzwanzig Bewerbungen schrieb die Münchnerin nach ihrem Rausschmiss, hinterließ bei 25 Personalvermittlern ihre Unterlagen und scheute auch den Gang zur Arbeitsagentur nicht. Man schrieb das Jahr eins nach dem Börsencrash, da bestand wenig Bedarf an einer teuren Bürokraft, schon gar nicht bei Verlagen, Sendern und Onlinefirmen.

Ilka Jeschke besann sich ihrer Fähigkeiten: Ordnung machen, Ordnung halten – das war, was sie am besten konnte. Der Not gehorchend beschloss sie, daraus ein Geschäft zu entwickeln. Wie es ihre Art war, ging sie das Thema systematisch an. Die ehemalige Sekretärin besuchte Seminare des Büros für Existenzgründungen (BfE) in München, machte eine Schulung beim Berufsverband BooND (Büroordnung, Büroorganisation Netzwerk Deutschland e.V.) und ließ sich von einem Experten der IHK München in Sachen Marketing und Werbung coachen.

Das Wichtigste, was ein Gründer braucht, ist Kapital. Das Überbrückungsgeld vom Arbeitsamt reichte gerade für sechs Monate. »Ich habe mit fünf Banken verhandelt«, erinnert sich die Münchnerin, »und alle gaben mir einen Korb. Sie hatten kein Interesse und kein Verständnis für meine Geschäftsidee.« Doch anstatt die Flinte ins Korn zu werfen, kratzte sie ihre Ersparnisse zusammen und legte los.

Das Zweitwichtigste, was ein Gründer braucht, ist ein Auftrag. Noch bevor Ilka Jeschke den ersten hatte, lernte sie auf einem Workshop einen Redakteur der *Süddeutschen Zeitung* kennen, der von ihrer Geschäftsidee so angetan war, dass er darüber berichtete. Prompt meldete sich daraufhin die Witwe eines Musikers, der ein wahres Papierchaos hinterlassen hatte.

Mit ihrer Einpersonenfirma »Bürochaos-Management« schafft Ilka Jeschke seither Ordnung in Firmen und Privathaushalten. »60 Tage im Jahr verbringt ein Büromensch mit Suchen«, rechnet sie vor und verspricht, die vertane Zeit einsparen zu helfen. Sie ordnet den Papierkram, sichtet Dokumente, lichtet den Zahlendschungel und sorgt für Klarheit im Terminkalender. So rettete sie den Marketingleiter eines Basler Pharmaunternehmens ebenso vor der Anarchie wie einen Münchner Musikverlag. Die meisten Aufträge aber erhält sie von Freiberuflern und Privatleuten, die im Papierwust zu ertrinken drohen.

»Das Chaos ist überall«, doziert die Ordnungshüterin, die sich ihre Arbeit nach Stunden bezahlen lässt und nie wieder als Angestellte arbeiten möchte. Ihr Wissen und ihre Erfahrung gibt sie in Vorträgen und Seminaren weiter.

Im Ozean der Arten

Gründer wie Ilka Jeschke haben Konjunktur. Sie beweisen, dass es ein Leben jenseits der Abhängigkeit gibt, und sie bereichern das karge Dienstleistungsangebot um pfiffige Ideen. Das Selbstständigenmodell taugt nicht für jeden, aber wer die nötigen Fähigkeiten mitbringt, der braucht sich um den Kahlschlag in den Büros der Konzerne keine Gedanken mehr zu machen.

Jahrzehntelang verharrte die deutsche Gründer-Szene im Tiefschlaf, ehe sie – geweckt vom Niedergang der Angestelltenkaste – plötzlich zu neuem Leben erwachte. Bereits vor der Jahrtausendwende rief die Illustrierte *Stern* die von zahlreichen Unternehmen unterstützte Initiative »Start-up« ins Leben, die den Deutschen Gründerpreis auslobt und Schülern wie Studenten Starthilfe anbietet. An den Universitäten bildeten sich Netzwerke künftiger Unternehmer, Industrie- und Handelskammern veranstalteten Seminare zum Thema Existenzgründung, und die KfW (Kreditanstalt für Wiederaufbau) stellte Fördermittel und zinsgünstige Darlehen bereit.

Vielfältige Aktivitäten führten dazu, dass die Zahl der autonomen Existenzen in Deutschland wieder zulegte. Hatten die Statistiker im Jahr 1990 ganze 2,3 Millionen Selbstständige in Deutschland registriert, so meldeten sie für 2006 bereits 4,13 Millionen – das entsprach einem Anteil von 10,6 Prozent an der erwerbstätigen Bevölkerung.

Hinter diesen Zahlen verbirgt sich freilich eine schwer durchschaubare Wirklichkeit. Schon der Begriff »Selbstständiger« gibt allerlei Rätsel auf. Handelt es sich hier eventuell um Karl Albrecht, dem die Hälfte des Aldi-Imperiums gehört und der mit einem geschätzten Vermögen von 15 Milliarden Euro als reichster Deutscher gilt? Oder um einen Einmannbetrieb, der mit seiner Mikrofirma gerade so über die Runden kommt? Gemessen am Aquarium der Angestellten, wo jeder Fisch die Gehaltsklasse des anderen einigermaßen zuverlässig einzuschätzen vermag, bewegen sich die Selbstständigen in einem Ozean der Arten: Vom Einzeller bis zum Weißen Hai lauern hier die unterschiedlichsten Wesen auf Beute.

Wie nach Einkommen und Vermögen, unterscheiden sich die Selbstständigen auch nach ihren Motiven. Ulrich Walwei, Vizedirektor des zur Bundesagentur für Arbeit gehörenden IAB (Institut für Arbeitsmarkt- und Berufsforschung) und einer der intimsten Kenner der deutschen Arbeitswelt, teilt die Gründer ein in echte und getriebene. Echte Gründer machen sich selbstständig, weil sie von ihrer Geschäftsidee überzeugt sind und Geld damit verdienen wollen. Getriebene machen sich selbstständig, weil sie ihren Job verloren haben und keinen neuen finden. Und dann gibt es da noch Leute wie Ilka Jeschke, die eine Getriebene war und eine echte Gründerin wurde.

Bei genauem Hinsehen entpuppt sich der deutsche Gründerboom als wundersame Vermehrung getriebener Existenzen. Seit die Bundesregierung unter Exkanzler Gerhard Schröder beschloss, die Gründung sogenannter Ich-AGs zu fördern, flüchteten entlassene Angestellte reihenweise in die Selbstständigkeit. Drei Jahre lang zahlte der Staat den Gelegenheitsunternehmern Zuschüsse; im ersten Jahr gab es monatlich 600, im zweiten 360, im dritten 240 Euro, insgesamt 14 400 Euro. Als die Staatsknete am 30. Juni 2006 zu fließen aufhörte, beendeten nicht wenige der Stützli-Existenzen ihre Unternehmerlaufbahn.

Seither geht es mit dem Gründen wieder bergab, obwohl angehende Firmenchefs in keinem Land der Erde so viele Fördertöpfe anzapfen dürfen wie bei uns und der Staat auch wieder neun Monate lang einen Gründerzuschuss von 300 Euro im Monat zahlt: Nur noch 4,2 Prozent aller Deutschen zwischen 18 und 64 Jahren versuchten im Boomjahr 2006 eine eigene Firma aufzumachen, fand eine Studie heraus, die das IAB zusammen mit der Leibniz-Universität Hannover veranstaltete – ein Jahr zuvor waren es noch 5,4 Prozent gewesen.

Im internationalen Vergleich erscheinen die Bürger der Angestelltenrepublik Deutschland denn auch als ziemlich zaghafte Gründer. In Peru, Kolumbien oder auf den Philippinen etwa macht sich jeder Fünfte selbstständig, in den USA noch jeder Zehnte. In der Rangliste der 42 untersuchten Gründernationen landete Deutschland auf Platz 37.

Banker halten die Taschen zu

Vor diesem Hintergrund erscheint die Hoffnung, das Millionenheer der entlassenen Angestellten könne sich auf freier Wildbahn durchschlagen, unrealistisch zu sein. Eine überbordende Bürokratie legt im Verein mit knausrigen Banken die Hürden so hoch, dass zu viele der hoffnungsvollen Starter straucheln, bevor sie richtig zum Laufen kommen. Eine Unzahl von Vorschriften und Berichtspflichten hält den Gründer davon ab, Aufträge hereinzuholen und abzuwickeln; Handwerks- und Handelskammern wachen mit Argusaugen über ihre Reviere, und um nahezu jeden Berufsclaim haben die einschlägigen Verbände und Genossenschaften Schutzwälle errichtet, die ein Neuling schwerlich zu überwinden vermag.

Während Beamte und Angestellte normalerweise keine Probleme haben, einen Dispokredit über 50 000 Euro zu bekommen, halten die Geldverweser die Taschen zu, sobald ein Firmengründer in der Schalterhalle auftaucht. Anstatt in eine zündende Geschäftsidee investieren die Herren des Kapitals lieber in leer stehende Betonburgen.

Auch das gemeine Volk vermutet im Selbstständigen – vom Arzt und Apotheker abgesehen – erst mal einen Hungerleider. Will er eine Wohnung mieten, fordert der Hausherr den Nachweis der Zahlungsfähigkeit in Form der letzten fünf Einkommensteuerbescheide, Verhandlungen über Leasingverträge gleichen einem Spießrutenlauf.

Hat er bereits eine Pleite hinter sich, ist der freie Unternehmer in Deutschland – anders als in den USA – geächtet bis ans Ende seiner Tage. Damit er vorher nicht der öffentlichen Fürsorge anheimfällt, will ihn der gestrenge Staat nun auch noch zur Zahlung regelmäßiger Beiträge zur Sozialversicherung verpflichten.

»Es gibt keine Wertschätzung gegenüber der Leistung der Selbstständigen, sich oder andere in Lohn und Brot gebracht zu haben«, bestätigt der Schweizer Professor Fred Henneberger, der als Direktor am Forschungsinstitut für Arbeit und Arbeitsrecht der Universität Sankt Gallen den Werdegang von 50 Kleinstunternehmen untersuchte.

Von Behörden und Finanzamt drangsaliert, in der Bevölkerung gering geachtet und den Unbilden des Marktes schutzlos ausgeliefert – das Leben der Selbstständigen ist wahrlich kein Zuckerlecken. Umso verwunderlicher, dass sie, alles in allem, mit sich und der Welt zufriedener sind als die abhängig Beschäftigten. Nach einer Befragung von 5000 repräsentativ ausgewählten Testpersonen kam die Studie »Was ist gute Arbeit?« im Jahr 2005 zu dem Ergebnis, dass nur 33 Prozent der Selbstständigen, aber 57 Prozent der Angestellten glauben, zu hohen Belastungen ausgesetzt zu sein. Ärgernis Nummer eins der Angestellten ist der Chef, über dessen Verhalten sich fast zwei Drittel beklagen. Diesen Stressfaktor aber brauchen die Selbstständigen nicht mehr zu fürchten.

Die Freiheit zu grenzenloser Selbstausbeutung macht also zufriedener als das sozial abgesicherte Rennen im Hamsterrad der Angestellten. Dies darf schon deshalb als gesicherte Erkenntnis gelten, weil die meisten der befragten Selbstständigen Erfahrungen in beiden Rollen gesammelt haben: Rund 80 Prozent der Existenzgründer kommen nämlich aus Angestelltenverhältnissen, und wie es aussieht, wird der Zustrom keineswegs versiegen, sondern, im Gegenteil, in den nächsten Jahren noch heftig anschwellen.

Kurzweiliges Leben

Ob sie einer Einpersonenfirma vorstehen oder ein Team von Mitarbeitern führen – Selbstständige müssen anders rechnen als Angestellte. Die Knete fließt nicht automatisch, sondern muss Monat für Monat neu erkämpft werden. Umsatz ist nicht gleich Gewinn, und am nächsten Ersten hält das Finanzamt die Hand auf. Beiträge zur Krankenversicherung, zur Berufsgenossenschaft zehren am Ertrag wie Miete, Leasingraten und Telekomgebühren. Kunden, die an der abgelieferten Arbeit herumnörgeln, die spät oder gar nicht zahlen, machen das Leben kurzweiliger als einem lieb sein kann. Gute Nerven, ein unverwüstlicher Optimismus und ein paar finanzielle Reserven können da nicht schaden.

Anders als die vielen Scheinselbstständigen, die in Wahrheit Angestellte ohne Kündigungsschutz sind, weil sie ihr Geld von nur einem Auftraggeber erhalten, realisierten die echten Gründer eine Fülle interessanter Geschäftsideen, von denen wir im Folgenden einige vorstellen wollen.

Der Beziehungsbeender: Für ein paar Hundert Euro ersteigerte der arbeitslose Versicherungskaufmann Bernd Dressler aus Berlin-Zehlendorf im Mai 2006 bei ebay das Konzept einer

Trennungsagentur. Gegen Honorar erledigt er seither, wozu manchem Partner der Mut fehlt: telefonisch, per Brief oder unter vier Augen überbringt er dem geschassten Opfer die traurige Botschaft. Einfache Fälle werden am Telefon erledigt und kosten 19,95 Euro; das Gespräch vor Ort – Tonlage sanft bis unbarmherzig – ist für 49,95 Euro im Angebot. Über 140 Aufträge hat Dressler schon zur Zufriedenheit seiner Kunden abgewickelt.

Die Geschichtsforscher: Ein Filmregisseur, der wissen will, wie der Ehrendolch der SS aussah; ein Rechtsanwalt, der einen rechtmäßigen Erben sucht; ein Unternehmen, das für eine Jubiläumsschrift historische Aufnahmen benötigt – das sind typische Kunden von Facts & Files in Berlin-Pankow. Die studierte Historikerin, Germanistin und Pädagogin Beate Schreiber, Jahrgang 1971, widerlegt das Vorurteil, dass Geisteswissenschaftler keine guten Unternehmer abgeben. Zusammen mit ihren Studienkollegen Frank Drauschke und Jörg Rudolph gründete sie 1999 eine der ersten privaten Agenturen für historische Recherchen. Das Konzept, von Fachleuten anfangs belächelt, ging auf: Facts & Files ernährt neben den drei Partnern noch vier feste und zahlreiche freie Mitarbeiter.

Die Posterledigerin: Mit 43 sei sie zu alt für eine Festanstellung, beschied ihr der Berater bei der Arbeitsagentur im Saarland. Anne Glauben, gelernte Groß- und Außenhandelskauffrau aus Bous im Landkreis Saarlouis, wollte es nicht glauben. Vergeblich bewarb sich die geschiedene Mutter bei den verschiedensten Firmen, erst dann beschloss sie, sich mit einem Büroservice selbstständig zu machen. Um sich von der Konkurrenz abzuheben, entwickelte sie einen speziellen Postdienst sowie ein neuartiges Kundenbindungs- und Abrechnungssystem. Wer sein Geschäft von Anne Glaubens »flexiOffice – das clevere Büro nach Maß« managen lässt, der bekommt Briefe, Dokumente oder Verträge per E-Mail an jeden Ort der Welt nachgesandt, auch wenn sie in Papierform eingegangen sind: »mail2go« nennt Anne Glauben dieses innovative Angebot. Kunden, die bei ihr eine bestimmte Anzahl von Dienstleistungen buchen – gleich, ob es sich um Schreibarbeiten, Mailingaktionen oder Recherchen handelt – erhalten zehn bis 20 Prozent Rabatt. Dieses Konzept überzeugte die Kunden, vor allem Freiberufler und Kleinunternehmer.

Der Vermittler: Er war 27, als er sich in Südamerika umsah. In Ecuador versuchte der diplomierte Wirtschaftsjurist Dirk Schuhmacher eine Stelle als Praktikant zu finden. Beim Salsatanzen in einer Disco lernte er eine junge Frau kennen, die in einem Reisebüro arbeitete. Sie hatte gute Kontakte in der Hauptstadt Quito und vermittelte ihn an einen Nachrichtensender.

»Ohne diesen Zufall hätte ich mich schwergetan«, erinnert sich der Deutsche, der aus seiner Erfahrung eine Geschäftsidee entwickelte. Sechs Jahre später vermittelt seine Firma Ole Praktikumsbörse in der Bamberger Amalienstraße Praktikantenplätze in Argentinien, Chile, Ecuador, Peru und in China. Der professionelle Service kommt gut an, denn Schuhmacher unterhält ein Netz von Agenten, die sich vor Ort um die Studenten kümmern. Ole sucht passende Plätze aus, sorgt für den Flughafen-Transfer, die Unterkunft und organisiert Sprachkurse. Für die Vermittlung eines sechs- bis achtwöchigen Praktikums müssen Schuhmachers Klienten rund 1500 Euro einkalkulieren – kein Pappenstil, aber eine lohnende Investition. Für den Firmengründer, der mittlerweile zum stellvertretenden Kreissprecher der Bamberger Wirtschaftsjunioren gewählt wurde, die Existenzgrundlage.

Die Hostessenqueen: Als Beate Klein während ihres Publizistik- und Psychologiestudiums in Berlin als Hostess auf allerlei Messen jobbte, wunderte sie sich über ihre Kolleginnen. Manche flirteten offensiv mit Gästen, andere wussten auf die einfachsten Fragen keine Antwort. Folgerichtig schrieb sie ihre Magisterarbeit über »Die Bedeutung von Hostessen für die Außenpräsentation von Unternehmen«, und anschließend gründete sie mit ihrer Partnerin Susanne Gottschling die Agentur

Apunto Connect. Statt naiver Dekopüppchen liefert das Berliner Unternehmen an Kunden wie Adidas oder Deutsche Bank passgenaue Hostessenteams. Fach- und Sprachkenntnisse werden garantiert.

DJ im Nadelstreifen: Zehn Jahre lang führte der in München lebende Kroate Bozidar Miksa ein Doppelleben. An fünf Tagen die Woche verkaufte er im eleganten Zweireiher als angestellter Key Account Manager Softwarelösungen an Großkunden, an den Wochenenden sorgte er als freiberuflicher Discjockey im branchenüblichen Schlabberlook für Stimmung in Diskotheken und Nachtlokalen. Im Sommer 2003 erreichte ihn die Kündigung, Miksa wurde arbeitslos. Da er ohnehin genug hatte von der nadelgestreiften Businesswelt, beschloss er, sein Hobby zum Beruf zu machen. Miksa ließ das Arbeitslosen- in Überbrückungsgeld umwandeln und gründete seine eigene Firma: Dj4Dance. Jetzt, so glaubte er, könne er auf Anzüge verzichten und den jahrelang eingeübten Managerslang vergessen. Doch seine Bemühungen, in der Münchner Kneipenszene als professioneller DJ Fuß zu fassen, endeten kläglich. In der Not besann er sich auf seine Fähigkeiten als Betriebswirt, warf sich in den geretteten Zweireiher und erschloss sich eine neue Klientel. Mit dem Vokabular des gelernten Vertriebsprofis verkaufte er seine Dienstleistung an Firmen, Kanzleien und private Kunden für Feste und Veranstaltungen jeder Art. Wieder ist von Effizienzsteigerungen, Potenzialanalyse und After Sales Service die Rede. Das Doppelleben geht weiter, und es rechnet sich.

Glitzernde Handläufe: Endlich einer, der dem klassischen Bild des Entrepreneurs entspricht. Schon für seine Dissertation beschäftigte sich der Hamburger Ingenieur Christian-André Keun mit dem »modularen Design« von Kunststoffen, und dabei kam ihm eine Idee, die er 2006 mit seiner neu gegründeten Firma CompriseTec verwirklichte: die Handläufe sämtlicher Rolltreppen dieser Welt will er von ihrem tristen Schwarz befreien. Zusammen mit Experten der TU Hamburg und des Rolltreppenherstellers ThyssenKrupp entwickelte er als Ersatz für die bisher aus vulkanisiertem Kautschuk hergestellten Gummibänder ein neuartiges Material, das in jeder denkbaren Farbe produziert und mit allerlei Spezialeffekten ausgestattet werden kann. Für die Gangway eines riesigen Privatjets lieferte er bereits goldglitzernde Bänder aus, und nach Toulouse ging ein leuchtend blauer Handlauf. Auch fluoreszierende oder wie Perlmutt schimmernde Rolltreppen sind möglich. Gründer Keun, Jahrgang 1971, sieht ein rund laufendes Geschäft vor sich.

Sonnige Konstruktion: Die alleinerziehende Mutter Ute Krauß war 38, als ihr Arbeitgeber, ein Stahlbauunternehmen, Insolvenz anmeldete. 20 Jahre lang hatte sie als technische Zeichnerin gearbeitet und zahlreiche Projekte geleitet, doch nun wollte sie niemand mehr einstellen. Nach einem halben Jahr Arbeitslosigkeit entschloss sie sich zur Selbstständigkeit, und zwar mit einem ungewöhnlichen Mix: Im April 2004 eröffnete sie in einem ehemaligen Ladengeschäft im schwäbischen Essingen das Sonnenstudio Relax und darüber im selben Haus das Konstruktionsbüro Gamma. Die Kombination macht Sinn, denn auf die Sonnenbank legt man sich im Winter, der Stahlbau aber floriert im Sommer. Die Bürgschaftsbank Baden-Wüttemberg war ebenso überzeugt wie die Hausbank von Ute Krauß, denn die Gründerin bekam zum Start ein Darlehen über 50 000 Euro. Offensichtlich haben sich die Banker nicht getäuscht, denn mittlerweile beschäftigt die Doppelunternehmerin acht Mitarbeiter.

Berliner Törtchen: Warum, fragte sich die Konditormeisterin Stephanie Albrecht, müssen Torten immer so wuchtig daherkommen, dass es zu ihrem Verzehr einer Großfamilie bedarf? Und warum müssen sie so süß schmecken, dass man danach der kollektiven Diabetes anheimzufallen droht? Der Gedanke kam ihr in Paris, wo sie unter anderem beim berühmten Patissier Hermé in Saint-Germain hospitierte und die kleinen, fruchtigen Tartelets der Franzosen schätzen lernte. Zurück im heimatlichen Berlin, beantwortete sie die Tortenfrage mit der Eröffnung der

Patisserie Albrecht in der Rykestraße. Seit März 2004 gibt es nun auch in der deutschen Hauptstadt köstliche Petites Tartes zu erschwinglichen Preisen, und die Berliner langen so kräftig zu, dass die Unternehmerin in der Winterfeld- und der Fasanenstraße bereits zwei Filialen aufmachen konnte.

Authentische Kommunikation: Eigentlich wollte sie Pastorin werden, doch dann entdeckte Christa Fellner aus München, dass ihre Interessen vielfältiger sind. Zum Diplom in Theologie erwarb sie ein weiteres in Romanistik; ihr Geld aber verdiente sie bei einer Werbeagentur. Als sie arbeitslos wurde, kam ihr der Gedanke, die Fähigkeiten der Theologin mit dem praktischen Handwerkszeug der gelernten Werbeberaterin zu verbinden. Das Ergebnis nennt sich OriKom – Büro für originelle Kommunikation. Hier entstehen Texte, Briefköpfe, Visitenkarten und allerlei Werbemittel, die sich von der überall erhältlichen Massenware vor allem dadurch unterscheiden, dass die Botschaft mit dem Anliegen übereinstimmt. Nicht Originalität um jeden Preis sei das Ziel ihres Schaffens, sagt Christa Fellner, sondern Authentizität. Deshalb nimmt sie sich viel Zeit für ihre Kunden, um deren Wesen und Ziele zu ergründen, ehe sie sich an die eigentliche Arbeit macht. OriKoms Referenzliste kann sich sehen lassen.

Virtuell oder nur beweglich?

Wie diese Beispiele beweisen, gibt es in der scheinbar so festgefügten Wirtschaftslandschaft noch viele unentdeckte Nischen, in denen findige Gründer überleben können. Sie werden sie brauchen, denn die klassischen Geschäftsfelder geben immer weniger Arbeitsplätze her. Nach Prognosen des Forschungsinstituts zur Zukunft der Arbeit (IZA) in Bonn und des Zukunftsinstituts von Matthias Horx in Kelkheim wird sich der Anteil der Festangestellten in den Industrieländern von derzeit etwa 77 Prozent bis Mitte des 21. Jahrhunderts auf 30 bis 40

Prozent verringern – jener der befristet Beschäftigten aber von zwölf auf 40 Prozent und der Selbstständigen von elf auf 20 bis 25 Prozent erhöhen. »Irgendwann«, prophezeit Arbeitsmarktforscher Hilmar Schneider vom IZA, »ist nicht mehr klar, wer Arbeiter und wer Unternehmer ist.«

Auch wenn Prognosen, einem Bonmot Kurt Tucholskys zufolge, immer dann schwierig werden, wenn sie von der Zukunft handeln, so lassen sich doch einige zentrale Entwicklungen in der Wirtschaft relativ sicher bestimmen. Drei Trends treiben die Unternehmen an: die Globalisierung, die Beschleunigung und die Chaotisierung des Wirtschaftsgeschehens. Alle drei Trends zusammen zwingen die Geschäftsleitungen zu Improvisationen und permanenten Anpassungsprozessen – und die sind mit statischen Strukturen kaum zu bewältigen.

Unbewegliche Belegschaften zählen ebenso zu den Hindernissen wie das in Immobilien gebundene Firmenvermögen oder unveränderliche Produktionsanlagen. Man wird also den Block der fest angestellten Mitarbeiter nach und nach verkleinern, Büro- und Fabrikgebäude verkaufen und nach Bedarf zurückleasen, Produktionsanlagen so weit wie möglich flexibilisieren.

In seiner Extremform könnte das Unternehmen der Zukunft dem ähnlich sehen, was Unternehmensberater und Organisationsfachleute eine »virtuelle Company« nennen. Gemeint ist eine Firma, die nur noch aus einer Geschäftsidee und wenigen Personen besteht. Je nach Bedarf kooperiert sie mit anderen, um ein Produkt herstellen zu lassen, einen Vertrieb zu organisieren oder eine Finanzierung auf die Beine zu stellen. Ein derart loser Verbund ist zwar extrem beweglich, doch er dürfte kaum die für die Penetration eines Marktes notwendige Stabilität und Stoßkraft aufbringen und deshalb weniger im Produktionsbereich als in der Dienstleistungsbranche Verbreitung finden.

Ein Beispiel dafür ist Type Two Consulting Ltd., eine auf die Pharma- und Biotechbranche spezialisierte Unternehmensberatung, die aus einem guten Dutzend Mitarbeitern, einem Postfach im Londoner Stadtteil Hammersmith und vernetzten Laptops besteht. Nicht mal über ein Büro verfügt der Verbund von

Fachleuten aus fünf verschiedenen Ländern, der mit einigen der größten Pharmakonzernen der Welt Geschäfte macht, seine Buchhaltung aber von einem externen Wirtschaftsprüfer erledigen lässt.

Eine Nummer kleiner ist die Zentrale Intelligenz Agentur (ZIA) in Berlin, eine Vereinigung von Journalisten, Grafikern und Werbetreibenden, die für die Hauptstadtgazette *Zitty* und den Musiksender MTV arbeitet, Webblogs und einen Trendletter erstellt. Aufsehen erregten die ZIA-Gründer Holm Friebe und Sascha Lobo mit dem Buch »Wir nennen es Arbeit«; Kollegin Kathrin Passig wurde für ihren Text »Sie befinden sich hier« gar mit dem Ingeborg-Bachmann-Preis ausgezeichnet. Auch die ZIA braucht keine Geschäftsstelle und hat keine Angestellten; zu Besprechungen über Projekte trifft man sich montags in einer Altbauwohnung am Prenzlauer Berg, gearbeitet wird dann zu Hause.

Zum Arbeiten nach Hause geschickt

Das wirtschaftliche Gewicht virtueller Unternehmen hält sich bisher in Grenzen. Für den Arbeitsmarkt bedeutsamer ist das »bewegliche Unternehmen«, das sich auf die Entwicklung, das Design und den Vertrieb der Produkte konzentriert und den Produktionsapparat so klein wie möglich hält. Deutsche Vorbilder sind die Sportartikelhersteller Adidas und Puma, der Autobauer Porsche, die Spedition Danzas oder der Schraubenlieferant Würth. In den USA gelten die Computerfirmen Apple, Dell und HP sowie der Turnschuhhersteller Nike als besonders beweglich: Alle diese Unternehmen wachsen überdurchschnittlich schnell und erwirtschaften mit vergleichsweise wenigen Leuten hohe Erträge.

Porsche zum Beispiel wurde zur profitabelsten Autofirma der Welt, indem es vieles, was früher im eigenen Haus entwickelt und produziert wurde, von anderen erledigen lässt. Lag die Fertigungstiefe vor 15 Jahren noch bei über 50 Prozent, so erreicht dieser Gradmesser für den Anteil der selbst produzierten Teile derzeit kaum 20 Prozent. Das Modell Boxster wird in Finnland von der Firma Valmet montiert, der Geländewagen Cayenne teilt sich die Karosserie samt Fahrwerk mit dem Touareg des VW-Konzerns, und auch die neue Sportlimousine Panamera entsteht in enger Kooperation mit VW.

Noch weiter geht die Arbeitsteilung bei dem Sportartikelkonzern Puma, der sich ganz auf die Entwicklung und das Design von Sportschuhen und Textilien beschränkt und nahezu die gesamte Produktion aus Billiglohnländern in Asien bezieht. Solche Unternehmen brauchen keine großen Belegschaften mehr, und noch weniger benötigen sie ausgedehnte Bürofluchten in den teuersten Innenstadtlagen. Da erscheint es nur konsequent, wenn sie auch noch die restlichen Mitarbeiter nach Hause schicken.

Für Wirbel sorgte die Aktion beim Deutschland-Ableger des US-amerikanischen IT-Konzerns Sun Microsystems, der zwei Drittel seiner gut 1500 Mitarbeiter zu sogenannten i-Workern machte. Das nette Kürzel steht für Informationsarbeiter und meint eine Arbeitsform, die zu Beginn der Industrialisierung vorherrschte: Damals nannte man das Heimarbeit, und diese wurde zum Synonym für die brutale Ausbeutung rechtloser Arbeitssklaven. So lieferten geknechtete Heimarbeiter, die den Aufstand gegen ihren Lohnherrn – den Baumwollfabrikanten Zwanziger im schlesischen Peterswaldau – riskierten, die Vorlage für Gerhart Hauptmanns Sozialdrama »Die Weber«, und mit dem Weberaufstand begann im 19. Jahrhundert der Sozialismus.

Zwar haben die modernen Telearbeiter oder i-Worker mit den armen Teufeln aus Schlesien wenig gemein. Doch die Verlagerung ihrer Tätigkeiten weg vom zentralen Großraumbüro nach Hause, wo sie am Laptop oder PC sitzen und über Datenfernleitungen in stetigem Kontakt mit »ihrer« Firma, den Kunden und Kollegen stehen, verändert nicht nur die Arbeitswelt gründlicher als einst die Einführung des Fließbandes in den Fabriken Henry Fords. Die Telearbeit hat Auswirkungen auf die gesamte Gesellschaft, von deren Ausmaß man sich bisher nur ein vages Bild machen kann.

Telearbeiter verursachen keinen Stau auf den Straßen, füllen keine Pendlerzüge, benötigen keine Büros, keine Werkskantine und höchstens einen Businessanzug. Aber sie brauchen, als Ersatz für die Bürogemeinschaft, ein neues soziales Umfeld, und sie müssen sich selbst disziplinieren. Noch ist nicht geklärt, ob die Telearbeit eine Gesellschaft kontaktschwacher Autisten hervorbringt oder ob sie, im Gegenteil, die Menschen vielseitiger, weltoffener und zufriedener macht. Sicher ist nur, dass diese von der modernen Informationstechnik geförderte Arbeitsweise um sich greift wie eine Seuche und sich nicht mehr verdrängen lassen wird.

Neben Sun Microsystems schickte der IT-Branchenriese IBM einen Großteil seiner 22 000 Köpfe zählenden Belegschaft in Deutschland zum Arbeiten nach Hause, beim Autokonzern Daimler haben schon knapp 9000 Mitarbeiter einen mobilen Arbeitsplatz, und sogar die LVM-Versicherung im westfälischen Münster lässt knapp ein Drittel ihrer 2000 Angestellten Schadensmeldungen oder Vertragsänderungen zu Hause bearbeiten.

Nach einer EU-Studie mit dem schönen Kürzel SIBIS (Statistical Indicators Benchmarking the Information Society) hatten bereits im Jahr 2003 rund 25 Millionen oder 13 Prozent aller erwerbstätigen Europäer – davon etwa sechs Millionen Deutsche – einen zweiten Arbeitsplatz zu Hause.

Noch weiter verbreitet ist die Telearbeit in den USA, wo Mitarbeiter von Fluggesellschaften die Buchungswünsche der Kunden im häuslichen Wohnzimmer entgegennehmen und IT-Konzerne anstelle fester Arbeitsplätze nur noch wenige »Flexible Offices« vorhalten, die sich die Angestellten nach einem sorgfältig ausgetüftelten Zeitplan teilen müssen, wenn sie den Wunsch verspüren, mal wieder bei ihrer Firma vorbeizuschauen. Bei Sun Microsystems im kalifornischen Santa Clara hat kaum einer der 37 000 »Sunnies« genannten Mitarbeiter noch einen eigenen Schreibtisch, und die Elektronikmarktkette Best Buy schaffte sogar für sämtliche Angestellten die Anwesenheitspflicht in der Zentrale ab.

Der »Hot Desk« ersetzt den Schreibtisch

Während die Amerikaner hauptsächlich praktische Probleme der Telearbeit diskutieren – etwa die Sicherheit der Datenübertragung –, sorgt man sich in Deutschland um die soziale Akzeptanz. Die Gewerkschaften befürchten weitere Mitgliederverluste, wenn die Telearbeit um sich greift, und sehen die Verhandlungsstärke der Arbeitnehmer in Gefahr. Soziologen machen sich viele Gedanken um die psychische Gesundheit sozial isolierter Heimwerker. Nur wenige Unternehmen sind denn bisher auch bereit, die Telearbeit in Reinkultur einzuführen. Verbreitet sind Mischformen wie bei Daimler, Conti oder Siemens: Zwei bis vier Tage lassen sich die Mitarbeiter in solchen Firmen am Arbeitsplatz sehen, den Rest der Woche verbringen sie am heimischen Bildschirm. So bleibt der persönliche Kontakt zu Kunden, Kollegen und Vorgesetzten bestehen, und dennoch greifen bei diesem Modell die Vorteile der Telearbeit: Die Mitarbeiter können sich ihre Tage besser einteilen, arbeiten effizienter und haben mehr Zeit für die Familie.

Frauen schätzen die neu gewonnene Freiheit, weil sie neben dem Job den Haushalt und die Kinder versorgen können; kreative Entwickler fühlen sich zu Hause weniger eingeengt und kontrolliert, und alle zusammen sparen die Zeit, die sie sonst auf dem Weg zwischen Bett und Büro verbringen würden.

Wenn ihre Angestellten zu Hause arbeiten, müssen die Unternehmen nicht mehr so viele leer stehende Büros finanzieren. Rund 60 Prozent der Angestellten verbringen nämlich weniger als die Hälfte der regulären Arbeitszeit am Schreibtisch, hat das Fraunhofer-Institut für Arbeitswirtschaft und Organisation (IAO) herausgefunden. Etwa ein Drittel der Büroflächen ließe sich einsparen, wenn noch mehr Unternehmen dazu übergingen, die Arbeitsplätze so zu gestalten, dass sich mehrere Angestellte einen Schreibtisch teilen.

Schon wittern Büromöbeldesigner und -hersteller die Chance,

den Verlust an Masse durch neue Konzepte und Produkte zu ersetzen. Das Büro der Zukunft soll nach ihren Vorstellungen weniger der Arbeit als vielmehr der Kommunikation dienen, es soll mehr Gemütlichkeit ausstrahlen und zum Verweilen einladen, aber nicht mehr so sehr auf einzelne Individuen zugeschnitten sein: »Wer nur kurz im Unternehmen vorbeischaut, kann sich vorübergehend an einem ›Hot Desk‹ einrichten«, heißt es in einer Siemens-Broschüre über das Flexible Office, in dem auch Sonderflächen vorgesehen sind »wie Meeting Points, Meeting Rooms oder das buchbare Einzelbüro (Think Tank).« Aus verwurzelten Büromenschen werden dann eben austauschbare »Desk-Sharer«.

Nur wenige Firmen aber machten sich bisher Gedanken über die Art der Arbeitsplätze, die in den Häusern und Wohnungen ihrer ausgelagerten Angestellten entstehen: Statt teurer Designermöbel findet sich in Keller- und Dachgeschossen eher Ikea-Ware, denn die Kosten gehen auf Rechnung des Hausherrn. IBM immerhin stellt seinen Heimarbeitern die komplette Infrastruktur bereit: Telefon- und Internetanschlüsse samt Laptop und Drucker.

Alles mitgemacht, was verlangt wurde

Aus dem Büro vertrieben, in Massen entlassen, zur Selbstständigkeit gezwungen – Deutschlands Angestellten wird in der Tat einiges zugemutet. Nie zuvor in der Geschichte waren die abhängig Beschäftigten einem solchen Veränderungsdruck ausgesetzt wie in der Gegenwart, und wie sie darauf reagieren, das lässt für die Zukunft nichts Gutes erwarten.

Am meisten leidet der Mittelbau der gut verdienenden Beamten und Angestellten – jene Schicht also, die den Löwenanteil an der Lohn- und Einkommensteuer aufbringt und von deren Kaufkraft sich die Wirtschaft den entscheidenden Impuls für die Konjunktur erhofft. Exakt 93,7 Prozent der im Auftrag der Arag-Versicherungsgruppe vom Meinungsforschungsinstitut TNS

Emnid befragten Angehörigen dieser Gruppe äußerten im Mai 2007 Ängste vor einem sozialen Abstieg.

Nicht mal die ehemaligen DDR-Bürger zeigten sich nach der Wende so pessimistisch wie die Stützen der deutschen Gesellschaft, die im Schnitt etwa 60 000 Euro jährlich verdienen, verheiratet sind, ein bis zwei Kinder aufziehen und meist in den eigenen vier Wänden wohnen. Sie sorgen sich um die Zukunft des Nachwuchses wie um die Sicherheit ihres Arbeitsplatzes und fürchten, dass ihr Einkommen nicht ausreicht, den gewohnten Lebensstandard zu halten. Ihnen graut vor Hartz IV und der Vorstellung, im Alter zu Almosenempfängern zu werden.

So ganz unbegründet ist die düstere Gemütslage der Besserverdiener nicht. Ihren überdurchschnittlichen Lebensstandard mussten sie sich durch Bildungsanstrengungen und Anpassungsleistungen hart erarbeiten: »Sie haben fast alles mitgemacht, was die Eliten von ihnen verlangt haben«, gibt der Göttinger Sozialwissenschaftler Franz Walter zu bedenken, »sie haben fremde Sprachen gelernt, sind mit technischen Innovationen fertig geworden, haben Fortbildungskurse besucht, die Arbeitszeit nach Bedarf gestreckt und verlängert« – mit dem Ergebnis, dass ihnen jetzt der Stuhl vor die Tür gestellt wird. Der Kahlschlag im Mittelbau der Unternehmen geht ebenso zu ihren Lasten wie die politischen Reformen im Steuer-, Gesundheits- und Sozialwesen.

Während die Regierung den Unternehmen mit der Senkung der Körperschaftsteuer entgegenkommt und die Reichen mit geringeren Spitzensteuersätzen belohnt, streicht sie den mittleren Einkommen die Eigenheimförderung, kürzt die Pendlerpauschale, verweigert die Absetzbarkeit des häuslichen Arbeitszimmers, bestraft sie mit progressiv steigenden Steuern und Beiträgen zur privaten Krankenversicherung. Beunruhigt zeigen sich jüngere Angestellte vor allem über die Ungewissheiten ihrer Alterssicherung. Denn sie wissen, dass jeder Euro, den sie in die staatliche Rentenversicherung einzahlen, später in Cents zurückfließen wird.

Von den Betriebsrenten ist auch nicht mehr viel zu erwarten, denn die Unternehmen sind dabei, sich ihrer milliardenschweren

Pensionsverpflichtungen zu entledigen, mit der Folge, dass die Altersvorsorge bei den neu eingestellten Mitarbeitern dürftiger ausfällt als bei den Altvorderen. Um die gigantischen Zahlungsverpflichtungen aus ihren Bilanzen zu tilgen – allein die 30 Dax-Konzerne müssen 250 Milliarden Euro für bereits zugesagte Betriebsrenten zurückstellen –, stecken sie das Geld in externe Fonds und krempeln die Pensionssysteme um.

Konnten die Mitarbeiter bisher mit festen Beträgen zur Alterssicherung rechnen, die sich meist am zuletzt bezogenen Gehalt orientierten, so wissen sie bei den neuen, beitragsorientierten Systemen nicht, wie viel sie dereinst von ihrer Firma zu erwarten haben. Die Unternehmen legen sich lediglich auf die Höhe der jährlichen Summe fest, die sie auf das Vorsorgekonto des Mitarbeiters einzahlen. Offen bleibt, wie sich das eingezahlte Geld rentiert und wie hoch die Rente sein wird, die der Mitarbeiter daraus bezieht: Die Kapitalmarktrisiken werden also wieder einmal von den Unternehmen auf die Mitarbeiter abgewälzt.

Mit den Risiken des Arbeitsmarktes müssen sie ohnehin selbst fertig werden – und nicht wenige fühlen sich vom Tempo der Veränderungen überfordert: Was tun, wenn die mühsam erworbenen Kenntnisse und Fähigkeiten plötzlich nicht mehr gefragt sind? Wenn neue Techniken und Konkurrenten auftauchen, die einem das Leben zur Hölle machen?

Vom Change- zum Self-Management

Perspektiven verkürzen sich zu einer schwarzen Wand, Resignation und Hoffnungslosigkeit hängen wie Blei in den Knochen. Der Versicherungskaufmann, dem das Internet die Kunden wegnimmt, die Bankberaterin, deren Filiale geschlossen wird, der Zeitungsredakteur, dessen Posten dem Newsdesk zum Opfer fällt – sie alle sind Kandidaten für ein gründliches Change-Management – hin zum Self-Management. Dieses aber unterscheidet sich kaum von den Maximen, nach denen die Unternehmen handeln, deren Opfer sie gerade geworden sind: Die

Suche nach neuen Geschäftsfeldern, die Konzentration der Kräfte, die Optimierung der Arbeitsabläufe, das Streben nach maximalen Erträgen bei minimalem Aufwand – die Grundsätze moderner Betriebsführung lassen sich leicht auf die Firma »Ich« übertragen.

Wer das nicht alleine schafft, findet Hilfe bei Coaches und Personalagenturen, die sich auf schwierige Vermittlungsfälle spezialisiert haben: Eine arbeitslos gewordene Hebamme, die jetzt eine Klinik leitet; ein ehemaliger Programmierer, der heute als Portier arbeitet; ein Controller, der zum Bergführer wurde – das sind Klienten, über die sich Bertram Wolf freut. Der Leiter des Zukunftszentrums Tirol hat es sich zur Aufgabe gemacht, Menschen auf die Arbeitswelt von morgen einzustellen.

Nur etwa 15 Prozent der rund 1600 Leute, die sich in den vergangenen vier Jahren in dem modernen Glasbau mitten in Innsbruck coachen ließen, waren arbeitslos. Viele kamen, weil sie in ihrem Job unglücklich waren, weil sie sich unter- oder überfordert fühlten – oder weil sie einfach etwas anderes machen wollten als das, womit sie bisher ihr Geld verdienten. Besonders hoch war der Anteil von Frauen, die nach Geburt und Erziehung ihrer Kinder zurückzufinden hofften in ein erfülltes Berufsleben, und von Jugendlichen, die den richtigen Einstieg suchten.

Bertram Wolf weiß, was eine gebrochene Arbeitsbiografie ist, denn er selbst war schon Tischler, Extrembergsteiger und Fernsehredakteur, bevor er die Arbeiterkammer, die Tiroler Landesregierung und die Stadt Innsbruck für die Idee einer gemeinnützigen Gesellschaft begeisterte, die sich der Folgen des Wandels auf dem Arbeitsmarkt annehmen sollte. Das Projekt erwies sich als dermaßen erfolgreich, dass es die Unterstützung zahlreicher Institutionen und Forschungseinrichtungen gewinnen konnte.

Im Zukunftszentrum Tirol geht man davon aus, dass ein Mensch mehr kann als das, was ihm sein Beruf gerade abfordert. Rund 70 Prozent der Fähigkeiten, postuliert Bertram Wolf, erwirbt man außerhalb von Schule und Universität. Also gilt es erst einmal, herauszufinden, wo die persönlichen Stärken eines

Kandidaten liegen. Dabei bedient er sich einer Methode, die an der Bundeswehrhochschule in München von den Arbeitspsychologen Thomas Lang-von Wins und Claas Triebel entwickelt wurde. Sie nennen sie Kompetenzbilanz (Kb).

Coaches, die mit der Kompetenzbilanz arbeiten, lassen die Klienten aufschreiben, was sie in ihrem Leben alles gemacht und gelernt haben, was sie nach eigener Einschätzung gut, was sie weniger gut beherrschen und was sie gerne können möchten. Dahinter steckt die Vermutung, dass im Berufsalltag ein Großteil ihrer Ressourcen verkümmerte. In zwei Sitzungen von je zwei Stunden soll der Coach seine Klienten dazu bringen, dass sie ihre Kompetenzen selbst entdecken und so an Lebenstüchtigkeit gewinnen.

»Unsere Bilanz ist Hilfe zur Selbsthilfe«, erläutert Chefcoach Othmar Kemetmüller den Zweck des Verfahrens, »wir stärken die Klienten, damit sie danach ihren Veränderungsprozess selbst steuern können.«

Darin unterscheidet sich die Kompetenzbilanz von den üblichen Eignungstests: »Uns interessiert nicht der mit einer Berufsausbildung erreichte Status, sondern das Entwicklungspotenzial eines Menschen«, doziert Kb-Erfinder Thomas Lang-von Wins. In der schönen neuen Arbeitswelt mit ihren undurchsichtigen Strukturen sind Leute, die sich trauen, unbekanntes Terrain zu betreten, eine Bereicherung, ob sie nun in ihrem angestammten Beruf weitermachen, die Tätigkeit wechseln oder die Selbstständigkeit riskieren.

In Deutschland arbeiten inzwischen mehrere Coaching-Agenturen mit der Kompetenzbilanz, so die PerformPartner in München oder von Rundstedt HR Partners in Düsseldorf mit Niederlassungen in neun weiteren Städten. Thomas Lang-von Wins und sein Team brachten sogar die Personalabteilungen mehrerer Unternehmen dazu, dass sie Mitarbeitern, die sie eigentlich loswerden wollten, zuerst einmal andere Jobs anboten, nachdem sie sich von deren Kompetenzen überzeugt hatten.

»Multiple Vermittlungshemmnisse«

Geht es in Innsbruck um die Optimierung von Lebensentwürfen, so nimmt sich der Münchner Thomas Heinle mit seinem privaten Institut für Vermittlungscoaching gerne der härteren Fälle an. Über 1000 Langzeitarbeitslose brachte der diplomierte Sozialpädagoge, der schon Erfahrungen als Kellner, Seilbahnschaffner und Autohändler gesammelt hat, in festen Jobs unter. Zuvor allerdings müssen die Kandidaten mit »multiplen Vermittlungshemmnissen« – so die politisch korrekte Bezeichnung – zeigen, was sie draufhaben. Heinle lehnt zwar keinen der Kandidaten ab, die ihm das Arbeitsamt schickt, doch nur jeder Dritte schafft es bis zur Vermittlung. Das Coaching, betont er, ist kein Kuschelzoo. Auch hier geht es darum, die wahren Fähigkeiten der Arbeit suchenden Klienten herauszufinden und sie mental aufzurüsten für den Kampf um einen festen Arbeitsplatz. Wer nicht jeden Tag erscheint und intensiv mitarbeitet, fliegt raus.

Ein Grieche, der als Produktionshelfer gescheitert war, wurde gefragt, was er am liebsten machen würde. »Mit dem Fahrrad nach China fahren«, lautete seine Antwort. Es stellte sich heraus, dass er schon viel von der Welt gesehen hatte. Heinle brachte ihn bei einem deutschen Touristikunternehmen unter – der ehemalige Packer betreut heute Urlauber auf Kreta.

Der Hilfsarbeiter, der gerne Rennfahrer geworden wäre und jetzt mit einem Bagger hantieren darf, die Filialleiterin, die übers Internet Autos verkauft – Geschichten wie diese festigten Heinles Ruf als Vermittler schwieriger Fälle. Beim Münchner Arbeitsamt ist man voll des Lobes für den privaten Konkurrenten, der sich als Buchautor einen Namen machte (»Finde deinen Job!«) und mit dem Innovationspreis der SPD ausgezeichnet wurde.

So hoffnungslos, wie manche der vom Rausschmiss bedrohten Angestellten glauben, ist die Lage also nicht. Es kommt nur darauf an, die eigenen Fähigkeiten zu entdecken – und sie offensiv zu vermarkten.

Die Frage ist nur, welche Fähigkeiten künftig gefragt sein werden und in welchen Bereichen der Wirtschaft die meisten Jobs entstehen werden. An sogenannten Trendscouts ist kein Mangel, doch häufig haben die Hohepriester der Zukunft nicht mehr zu bieten als wortreiches Geschwurbel. Zwar geben sie vor, die Megatrends des 21. Jahrhunderts zu kennen (darunter tun sie's selten), doch Zukunft ist ein weites Feld, das umso unschärfer wird, je näher es der Gegenwart kommt.

Nicht jeder ist ein Picasso

Die Zukunftsforscher kennen viele Methoden, sich dem Unbekannten zu nähern. Der Vernunftmensch akzeptiert jedoch nur eine – nämlich die Extrapolation bereits sichtbarer Entwicklungen. Hochrechnungen scheitern freilich immer wieder an unvorhergesehenen Ereignissen, an falscher Gewichtung einzelner Faktoren wie an schlichten Rechenfehlern. Dennoch kann es Sinn machen, die von Instituten, Parteien oder Interessenvertretern verkündeten Weisheiten über die vor uns liegende Zeit auf ihre Verwertbarkeit hin abzuklopfen. Wenn die Trend-deuter nicht vollkommen danebenliegen, dann werden in der Arbeitswelt von morgen die folgenden Begriffe eine Rolle spielen.

Dienstleistungsgesellschaft: Ein schönes Wort, doch der Deutsche dient nicht gerne. Die Jobs von Kellnern, Müllmännern und Putzfrauen überlässt er großzügig Leuten mit »Migrationshintergrund«. Wenn er schon Dienst schieben muss, möchte er das am liebsten in der Chefetage einer größeren Bank, zur Not auch an der Spitze einer Versicherung oder Krankenkasse erledigen. Die Hoffnung, dass die Dienstleistungsbranche, die schon 75 Prozent der Amerikaner ernährt, in Deutschland die von der Industrie wegrationalisierten Arbeitsplätze ersetzen könnte, dürfte sich deshalb als Illusion herausstellen. Aber niemand wird daran gehindert, neue Dienste zu erfinden und daraus ein Geschäft zu machen: der einfachste Weg in die Selbstständigkeit.

Kreativität: Wenn es nach Matthias Horx und seinem Zukunfts-institut geht, ist Kreativität der Schlüsselbegriff für die Weiter-entwicklung der Gesellschaft. Mag sein, doch nicht jeder ist ein Leonardo, Picasso oder Gottlieb Daimler. Was aus sogenannten Kreativkursen entlassen wird, sind oft biedere Angestellte, die ein bisschen Kindergarten gespielt haben. Abgesehen davon: Welcher Vorgesetzte duldet schon kreative Mitarbeiter in seinem Beritt? Solche Leute machen Ärger, halten sich nicht an Regeln, kommen und gehen, wann sie wollen, und wissen alles besser. Man sieht sie deshalb lieber bei der Konkurrenz als im eigenen Haus.

Die Bemühungen der Unternehmen, Mitarbeiter zu selbststän-digem Denken anzuregen, sind ja nicht verkehrt, doch nur we-nigen gelang, wie den erwähnten Beispielen Google oder Micro-soft, das Kunststück, originelle Geister an sich zu binden und dennoch gute Zahlen zu produzieren. Wer wirklich in der Lage ist, originäre Lösungen bekannter Probleme zu kreieren oder gar neue Probleme zu erkennen, der braucht schon ein besonders tolerantes Umfeld – oder die Fähigkeit, mit allen Widerständen fertig zu werden.

Teamwork: Zwar stammen bahnbrechende Gedanken nach wie vor meistens von einzelnen Individuen, doch die Mehrzahl der Probleme, mit denen sich Unternehmen beschäftigen, lassen sich nur von Gruppen lösen, in denen das Wissen vieler Spe-zialisten gebündelt wird. Im Team zu arbeiten bedeutet, anderen zuhören zu können, andere Meinungen gelten zu lassen und andere Leute zu akzeptieren, auch wenn man sie nicht sympa-thisch findet. Teams werden heutzutage oft über Kontinente hin-weg aus Menschen zusammengestellt, die sich nie gesehen ha-ben. Wer nicht bereit ist, sein kostbarstes Wissen mit vollkommen unbekannten Partnern zu teilen, der sollte sich von Unterneh-men wie Daimler, BASF oder Siemens fernhalten. Einzelgänger haben durchaus noch Chancen, doch nicht in der Welt der Kon-zerne.

Projektarbeit: Anstatt tagein, tagaus das gleiche Produkt in großen Stückzahlen zu produzieren, wie das im Industriezeitalter üblich war, beschäftigen sich die Unternehmen heute mit einer Vielzahl von Projekten. Dabei kann es sich um die Ausstattung einer Immobilie in Dubai handeln, um die Entwicklung eines Virenschutzprogramms oder um die Konstruktion eines alternativen Antriebssystems. Gemeinsam ist all diesen Projekten, dass zu ihrer Realisierung Spezialisten unterschiedlicher Provenienz erforderlich sind und dass diese Fachleute nur bis zum Abschluss des Projekts benötigt werden. Projektarbeit setzt die Fähigkeit zur Teamarbeit voraus, aber sie verlangt noch mehr: Wer sein Leben mit Projekten bestreiten will, muss sich frühzeitig ein finanzielles Polster zulegen, das ausreicht, die Leerzeiten zwischen den Aufträgen zu überbrücken. Projektarbeiter sind Freiberufler im Angestelltengewand, die nicht nur fachlich gut sein sollten; sie müssen auch rechnen und sich verkaufen können.

Verwissenschaftlichung: In einer Zeit, in der selbst Journalisten, Werber und Designer mit Diplomen in der Tasche zum Vorstellungsgespräch erscheinen, geht ohne akademische Ausbildung fast nichts mehr. Entgegen den Beteuerungen von Personalchefs, allein auf Können und Persönlichkeit komme es an, zählt in Wahrheit die Papierform mehr als alles andere. Im Zweifelsfall bekommt der Typ ohne akademischen Hintergrund gar keine Chance, zu zeigen, was er kann, wenn sich gleichzeitig ein paar Titelträger um den Job bewerben. Deshalb gilt für alle, die nicht zufällig als Genie geboren wurden: Schlüpft, so schnell es irgendwie geht, durch die Bildungspipeline, auch wenn das, was ihr euch im Hörsaal reinzieht, später nie mehr benötigt wird.

Eigenverantwortung: Eine Vokabel aus dem Zukunftsprogramm der CSU. Gemeint sind Mitarbeiter, die den Mist, den andere angerichtet haben, wegschaufeln, ohne dass es der Chef so richtig mitbekommt. Eigenverantwortlich handelt, wer nicht lange fragt, sondern so tut, als gehöre ihm der Laden. Wehe aber, der angestellte Unternehmer beansprucht den Unternehmerlohn

für sich – das geht dann doch zu weit. Den Rahm wollen bekanntlich immer jene abschöpfen, die von ihren Leuten das eigenver-
antwortliche Handeln fordern, selber aber höchst eigennützig
handeln. Kluge Angestellte haben das natürlich längst gecheckt.

Spezialistentum: Klar, ohne Spezialwissen auf irgendeinem Gebiet, und sei es die Diagenese in der Tektonik Kasachstans, geht
gar nichts mehr in der modernen Wirtschaft. Aus dem gefragten
Spezialisten aber wird ganz schnell ein armes Schwein, wenn
sein Spezialwissen nichts mehr abwirft oder seine Firma sich
entschließt, ein anderes Geschäftsfeld zu beackern. Er muss sich
deshalb frühzeitig zum Multispezialisten weiterentwickeln oder
gleich den Generalisten geben, sofern es ihm gelingt, jene zivi-
lisatorischen Grundtugenden, die ihm im Laufe seines Spezia-
listenlebens abhanden kamen, zu reaktivieren. Generalisten können bekanntlich alles werden, sogar Bundeskanzlerin – selbst
wenn sie zuvor nur Atome zählen durften.

Self-Management: Der gute alte Angestellte, der als Lehrling
anfängt und im selben Haus als Vorstandsvorsitzender in Rente
geht, ist, wir erwähnten es bereits, ein Auslaufmodell. Das Lieb-
lingskind der Personalberater und Headhunter ist der Self-
Manager, der sich von Job zu Job hangelt und bei jedem Wechsel
eine Stufe höher klettert. An einer solchen Kraft gibt es etwas
zu verdienen – ihr muss also die Zukunft gehören. Seltsam nur,
dass einige der besten Unternehmen ihr Führungspersonal ausschließlich aus dem eigenen Talentpool rekrutieren. Gleichwohl
ist ein Angestellter gut beraten, wenn er stets die eigenen Ziele
vor jene des Arbeitgebers setzt, denn auf dessen Loyalität darf er
im Zweifelsfalle kaum rechnen. Sollte er, unter Mitnahme wert-
vollen Know-hows, zur Konkurrenz wechseln, gilt es zu bedenken, dass sich so etwas herumspricht. Ein zweites Mal wird so
ein Coup kaum gelingen.

Ballungsräume: Die fettesten Weiden sind stets dort zu finden, wo die meisten Kühe grasen, und an dieser Bauernregel wird sich so schnell nichts ändern. Wer zu einer Solarfirma wechselt, die im hintersten Meckpomm ihre Spiegel aufstellt, muss wissen, dass das Scheitern mit gewissen Lebensumstellungen verbunden sein könnte. Ein Biotechniker jedoch, der im Münchner Vorort Martinsried arbeitet, findet an der nächsten Ecke einen neuen Job. Die Konzentration der Kräfte in den sogenannten Ballungsräumen mag strukturpolitisch umstritten sein – für den Angestellten wie für den Selbstständigen hat sie nur Vorteile: vorausgesetzt, er steckt mittendrin. Zieht also dahin, Leute, wo alle anderen hinziehen, auch wenn die Miete höher, der Wein teurer und der Verkehr mörderisch ist.

Netzwerke: Typen, die tagsüber mit dem Knopf im Ohr herumlaufen und am Abend mit Visitenkarten um sich werfen, sind keine Networker, sondern Quasselstrippen. Das Netzwerken sollte schon im richtigen Verhältnis zur geleisteten Arbeit stehen; es sei denn, man ist zufällig Aufsichtsrat, Unternehmensberater oder PR-Agent. Wer allerdings die Möglichkeit hat, zum World Economic Forum nach Davos zu fahren oder zum Unternehmergespräch nach Baden-Baden, der muss sich die Zeit nehmen, und auch die einschlägigen Branchentreffs darf man nicht versäumen. Je unübersichtlicher die Wirtschaftslandschaft wird, desto mehr gewinnt das Beziehungsmanagement an Bedeutung. Ein neuer Job, ein profitabler Auftrag – ohne persönlichen Draht geht fast nichts mehr. Talentierte Kontaktpfleger haben ein gutes Gedächtnis und eine noch bessere Buchführung. Sie vergessen keinen Geburtstag und keinen säumigen Schuldner; Schmarotzer werden aussortiert, Regenmacher besonders gepflegt. Bei alledem bleiben sie cool, sortieren die Kontakte nach Wichtigkeit und nehmen nichts persönlich. Gefühlsakrobaten mit dem Blick für die Nützlichkeit von Menschen haben Zukunft.

Die Arbeitswelt wird also in Zukunft bunter und vielseitiger, aber auch ein wenig gefährlicher sein als heute. Frauen werden

mehr Spitzenpositionen erobern, die Schutz- und Bequemlich-
keitszonen verschwinden, das Einkommen und die damit verbundenen Privilegien müssen stets aufs Neue verdient werden.
Alter, Status, Rang und Titel zählen weniger, Leistung wird zum
allumfassenden Gradmesser für Angestellte, Beamte und Selbstständige. Das ist gut für die Starken, schlecht für die anderen.
Die Frage ist nur, wie der verschärfte Kurs der Wirtschaft die
Gesellschaft verändern wird.

10 | Schöne Gesellschaft

D ie Knüppel der G8-Gegner waren noch nicht geschnitzt, die Wurfgeschosse steckten noch im Rostocker Pflaster, als der Göttinger Politikwissenschaftler Franz Walter im Januar 2007 vor »der Rückkehr des Tumults« warnte. Der Parteienforscher dachte dabei weniger an die Randalierer von Heiligendamm als an eine »Symbiose aus Laptop und Putzmopp«. Wenn sich die gebildeten, aber vom sozialen Abstieg bedrohten Teile der Mittel- mit den abgehängten Unterschichten solidarisierten, fürchtete der Professor, bekommt der Staat ein Problem.

Nicht erst seit der teils friedlichen, teils gewalttätigen Demonstration der Globalisierungskritiker wächst im bürgerlichen Lager die Angst vor sozialen Konflikten. Schon im Jahr 1997 glaubte der Münchner Historiker Christian Meier in der vom Turbokapitalismus erfassten Berliner Republik Parallelen zum Untergang des römischen Imperiums entdeckt zu haben: »Die Gesellschaft bricht in Stücke.« Der in Bremen lehrende Soziologe Sergio Bologna, der sich in Italien einen Ruf als Theoretiker militanter Streikbewegungen erworben hatte, beschrieb derweil »Die Zerstörung der Mittelschichten«, und selbst die *Financial Times* – Leib- und Magenblatt der Wirtschaftselite – verkündete 2006 erschrocken »Das Ende der sozialen Marktwirtschaft«.

Nur über das Datum sind sich die Gelehrten uneins. Während die Mehrheit kritischer Soziologen in Erinnerung an die Weltwirtschaftskrise von 1932 erst ab sechs Millionen Arbeitslosen mit gewalttätigen Konflikten rechnet, verweist Parteienexperte Walter auf die Thesen des 1998 verstorbenen US-Ökonomen Mancur Olson, der davon ausging, dass rapides wirtschaftliches Wachstum »den tiefgreifendsten Destabilisierungsfaktor« dar-

255

stelle. In Zeiten der Depression seien die Menschen ermattet und deshalb passiv, postulierte der Harvard-Professor, ein stürmisches Wirtschaftswachstum hingegen wecke Begehrlichkeiten und führe zu Verteilungskämpfen, wenn nicht alle Bevölkerungsschichten davon profitierten.

Die massiven Stimmengewinne der Linkspartei scheinen Olson zu bestätigen. Rund 15 Jahre lang schrumpften die Realeinkommen, vermehrte sich das Millionenheer der Arbeitslosen – aber die Lage blieb ruhig. Erst seit die Wirtschaft wieder Tritt gefasst hat, rumort es im Bauch der Gesellschaft. Sind also die Streiks der Telekom-Angestellten, der Drucker und Bauarbeiter, die Proteste der Ärzte, Apotheker, Krankenschwestern und Studenten, die Empörung der Jugend über das Elend in der Dritten Welt Vorboten künftiger Sozialkonflikte? Liefert Afrika nur die Projektionsfläche für tief sitzende Ängste um die eigene Zukunft?

Umfragen scheinen das Bild einer stark verunsicherten Gesellschaft zu bestätigen. Nicht die in prekären Verhältnissen lebende Unterschicht, sondern der scheinbar stabile Mittelbau zeigt die meisten Aggressionen. Wenn über 93 Prozent gut verdienender Angestellten zu Protokoll geben, dass sie künftig mit keiner Verbesserung ihrer Lebensverhältnisse rechnen, sondern den sozialen Abstieg befürchten, dann steht der Republik eine Zerreißprobe bevor.

Andererseits: Nie bot Deutschland der Welt ein fröhlicheres, friedlicheres Bild als während der Fußball-WM 2006, nie feierte das Partyvolk auf den Fanmeilen zwischen Berlin und München ausgelassener als in den Tagen des Jammerns und Wehklagens.

Wie passt das alles zusammen? Ein Exportweltmeister, der sich zu Hause in die Hosen macht; ein Globalisierungsgewinner, der die Globalisierung fürchtet; ein Aktienkrösus, der im Kapitalismus den Teufel sieht?

Es passt sehr wohl zusammen. Die Stimmungslage im Volk spiegelt nicht die Gegenwart, sondern die Erwartungen wider. Das Lebensgefühl Angst trennt die Verlierer von den Gewinnern, die nivellierte Mittelstandsrepublik löst sich auf in eine Vielzahl von Milieus, die immer weniger miteinander zu tun haben. Die einen zittern, die anderen feiern.

Lange genug verdeckte der Wohlfahrtstaat die wahren Einkommens-, Bildungs- und Vermögensverhältnisse, die zwar nie gerecht im Sinne der Sozialdemokratie waren, doch Raum ließen für die Illusion einer sozial ausgewogenen Gesellschaft. Die Reichen tarnten sich, die Armen lebten über ihre Verhältnisse, und der Mittelstand vereinte alle in einem zwar spießigen, aber erträglichen Wohlstandsmief.

»Ehrliche Arbeit« wird entwertet

Das Datum, an dem der Vorhang fiel, ist nicht eindeutig festzulegen: War es der 18. November 1996, als die Telekom-Aktie erstmals an der Börse gehandelt wurde, oder der 7. März 2000, als der Dax mit 8143 Punkten seinen höchsten Stand erreichte?

Vielleicht waren beide Ereignisse auch völlig bedeutungslos, denn die neue Weltordnung kam ganz woanders her. Zwei Männer traten, ohne dass sie dies auch nur im Entferntesten gewollt hätten, den deutschen Kuschelstaat in den Staub: Gorbatschow und Deng Xiaoping.

Als der – 152 Zentimeter kleine – Große Vorsitzende der Kommunistischen Partei Chinas 1992 seinem Milliardenvolk die zweite Stufe der Wirtschaftsreformen verordnete, ahnte niemand in der westlichen Welt, welche Folgen dies haben würde. In dem Tempo, in dem Deng Xiaoping seinen zentralistischen Parteistaat in die dynamischste Volkswirtschaft der Erde verwandelte, veränderte er auch die Spielregeln im globalen Wirtschaftsgeschehen.

Ein zweiter Kommunist hatte kurz zuvor die Vorlage geliefert: Ohne Michail Sergejewitsch Gorbatschows Perestroika hätte Deng den Schritt in Richtung Marktwirtschaft wohl kaum riskiert. Als der Generalsekretär der KPdSU 1988 das Ende der Breschnew-Doktrin verkündete und so das Ende der UdSSR einleitet, dachte er gewiss zuletzt an die Erweiterung der EU.

Seither ist in der Welt nichts mehr wie zuvor, auch wenn die Deutschen von ihrer Idee eines »gerechten« Kapitalismus nicht lassen wollen. Die Kernfrage, um die sich die Wirtschafts- und Sozialpolitik dreht, lautet: Wie schafft man einen Ausgleich zwischen Gewinnern und Verlierern, ohne die Leistungsfähigkeit des Systems zu gefährden? Überzieht man die soziale Komponente, wandern die Unternehmen ab und mit ihnen das Kapital. Vernachlässigt man sie, stehen soziale Unruhen bevor. Kohl und Schröder blieben die Antwort schuldig, Angela Merkel ist noch auf der Suche.

Die Angestellten sind in Aufruhr, weil ihnen täglich vor Augen geführt wird, dass ihre Interessen zweitrangig geworden sind. Überall in der Welt finden sich Arbeitskräfte, die Routinetätigkeiten zu weit günstigeren Bedingungen erledigen. Die Unternehmen hofieren Talente mit speziellen Fähigkeiten und Kenntnissen – und trennen sich massenweise von Leuten, die sie durch Maschinen oder billigere Arbeitskräfte ersetzen können. Die neu geschaffenen Stellen aber – ob Teilzeit oder befristet – bringen weniger Geld und weniger Sicherheit.

Die in den Sozialstaatsjahren verinnerlichte Idee einer austarierten Gesellschaft, in der es einigen wenigen blendend, der Masse aber ausreichend gut und nur wenigen wirklich schlecht geht, lässt sich nicht länger aufrechterhalten. Der verschärfte Wettbewerb dividiert die Deutschen auseinander, und das missfällt den meisten. Gerade die biederen Bürger, die sich im Rahmen ihrer Möglichkeiten um den sozialen Aufstieg bemühten und nun erleben müssen, dass andere wohlstandsmäßig an ihnen vorbeiziehen, erfasst der Grimm. Sie sehen ihr Lebenskonzept entwertet und zweifeln am Sinn dessen, was sie »ehrliche Arbeit« nennen. Aktionäre, die ihren Einsatz seit 2003 verdreifachen konnten; Manager, die Millionengehälter abgreifen; Freiberufler, die mit ihrem Reichtum protzen: All die Sport- und Geländewagenfahrer, Villen- und Yachtbesitzer sind rote Tücher für den Durchschnittsangestellten und reizen ihn bis aufs Blut.

Und wenn sie dann hinunterschauen auf jene, die seit einem verbalen Ausrutscher des SPD-Vorsitzenden Kurt Beck wieder ganz offiziell als Unterschicht bezeichnet werden dürfen, dann packt sie das nackte Grauen: Jeder achte Bundesbürger zählt bereits zu den Abgehängten, und die Gefahr, dass man als Kassiererin, Verkäuferin, Buchhalter oder Einzelhandelskaufmann morgen dazugehört, war noch nie so groß wie heute.

Allein in der Teeküche

Trotz Wirtschaftsaufschwung, Rekordgewinnen und steigenden Börsenkursen lebt die Hälfte der Bevölkerung nicht von selbst verdientem Geld, sondern ist auf staatliche Transferleistungen angewiesen. Zehn Millionen Menschen müssen mit weniger als 60 Prozent des durchschnittlichen Nettoeinkommens auskommen und gelten nach amtlicher Definition als arm. Sie überleben zwar komfortabler als zwei Drittel der Weltbevölkerung, doch in der reichen Bundesrepublik verpassen sie den Anschluss ans Konsumniveau der Mehrheit. Schüler, die statt des Adidaseinen Aldi-Schuh am Fuße tragen, müssen sich den Spott der Klassenkameraden gefallen lassen, und wer im Milieu der Angestellten nicht mithalten kann mit den Einladungen und Urlaubsgeschichten, steht ganz schnell allein in der Teeküche.

Eine derart aufs Materielle fixierte Gesellschaft wie die deutsche reagiert empfindlicher auf das Auseinanderdriften der Gehälter als Völker, die durch Religionen, Ideologien oder kulturelle Werte zusammengehalten werden. Wenn nur noch der Konsum das Selbstwertgefühl stützt, sind kollektive Neurosen kaum zu vermeiden.

Die Aufsteiger versuchen, im sicheren Glauben an steigende Einkünfte, sich gegenseitig mit immer kostspieligeren Symbolen zu übertrumpfen, die Absteiger hoffen, durch kreditfinanzierte Ausgaben sich von ihrem Stigma zu befreien. Beide eint die Überbewertung des schönen Scheins und der Verlust der Realität.

Weit weg von den Niederungen der Durchschnittsverdiener, herrscht an der Spitze der gesellschaftlichen Pyramide ein etwas anderes, jedoch keineswegs angenehmeres Klima. Zwar ist man

hier der Existenzsorgen enthoben, dafür plagen die Leistungsträ-
ger der Nation Kümmernisse, die nicht weniger an den Nerven
zehren. Abgesehen vom ständigen Kampf um bessere Zahlen,
vom Ärger mit Nebenbuhlern, Konkurrenten, Aufsichtsräten –
auch in der nadelgestreiften Welt der Entscheider ist sich niemand seines Postens mehr sicher.

Seit den Hochseilartisten in den Chefetagen das Netz abhanden kam, sind sie noch gieriger geworden. Geld ist die Tacho-
nadel, die ihr Tempo anzeigt, das Gewicht, das ihre Bedeutung
misst, die Prämie, die vor dem Absturz schützt. Wer weniger verdient, muss zuerst grüßen – das ist der Ehrenkodex, und deshalb
will keiner zurückstecken. Die Jagd nach Geld und Geltung ver-
drängt das Mitgefühl, das Verständnis für die Langsamfahrer auf
der rechten Spur.

Man will vorankommen, zur Spitze aufschließen und sich nicht
mit dem Fußvolk herumschlagen müssen. Allmählich verliert
man in diesen Kreisen die Geduld mit denen, die nicht so sind:
»Wieso«, fragt man sich in der Business Class, »müssen wir uns
von irgendwelchen Parteibonzen soziale Kälte vorwerfen lassen,
obwohl wir doch den ganzen Laden finanzieren? Die Beamten-
gehälter und die Umverteilungsmasse, aus der die Parteien ihre
Wahlgeschenke ziehen – die Hälfte davon wird von nur zehn
Prozent der Bevölkerung bezahlt: von uns, den Leistungsträgern
der Nation.

Weshalb sollen wir uns weiter ausplündern lassen von So-
zialschmarotzern, Bildungsverweigerern und faulem Gesocks?
Wer hält denn die Deutschland AG am Laufen? Wer hat sie fit
gemacht für den globalen Wettbewerb? Eben.«

Edle Vertreter des Leistungsgedankens

Da »Leistung« die einzige gesellschaftlich akzeptierte Entschul-
digung für Reichtum ist, definieren sich auch jene als Leistungs-
träger, die lediglich den Golfsack tragen. Ist es eine Leistung,
wenn man die Bilanz so manipuliert, dass der Gewinn am Finanz-

amt vorbeifließt? Welche Leistung steckt hinter der Spekulation auf die Erteilung des Baurechts für ein Stück Ackerland? Ist die Ausgliederung von 50 000 Mitarbeitern in eine Auffanggesellschaft eine Managementleistung? Fragen über Fragen, die glücklicherweise niemand beantworten muss: In Raffkes Reich ist jeder ein Leister, der sich etwas leisten kann. Nicht von ungefähr zählen Erben sowie Anlageschwindler und andere Finanzgauner in der Regel zu den vehementesten Verfechtern des Leistungsgedankens.

Angestellte werden keine Revolution organisieren, solange das Betreten des Rasens verboten ist. Das wusste schon Bertolt Brecht, und der hat sich selten geirrt. Angestellte warten auf den Befehl von oben, ehe sie etwas unternehmen, und zum Aufbegehren sind sie von Natur aus nicht geeignet. Zur Gefahr für Volk und Vaterland werden sie erst durch ihr Verschwinden.

Wie sähe das Land aus ohne seine staatstragenden Gehaltsempfänger?

Wie ein Haus, das nur aus Keller und Dach besteht, wie eine Torte, bei der der Zuckerguß auf dem Boden klebt. Der Manager müsste arbeiten, statt zu managen, der Arbeiter Belege ausfüllen, statt zu arbeiten. Der Fiskus bekäme die Steuern nicht mehr frei Haus geliefert, die Sozialkassen würden aus Geldmangel geschlossen. Die Beamten zitterten jedem Ersten entgegen, und die Banken hätten 18 Millionen Gehaltskonten weniger.

Verwandelte sich das geordnete Heer der Festangestellten in eine bunte Horde Freiberufler, geriete nicht nur das Finanzwesen aus den Fugen. Die gesetzlichen Krankenkassen könnten den Laden dichtmachen, die staatliche Rentenversicherung wäre pleite. Die gesamte Gesellschaft bekäme vielleicht mehr Dynamik, aber auch mehr Konflikte. Ohne die Pufferzone der Beitrag zahlenden Büromenschen prallten die sozialen Antipoden so unversöhnlich aufeinander wie im Frankreich der Marie Antoinette oder im Russland des letzten Zaren. Der amerikanische Traum, der die Neue Welt zusammenhält, ist in der Alten längst ausgeträumt.

Auf nichts wäre mehr Verlass, wenn der Tross der abhängig

Beschäftigten aufhörte, morgens ab sieben und abends ab halb fünf Straßen und Bahnen zu verstopfen. Der Rhythmus der Republik geriete aus dem Takt, sie verlöre ihre in der Welt geschätzte Berechenbarkeit, würde wieder zum Furor Teutonicus. Die Massen, heute sediert von *Bildzeitung* und Glotze, verlören die Contenance. Wer morgens nicht weiß, ob er abends etwas zu essen hat, ist anfälliger für kollektive Ängste und Wahnvorstellungen als ein wohl versorgter Bürger.

Das Leben würde anstrengender und risikoreicher. Ärzte und Krankenhäuser verlangten Vorauszahlungen, Konsumentenkredite würden teurer. Ordnungskräfte und Reinigungsdienste bekämen reichlich zu tun, die Sicherheitsbranche verzeichnete satte Zuwachsraten. Die Anträge auf Ausstellung von Waffenscheinen häuften sich, die Villenvororte verwandelten sich in Hochsicherheitszonen, die Autohersteller verlegten sich auf Panzerfahrzeuge, und um die Ghettos der Armen zöge man Stacheldraht. Auf die ausufernde Kriminalität würde der Staat mit der totalen Überwachung seiner Bürger reagieren; zur Durchsetzung ihrer Zero-Tolerance-Policy würde die Polizei nach den neuesten Strahlenwaffen, Arrestkäfigen und elektronischen Fußfesseln verlangen.

Die Wirtschaft bekäme ein völlig anderes Gesicht. Die großen Produzenten von Daimler bis VW, von BASF bis Siemens würden ihre Zentralen in Steueroasen verlegen und nur noch Entwicklungs- und Finanzabteilungen in Deutschland unterhalten. Ihre wenigen festen Mitarbeiter würden zu 90 Prozent erfolgsabhängig bezahlt. Um die Fertigung müssten sich darauf spezialisierte Betriebe in Asien, Südamerika und Afrika kümmern. Industrieadressen würden sich in Investmentfonds umwandeln, die ihr Portfolio laufend umschichteten.

Die Geschäfte der Banken und Versicherungen könnten fast vollständig automatisiert werden, die Angestellten säßen in London und beschäftigten sich mit dem Zerlegen, Ausbeuten und Weiterverkaufen anderer Unternehmen. Hoch spezialisierte Teams freischaffender Anlageexperten würden den Globus nach Erfolg versprechenden Investments abgrasen und dafür wahrhaft obszöne Prämien einstreichen. Kreditkunden bekämen es mit hartgesottenen Geldeintreibern zu tun, für deren Verhalten niemand verantwortlich gemacht werden könnte.

Keine Zeit fürs Privatleben

Abseits der Großwirtschaft würde sich ein ökonomisches Leben der anderen Art entwickeln: In patriarchalisch geführten Familienbetrieben fänden die letzten Angestellten Zuflucht, doch auch dort stünden sie im Wettbewerb mit der Meute freiberuflicher Dienstleister und Zeitarbeitsfirmen, die mit Dumpingpreisen nach Aufträgen fischten. Während man in Deutschland kaum noch Industriegüter herstellen würde, könnte der Servicesektor eine ungeahnte Blüte erleben: den Haushalt führen, Kinder erziehen, Klamotten reinigen, Schuhe putzen, Essen zubereiten, Besorgungen erledigen, Geburtstagsfeiern organisieren – lauter Arbeiten, die einem von dienstbaren Geistern abgenommen werden könnten.

Zudem entstünden tagtäglich neue Firmen, die mit immer originelleren Ideen auf Kundenfang gingen. Kostenpflichtige Internetdienste würden sich zur sicheren Einnahmequelle für findige Köpfe entwickeln. Das Netz würde sich noch mehr, als es das jetzt schon ist, zu einem zentralen Marktplatz und zur Kontaktbörse für jedermann entwickeln. Gleichzeitig erlebte das Handwerk eine Renaissance. Gefragt würden individuell gefertigte Möbel, Einbauten, Kleidungsstücke und Kunstgegenstände. In den Großstädten würden sich Künstler- und Handwerkergilden bilden, alternative Gruppen schlössen sich zu Tauschringen zusammen und würden so versuchen, dem Preisdiktat der Anbieter zu entgehen.

Und da die Leute auf der Jagd nach Geschäften kaum noch Zeit fänden, ihr Privatleben zu organisieren, würde jeder eines jeden Dienste in Anspruch nehmen: Einfache Tätigkeiten wären äußerst preiswert, der Einsatz hoch qualifizierter Spezialisten kaum bezahlbar. Die Dienstleistungsgesellschaft der Freien wäre die Domäne der Frauen, weil sie kreativer und kommunikativer sind und mehr Initiative entwickeln als die von der Abschaffung der Büroreservate gebeutelten Männer. Die sichersten Jobs gäbe es nach wie vor beim Staat – denn neben Polizei und Justiz würde auch die Finanzverwaltung ihr Personal aufstocken, um die quirlige Szene der Selbstständigen in den Griff zu bekommen. Was sie den Angestellten heute an Steuern und Beiträgen zwangsweise abknöpfen kann, müsste sie morgen den Selbstvermarktern mithilfe eines perfektionierten Überwachungssystems mühsam aus den Taschen ziehen.

Die deutsche Gesellschaft bekäme also ein anderes Gesicht. Die prägende Schicht wären die Selbstständigen, doch deren Spektrum reichte vom Habenichts bis zum Milliardär. Einkommens- und Vermögensunterschiede würden noch mehr betont, die Klassenschranken kaum überwindbar. Eine geschlossene Gruppe stellten die Beamten dar, doch im verschlankten Staat wären es viel zu wenige, um die Masse des Prekariats aufzuwiegen.

In diesem Szenario müssten die staatlichen Leistungen auf ein Minimum heruntergefahren werden; alle öffentlichen Einrichtungen – vom Kindergarten bis zur Universität – wären kostenpflichtig. An den privatisierten Bundesstraßen und Autobahnen würde Maut erhoben; Strom, Gas und Wasser gäbe es nur gegen Vorkasse. Arme könnten sich weder eine ärztliche Versorgung noch Medikamente leisten, die Rentenkassen würden auf Pump finanziert, und Auskunfteien wie Kreditprüfer hätten Hochkonjunktur.

Wenn Verlierer die Wahl gewinnen

Dass Deutschland sich auf ein solches Szenario zubewegt, scheint keine Frage mehr zu sein – bis zu welchem Grad es Realität werden wird, hängt vom Ausgang des Kräftemessens der gesellschaftlichen Gruppen ab. Als da wären: die Wirtschaftselite, die Arbeitnehmer und Rentner, die politische Klasse und die Bürokratie.

Die Wirtschaftselite – bestehend aus Unternehmern, Managern und Investoren – stellt sich auf den Standpunkt: Wer zahlt, schafft an! Während Firmeninhaber bemüht sind, die Wettbewerbsfähigkeit ihrer Unternehmen langfristig zu verbessern, sind die angestellten Manager, wie bereits mehrfach ausgeführt, eher an kurzfristigen Erfolgen interessiert, da von deren Erreichen die Höhe ihrer Bezüge abhängt. Investoren hingegen fordern eine möglichst hohe Rendite für das eingesetzte Kapital – ganz gleich, ob es ihnen selbst gehört oder von ihnen verwaltet wird. Alle zusammen streben nach Effizienz und Wachstum, nach Minimierung der Abgaben und Maximierung der Erträge.

Die Arbeitnehmer kämpfen um den Erhalt des Status quo und fordern die Rückgewinnung der alten Privilegien: Ausbau des Kündigungsschutzes, jährliche Erhöhung der Nettogehälter, Verbesserung der Altersversorgung. Die Gewerkschaften als ihre Interessenvertreter wollen mehr Mitsprache bei unternehmerischen Entscheidungen, weitere Verkürzung der Arbeitszeiten und Verbesserung der Arbeitsbedingungen.

Die Rentner und alle auf staatliche Transferleistungen angewiesenen Gruppen pochen auf eine Koppelung ihrer Bezüge an die Entwicklung der Bruttolöhne und -gehälter. Sie hoffen auf eine stetige Verbesserung und die langfristige Sicherung der Einnahmen. Mit der Zunahme ihrer Zahl wächst ihr Einfluss auf politische Entscheidungen.

Die politische Klasse – bestehend aus Mandatsträgern, Abgeordneten sowie angestellten oder beamteten Funktionären und allerlei Einflüsterern, Lobbyisten und Beratern – ist primär interessiert am Erhalt von Macht und Privilegien. Taktische Überlegungen zur Verbesserung der eigenen Position überlagern das Interesse an der Lösung von Sachproblemen.

Die Bürokratie hat wie jede Organisation das Bestreben, sich auszudehnen. Damit der öffentliche Dienst mehr Beamte und

Angestellte beschäftigten kann, braucht er mehr Steuern und Abgaben, Befugnisse und Regeln. Allen Beteuerungen der Politiker zum Trotz verstand der öffentliche Dienst es bisher recht gut, seine Interessen durchzusetzen, auch wenn diese dem Gemeinwohl eher schadeten als nützten.

Vor diesem Hintergrund wird klar, weshalb schnelle Veränderungen nicht zu erwarten sind. Der Druck der globalisierten Arbeits-, Waren- und Finanzmärkte wird jedoch in den nächsten Jahren eher zu- als abnehmen und dafür sorgen, dass die Ziele der Wirtschaftselite nicht in Vergessenheit geraten. Werden die Unternehmen daran gehindert, sich im internationalen Wettbewerb zu behaupten, versiegt der Zustrom an Wachstum, Wohlstand, Steuern.

Der Kampf um die Verteilung der erwirtschafteten Erträge würde dann an Härte zunehmen, und dies könnte zur Folge haben, dass die Verlierer des Globalisierungsprozesses bei der nächsten Wahl zum Deutschen Bundestag eine Mehrheit bekommen: Der Super-GAU träte ein, wenn der linke Block – gebildet aus SPD, Linkspartei, den Grünen und Überläufern aus dem Arbeitnehmerlager der CDU/CSU – die Regierung übernähme. Auf der Agenda stünden dann die Erhöhung der Unternehmens-, Erbschafts- und Einkommenssteuern, Einführung der Vermögenssteuer, Reduzierung der Abschreibungsmöglichkeiten, Streichung der Studiengebühren, Überführung der Privatkassen in die gesetzliche Krankenversicherung, möglicherweise gar die Rückabwicklung privatisierter Staatsbetriebe.

Die Folge wäre ein Exodus der Unternehmen, verbunden mit erneuter Kapitalflucht. In Europa käme es zu einem verschärften Steuerwettbewerb, und Deutschlands besitzende Klasse hätte die Wahl zwischen Österreich und der Slowakei, Rumänien und der Schweiz, Luxemburg und Gibraltar. Aus Oskar Lafontaine, dem heutigen Hoffnungsträger der Abgehängten, könnte schnell ihr Totengräber werden.

266

Doch egal, wer die nächste Bundesregierung stellt – am langfristigen Trend auf dem Arbeitsmarkt wird sich kaum etwas ändern. Die Unternehmen werden weiter Stammpersonal abbauen und dafür flexibel beschäftigte Arbeitskräfte einstellen. Spätestens bei dem folgenden Abschwung der Konjunktur dürfte die Zahl der Arbeitslosen wieder bis auf fünf oder gar sechs Millionen ansteigen.

Gut möglich also, dass sich eines Tages Studenten, Arbeitslose und andere Abgehängte zusammenrotten, um sich mit Gewalt zu holen, was ihnen der Staat freiwillig nicht mehr bieten kann – es sei denn, eine Gruppe entschlossener Macher aus der Welt der Global Players kommt ihnen zuvor und setzt dem Parteiengezänk mit einem kalten Putsch ein Ende.

Der Konflikt zwischen Produzenten und Konsumenten des nationalen Wohlstands wird zur Schicksalsfrage der Nation. Die einen wehren sich gegen Zwangsabgaben, die anderen verlangen nach einem menschenwürdigen Dasein. Die einen müssen sich im weltweiten Wettbewerb behaupten, die anderen langweilen sich zu Tode. Die einen treiben die Grenzen des Wissens und Könnens in artistische Höhen, die anderen verstehen die Welt nicht mehr.

Stritten sich Arbeitgeber und -nehmer früher lediglich über die Verteilung der Gewinne, so macht sich heute in weiten Kreisen der Bevölkerung eine wirtschaftsfeindliche Stimmung breit. Die Unzufriedenen rufen nach dem Staat, damit er den Unternehmen Zügel anlege, die Beschäftigten vor Billiglöhnern schütze, die Reichen enteigne und den Wohlstand gleichmäßig verteile. Dabei verkennen sie allerdings, dass die Rezepte aus der Mottenkiste des Sozialismus noch nicht einmal funktionierten, als an den Grenzen noch Schlagbäume standen. Eine Rückkehr zu Protektionismus und Dirigismus würde den sicheren ökonomischen Selbstmord bedeuten.

Aber vielleicht kommt es ja doch noch zu dem von manchen Wirtschaftswissenschaftlern prophezeiten Paradigmenwechsel. Schon jetzt macht sich, verursacht vom weltweiten Wirtschaftswachstum, ein Mangel an Fachkräften bemerkbar. Neben Ingenieuren und Informatikern suchen die Unternehmen bereits wieder qualifizierte Mitarbeiter der verschiedensten Fakultäten. Theoretisch könnte die Dominanz des Kapitals abgelöst werden von der Dominanz des Wissens.

Wenn aber nicht mehr Kapital und Rohstoffe das begehrteste Gut auf Erden sind, sondern wirtschaftlich verwertbares Wissen, dann kippt das Modell des Turbokapitalismus. Statt der Hedgefonds-Manager werden dann Uniprofessoren die höchsten Gehälter einstreichen, und die Unternehmen buhlen nicht mehr um Investoren, sondern um kluge Köpfe.

Dass der Faktor Mensch in den nächsten Jahren wieder mehr Bedeutung erlangen wird, ist unter Ökonomen unbestritten. Dies im Sinne der Gewerkschaften zu interpretieren wäre jedoch ein großes Missverständnis. Nicht der kündigungsgeschützte Luxusangestellte in den europäischen Sozialstaaten ist gemeint, sondern jene raren Wesen stehen im Fokus, die etwas können, was die Masse nicht zu leisten imstande ist. Gesucht werden Leute mit besonderen Kenntnissen oder Fähigkeiten: Organisatoren und Problemlöser, Erforscher und Erfinder, Techniker, Tüftler und Talentierte jeder Art, aber gewiss keine Gewerkschaftsklientel.

Ob diese »kreativen Zerstörer« (im Sinne des Ökonomen Joseph Schumpeter) sich anstellen lassen oder ob sie ihre Fähigkeiten selbst vermarkten, ist in diesem Zusammenhang ebenso nebensächlich wie ihre Herkunft. Vielleicht stammen sie künftig vermehrt aus China und Indien. Unternehmen wie Google, Apple, Microsoft oder SAP zahlen fast jeden Preis, um solche Leute an sich zu binden, und auch BMW, IBM, Siemens oder Boston Consulting grabschen die Global Talents schon von der Uni weg.

Der Vorsprung schmilzt

Manche von ihnen werden eigene Firmen gründen, Internet-plattformen konstruieren oder Arzneimittelwirkstoffe entwickeln und damit sagenhaft reich werden. Es sind Leute wie die Gebrüder Samwer aus Berlin, die mit ihren Internetkreationen Alando und Jamba ein Vermögen von 300 Millionen Euro machten; Entrepreneure wie Andreas und Thomas Strüngmann aus München, die nach dem Verkauf ihrer Pharmafirma Hexal 5,6 Milliarden erlösten. Chad Hurley und Steve Chen, die Erfinder der Tauschbörse Youtube, brauchten zum Aufstieg in die Milliardärsklasse gerade mal zwei Jahre.

Unterhalb solcher Solitäre werden die sogenannten »High Skill Worker« zur dominanten Kaste aufsteigen: Finanzfachleute, Techniker, Informatiker, Systemarchitekten, Physiker, Chemiker, Pharmakologen – aber auch Vertriebsstrategen und Werbepsychologen. Sie können sich, sofern sie global einsetzbar sind, ihre Arbeitsplätze aussuchen und Jahresgehälter bis zu einer Million Euro oder mehr einstreichen.

Das Millionenheer der Zuarbeiter aber wird sich weiter lichten, da alle Routinearbeiten in Entwicklung, Produktion und Verwaltung anderswo billiger erledigt oder automatisiert werden können. Noch haben die gut ausgebildeten deutschen Fachkräfte dank ihres Könnens und ihrer Zuverlässigkeit einen Vorsprung – aber der schmilzt in dem Maße, wie in Indien, China, Russland, Polen, Tschechien und Ungarn Konkurrenz heranwächst.

Kampflos werden sie ihre Plätze allerdings nicht räumen – den Streiks bei Telekom und Deutscher Bahn dürften weitere Arbeitskämpfe folgen. (Interessant ist in diesem Zusammenhang eine neue Form der Gegenwehr: Auf der Internetplattform Kelzen tauschen Angestellte ihre Erfahrungen mit den Arbeitgebern aus. Die Website stellt kostenlos ein Bewertungsinstrument zur Verfügung, mit dessen Hilfe die Mitarbeiter das Betriebsklima, die Arbeitsbedingungen und die Vorgesetzten beurteilen können.

Arbeitnehmer aus 100 Länder sind angeschlossen; in Deutschland gibt es schon Bewertungen für Allianz, Borealis, Ikea und Infineon. Das heißt: Wer künftig gute Leute an sich binden will, muss auf sein Image bei den Angestellten achten.)

Ob kurzes Strohfeuer oder robuster Aufschwung – der feste Arbeitsplatz wird zur Beute einer qualifizierten Minderheit. Die wirtschaftliche Elite aber ist immer weniger aufs Arbeiten angewiesen, da sie von den Erträgen ihrer Kapitalanlagen bequem leben kann. Über vier Billionen Euro haben die Deutschen bereits an Geldvermögen angehäuft; bei einer durchschnittlichen Verzinsung von 5 Prozent können sie 200 Milliarden im Jahr verbraten, ohne den Kapitalstock angreifen zu müssen. Auch wenn das Geld höchst ungleich verteilt ist – für wachsende Teile der Bevölkerung gewinnen die Kapitaleinkünfte immer mehr an Bedeutung. Wer Häuser, Aktien oder Sparbriefe erbt, schaut dem Kampf um den festen Arbeitsplatz gelassen aus der Loge zu.

Was aber soll die Gesellschaft mit dem Rest anfangen? Wohin mit den Millionen Angestellten, die heute noch die Büros der Allianz und der Münchner Rück, der Deutschen Bank und der Telekom, der Post und des ADAC, der Bundesagentur für Arbeit und der Landratsämter bevölkern? Ein Teil wird frühverrentet, ein anderer abgefunden, ein weiterer abgeschoben. Alles sozial verträglich, möglichst geräuscharm und zulasten von Steuerzahlern und Sozialkassen.

Die Aktiven wird man in Seminaren und Volkshochschulkursen treffen, auf Sportplätzen und Joggingbahnen, manche vielleicht auch als Schülerlotsen und freiwillige Helfer in Altenheimen. Per Bus und Ferienflieger, im Auto oder auf dem Kreuzfahrtdampfer werden sie bildungs- und konsumbeflissen Europa und die Welt bereisen, solange die Rente reicht. Die anderen vermehren die Schar der Couch Potatoes, deren Leben sich vor dem Fernseher abspielt; ausreichend versorgt mit Kartoffelchips, Dosenbier und 150 Kanälen.

Das Ende der Arbeit, das der US-amerikanische Bestsellerautor Jeremy Rifkin bereits verkündete, ist aber noch lange nicht in Sicht. Die Automatisierung der Massenproduktion – ob von

Turnschuhen, Uhren oder Automobilen – findet dort ihre Grenzen, wo menschliche Arbeitskraft weniger kostet als der Einsatz komplizierter Maschinen. Dies wird so lange der Fall sein, wie die Fabrikarbeiter in China, Thailand, Indonesien und Korea weniger verdienen als eine deutsche Fachkraft. Zumindest dort also geht die Maloche weiter.

Eine Zone des Mangels

Dienstleistungen lassen sich ohnehin nur begrenzt roboterisieren, und da sie an dem Ort erbracht werden müssen, wo die Kunden sie benötigen, unterliegen sie dem Diktat der nationalen Regierungen. Anders als immer wieder kolportiert, sind die Politiker sehr wohl in der Lage, Teile der Wirtschaft in ihrem Sinne zu steuern. Zwar haben sie wenig Einfluss auf die globalen Kapitalströme, und auch gegen das Steuerdumping ist ihnen bisher nicht viel eingefallen, doch innerhalb ihres Hoheitsbereiches können sie fast nach Belieben schalten und walten.

Weil sie um die Wählerstimmen der Werktätigen fürchteten, zogen Deutschlands Regierende einen hohen Zaun ums Revier der heimischen Angestellten. EU hin oder her – die Märkte der Mitgliedsländer in Süd- und Osteuropa hätte man schon ganz gerne, deren preiswerte Arbeitskräfte aber eher nicht. Deshalb fahndet die Polizei auf den Baustellen der Nation mit Inbrunst nach illegal eingereisten Maurern oder Dachdeckern, deshalb ist Putzarbeit in Deutschland fast immer Schwarzarbeit, deshalb dürfen Inderinnen keine germanischen Kranken pflegen, obwohl sie dies mindestens ebenso gut können wie die von Ver.di geschützten Kolleginnen. Ihr einziger Makel: Sie sind zu billig. Pech für die Patienten, aber am Zaun nationaler Interessen endet nun mal die Globalisierung der Dienstleistung.

Unter dem Diktat der Protektionisten wird so aus dem Hoffnungsträger der Ökonomen eine Zone des Mangels. Weil sie ihre Dienste gar nicht oder zu teuer anbieten, haben Deutschlands Angestellte wenig Chancen, den Wegfall der industriellen Arbeitsplätze zu kompensieren. Die postindustrielle Wissensgesellschaft ist zwar mehr auf Menschen als auch Automaten angewiesen, doch ihre Ansprüche decken sich nicht mit den Fähigkeiten der Abgestellten.

Eine verführerische Idee gewann deshalb neue Aktualität. Es ist die Idee vom Schlaraffenland, wo Milch und Honig auch die Schlünde von Faulen füllen. Wenn die Wirtschaft nicht mehr in der Lage ist, die Mehrheit der Bevölkerung mit Arbeit und Brot zu versorgen – so das Kalkül der Verfechter dieses Gedankens –, dann müsste der Staat deren Versorgung sicherstellen. Sie plädieren deshalb für eine Grundrente, die jedem Bürger gewährt wird – ganz gleich, ob er zur Schule geht, studiert, arbeitet oder auf der faulen Haut liegt.

Für jeden ein Scheck über 706 Euro

Die Verkünder eines solchen Schlaraffenlands stammen nicht aus dem Wolkenkuckucksheim, sondern dürfen als Vertreter angesehener Institutionen durchaus ernst genommen werden. Es sind Politiker wie Thüringens CDU-Ministerpräsident Dieter Althaus, Wissenschaftler wie der Volkswirtschaftsprofessor und Leiter des Hamburgischen Weltwirtschaftsarchivs Thomas Straubhaar, Unternehmer wie der Inhaber der dm-Drogeriemarktkette Götz Werner. Auch wenn sich ihre Konzepte hinsichtlich Höhe und Finanzierung der staatlichen Überlebensgabe unterscheiden, so eint sie der Wunsch, den Menschen endlich vom Joch der Arbeit zu befreien.

Der Wunsch ist so alt wie unsere Märchen, doch an die Möglichkeit, dass er eines Tages wahr werden könnte, wagte bisher niemand so recht zu glauben. Inzwischen ist die Wirtschaft aber so produktiv geworden, dass es – rein mathematisch betrachtet – ohne Weiteres möglich wäre, aus ihren Erträgen jedem Bürger so viel Geld zu überweisen, dass er damit seinen Lebensunterhalt finanzieren könnte.

Ein Beispiel: Im Jahr 2006 betrugen die gesamten Sozialleistungen des Wohlfahrtstaates Deutschland 695 Milliarden Euro. Gleichmäßig auf die rund 82 Millionen Einwohner verteilt, könnte jeder einen monatlichen Scheck über 706 Euro erhalten. Würde man noch ein wenig draufsatteln, etwa durch Erhöhung der Steuern, käme eine Grundrente heraus, die jedermann das Überleben garantierte, ohne dass er dafür einen Finger krumm machen müsste.

Tatsächlich verfolgten die Idee des arbeitslosen Einkommens schon so kluge Köpfe wie die Politologin Hannah Arendt, der Wirtschaftsnobelpreisträger Milton Friedman, der Soziologe Ralf Dahrendorf und der Ökonomieprofessor Wolfram Engels – freilich ohne dass es ihnen gelungen wäre, diese Utopie auch nur im Ansatz realistisch erscheinen zu lassen.

Die neue Initiative von Althaus, Straubhaar und Werner entspringt in diesem Zusammenhang zwei wichtigen Erkenntnissen, nämlich, dass – erstens – Sozialstaat und Arbeitsmarkt entkoppelt werden müssen, wenn die Wirtschaft wettbewerbsfähig bleiben soll, und dass – zweitens – das deutsche Sozialsystem wegen der demografischen Entwicklung am Ende ist.

Dieter Althaus plädiert deshalb für den radikalen Abbau der Sozialbürokratie. Anstelle von Hartz IV sollte jeder Deutsche ab dem 15. Lebensjahr ein »solidarisches Bürgergeld« von monatlich 800 Euro erhalten, Kinder bis zur Vollendung des 14. Lebensjahres 500 Euro. Davon müssten sie allerdings 200 Euro für die Kranken- und Pflegeversicherung abführen und auf alle übrigen Sozialleistungen – vom Kindergeld bis zur Rente – verzichten.

Thomas Straubhaar schlägt einen Systemwechsel vor, der die Finanzierung der Sozialausgaben aus Steuermitteln zum Ziel hat. Im Zuge dieser Umstellung würde die Summe der Sozialausgaben nicht erhöht, sondern lediglich anders verteilt werden: Jeder Bürger sollte nach Straubhaars Vorstellungen ein bedingungsloses Grundeinkommen ausbezahlt bekommen, dessen Höhe er im Jahr 2006 mit 625 Euro errechnete. Der Volkswirtschaftsprofessor möchte die Bürger von der Angst vor dem Arbeitsverlust befreien und gleichzeitig Löhne und Gehälter von den hohen Nebenkosten entlasten, in denen er den Jobkiller Nummer eins sieht.

Götz Werner geht davon aus, dass die Wirtschaft so leistungsfähig geworden ist, dass sie nicht mehr jeden braucht, um ein Sozialprodukt zu erwirtschaften, das alle ernährt. Nach seinen Vorstellungen würde jeder Bürger ein bedingungsloses Grundeinkommen von anfangs 800 Euro im Monat bekommen, das im Laufe der Zeit bis auf 1500 Euro ansteigen könnte. Dass sich das Volk auf die faule Haut legen würde, glaubt der Herr über 24000 Angestellte nicht: »Die Menschen möchten arbeiten. Wir müssen Verhältnisse schaffen, dass sie das Arbeiten wieder als Wollen und nicht als Sollen begreifen.«

Die Mächtigen dulden kein Schlaraffenland

Die Finanzierung ihrer Konzepte halten alle drei Experten für kein Problem. Althaus und Straubhaar wollen im Wesentlichen das ohnehin schon verplante Sozialbudget neu verteilen, während Götz Werner nahezu die gesamten Staatsausgaben über die Mehrwertsteuer finanzieren möchte.

Doch so verführerisch die Vorstellung eines Einkommens ohne Gegenleistung ist – die Chancen, dass sie eines Tages Wirklichkeit wird, stehen schlecht. Denn die Ideen vom Schlaraffenland kollidieren mit den Interessen jener Mächte, ohne deren Zustimmung nichts geht in diesem unserem Lande. Abgelehnt werden sie

- von links, weil sie den Einfluss aller am Arbeitsleben partizipierenden Organisationen, vor allem der Gewerkschaften, schwächen und zu einer Zwei-Klassen-Gesellschaft führen;
- von rechts, weil sie dem Menschenbild der Arbeitgeber widersprechen, die Anreizsysteme der Wirtschaft unterlaufen, die Abgabenquote und den Preis der Arbeit, trotz Senkung der Nebenkosten, aber erhöhen;

- von der Mitte, weil sie die Verteilungsmacht der Parteien aushöhlen, zu einem Abbau der Bürokratie führen und jene Wählerschichten verärgern, die vom bisherigen Verteilungssystem überproportional profitieren.

Schlaraffenland ist abgebrannt, noch ehe der Honig zu tröpfeln beginnt, und die Abgestellten müssen sich mit dem Gedanken vertraut machen, dass niemand bereit ist, sie vom Joch der Arbeit zu befreien. Tatsächlich sehnen sich ja die meisten von ihnen nach diesem Joch: Arbeit ist doch, nicht nur in Deutschland, ein wenig mehr als Broterwerb. Sie bedeutet Teilhabe an einem Gemeinschaftswerk und vermittelt dem Einzelnen das Bewusstsein, gebraucht zu werden. Arbeit stimuliert das Selbstwertgefühl, verhilft zu sozialen Kontakten und schützt vor Langeweile. Staatlich subventionierte Sozialschmarotzer aber werden von niemandem gebraucht, das Leben findet ohne sie statt.

Die deutschen Angestellten haben es in der Hand

Die von der Wirtschaft ausgestoßenen Angestellten wissen, wie das System funktioniert. Warum organisieren sie nicht die Gegenwehr, indem sie sich zusammenschließen, ihr Wissen bündeln und zum Konkurrenzkampf antreten? Private Equity Fonds finanzieren die wildesten Deals, warum nicht auch Spin-offs großer Konzerne? Nach dem Konkurs übernahm bei BenQ der Insolvenzverwalter das Ruder – ein routinierter Jurist, aber kein Manager. Wo war der Mutige, der sich getraut hätte, alles besser zu machen als die gescheiterten Konzernleute?

Im Raubtierkäfig geht es zwar nicht so gemütlich zu wie im Schlaraffenland, dafür ist das Leben dort ein wenig spannender. Die deutschen Angestellten haben es in der Hand, ob sie sich der Fürsorge des Staates überlassen oder kämpfen wollen, im Team oder jeder für sich allein. Inken Wanzek – wir erwähnten sie bereits am Anfang dieses Buche, – wählte den zweiten Weg. Seit ihrem Rausschmiss schlägt sich die ehemalige Siemens-Angestellte als freie Autorin durch. Zusammen mit Christine Rosenboom schrieb sie inzwischen ihr erstes Buch: »Arbeitsplatz in Gefahr – das sind Ihre Rechte«.

Der feste Arbeitsplatz ist tatsächlich in Gefahr, doch statt sich an ihn zu klammern und um verblichene Rechte zu streiten, könnten Deutschlands Angestellte von dieser Autorin etwas anderes lernen: Hilf dir selbst, dann wird dir geholfen!

Literaturverzeichnis

Bücher

Allmendinger, Jutta/Eichhorst, Werner/Walwei, Ulrich (Hg.): IAB Handbuch Arbeitsmarkt, Frankfurt 2005.

Baethge, Martin u. Oberbeck, Herbert: Zukunft der Angestellten, Frankfurt-NewYork 1986.

Beck, Ulrich: Weltrisikogesellschaft. Auf der Suche nach der verlorenen Sicherheit, Frankfurt 2007.

Bologna, Sergio: Die Zerstörung der Mittelschichten, Graz/Wien 2006.

Bolte, Karl Martin (Hg): Sozialstruktur im Umbruch, Opladen 1997.

Boockmann, Bernhard u. Hagen, Tobias: Befristete Beschäftigungsverhältnisse, Baden-Baden 2006.

Bourdieu, Pierre: Die feinen Unterschiede, Frankfurt 1987.

Braun, Siegfried: Arbeiter-Angestellte, Frankfurt 1964.

Croner, Fritz: Die Angestellten in der modernen Gesellschaft, Fankfurt 1954.

Croner, Fritz: Soziologie der Angestellten, Köln-Berlin 1962.

Dittrich, Manfred: Die Entstehung der Angestelltenschaft in Deutschland, Stuttgart-Berlin 1939.

Dörre, Klaus/Kraemer, Klaus/Speidel, Frederic: Prekäre Beschäftigungsverhältnisse, Wiesbaden 2007.

Elias, Norbert: Die Gesellschaft der Individuen, Frankfurt 1999.

Errichiello, Oliver Carlo u. Zschiesche, Arnd: Die Angestellten im 21. Jahrhundert, Hamburg-Lübeck 2005.

Friebe, Holm u. Lobo, Sascha: Wir nennen es Arbeit, München 2006.

Friedman, Milton: Kapitalismus und Freiheit, München 2004.

Geiger, Theodor: Klassengesellschaft im Schmelztiegel, Köln-Hagen 1948.

Geiger, Theodor: Die sozialen Schichten des deutschen Volkes, Stuttgart 1932.

Halberstadt, Gerhard: Die Angestellten und ihre Gewerkschaft, Freiburg 1991.

Hartz, Peter: Job-Revolution, Frankfurt 2001.

Kocka, Jürgen: Die Angestellten in der deutschen Geschichte 1850–1980, Göttingen 1981.

Kracauer, Siegfried: Die Angestellten, Frankfurt 1971.

Kronauer, Martin u. Linne, Gudrun (Hg.): Flexicurity, Berlin 2005.

Layard, Richard: Die glückliche Gesellschaft, Frankfurt 2005.

Lederer, Emil: Die Privatangestellten in der modernen Wirtschaftsentwicklung, Tübingen 1912.

Levison, Iain: Abserviert. Mein Leben als Humankapital, Berlin 2006.

Levison, Iain: Betriebsbedingt gekündigt, Berlin 2005.

Mills, Charles Wright: The Power Elite, New York 1956.

Rifkin, Jeremy: Das Ende der Arbeit und ihre Zukunft, Frankfurt-New York 2004.
Schmoller, Gustav von: Die soziale Frage, München-Leipzig 1918.
Schneider, Norbert N.: Berufsmobilität und Lebensform, Stuttgart 2001.
Seifert, Hartmut (Hg.): Flexible Zeiten in der Arbeitswelt, Frankfurt-New York 2005.
Schulz, Günther: Die Angestellten seit dem 19. Jahrhundert, München 2000.
Sennett, Richard: Der flexible Mensch, Berlin 1998.
Steingart, Gabor: Weltkrieg um Wohlstand, München 2006.
Suhr, Otto: Arbeiter und Angestellte, Berlin 1928.
Vanderborght, Yannick u. Parijs, Philippe van: Ein Grundeinkommen für alle?, Frankfurt 2005.
Weber, Max: Wirtschaft und Gesellschaft, Tübingen 1980.
Werner, Götz: Ein Grund für die Zukunft: das Grundeinkommen, Stuttgart 2006.

Zeitschriftenbeiträge

Bauer, Wilhelm/Bullinger, Hans-Jörg/Hofmann, Jens/Klein, Barbara, Weiss Volker: Die Zukunft der Arbeit (Fraunhofer Institut Arbeitswirtschaft und Organisation).
Dietz Martin u. Walwei Ulrich: Beschäftigungswirkungen des Wandels der Erwerbsformen (WSI Mitteilungen 5/2006).
Dörre Klaus: Die Zone der Verwundbarkeit. Unsichere Beschäftigungsverhältnisse, Prekarisierung und die Gewerkschaften (Oldenburger Universitätsreden Nr. 162).
Keller, Berndt u. Seifert, Hartmut: Atypische Beschäftigungsverhältnisse: Flexibilität, soziale Sicherheit und Prekariat (WSI Mitteilungen 5/2006)
Negt, Oskar/Sauer, Dieter/Fuchs, Tatjana/Pickshaus, Klaus, Mönig-Raane Margret: Zukunft der Arbeit (isw Report Nr.62).
Pfarr, Heide: Soziale Sicherheit und Flexiblität: Brauchen wir ein neues Normalarbeitsverhältnis? (WSI Mitteilungen 5/2000).
Schäfer, Holger: Ende des Normalarbeitsverhältnisses? (Beiträge zur Wirtschafts- und Sozialpolitik Nr. 262, Institut der deutschen Wirtschaft, Köln 1/2001).
Schneider, Hilmar: Kombilohn oder Workfare – eine Frage der Grundsicherung (Zeitschrift für Wirtschaftspolitik, 55. Jahrgang 2006).
Schuster, Ludwig/Gerstung, Julia/Niermann, Holger/Dr., Brönstrup Daniela Dr.: Globalisierte Arbeitswelt (Wirtschaftsanalysen Nr. 2, Bundesministerium für Wirtschaft und Arbeit).

Ferner wurden Beiträge aus folgenden Zeitungen und Zeitschriften ausgewertet: *brand eins, Manager Magazin, Der Spiegel, Die Welt, Die Zeit, Frankfurter Allgemeine Zeitung, Financial Times Deutschland, Handelsblatt, IAB Kurzberichte, Süddeutsche Zeitung, Taz, Wirtschaftswoche.*

Personen- und Sachwortverzeichnis